VERLAG
MH

Janina Bauman

# *Als Mädchen im Warschauer Ghetto*

Ein Überlebensbericht

Aus dem Englischen
von Reinhard Wagner

***Mit einem Nachwort***
***von Władysław Bartoszewski***

VERLAG MAX HUEBER

Die Abbildung Seite 2 zeigt die Autorin im Alter
von elf Jahren; das Original
zeichnete ihre Tochter Lydia Bauman nach
einer Fotografie

CIP-Kurztitelaufnahme der Deutschen Bibliothek

*Bauman, Janina:*
Als Mädchen im Warschauer Ghetto : e.
Überlebensbericht / Janina Bauman. Aus d. Engl.
von Reinhard Wagner. – Ismaning bei München :
Hueber, 1986.
ISBN 3-19-005510-9

Die Originalausgabe erschien unter dem Titel »Winter in
the Morning« im Verlag Virago Press Limited, London

Umschlaggestaltung Hanno Rink & Team 86, München
Gesetzt aus der Walbaum bei der Utesch Satztechnik, Hamburg
Druck und buchbinderische Verarbeitung Pustet, Regensburg
Printed in Germany

# *Inhalt*

Dem Andenken
meiner Mutter
und meiner Schwester

Ich danke sehr herzlich meiner lieben Freundin Maria Hirszowicz, die mich jahrelang bedrängte, meine Erinnerungen niederzuschreiben. Ich bin froh, daß ich nachgab.

Ich danke auch sehr Reverend Hugh Bishop, Molly Gaunt, Margaret Gothelf, Dorothy und Alan Griffiths, Lukasz Hirszowicz, Griselda Pollock und Janet Wolf, die mir Mut gaben, wenn ich ihn am meisten brauchte. Besonders dankbar bin ich Ruthie Petrie, Julia Vellacott, Fenella Gentleman und all den anderen Mitarbeitern von Virago Press, die mir soviel Verständnis, Wohlwollen und tätige Freundlichkeit entgegenbrachten.

Nicht zuletzt danke ich Zygmunt, meinem Mann, der meine »Abwesenheit« hinnehmen mußte, als ich für nahezu zwei Jahre in die Welt meiner Jugend zurückkehrte, die nicht seine Welt war.

# *Warum? Und warum jetzt?*

Ich brauchte etwa vierzig Jahre, um für dieses Buch bereit zu sein. In dieser ganzen Zeit dachte ich fast nie an die Vergangenheit. Nie sprach ich darüber mit meiner Mutter oder meiner Schwester. Nie erzählte ich meinem Mann und meinen Töchtern die ganze Geschichte meines Überlebens. Ich zog es vor zu vergessen. Nur in meinen Träumen zeigten sich die Schreckensbilder immer wieder. Auch versuchte ich niemals, meine Tagebücher und Kurzgeschichten zu veröffentlichen, die ich während des Krieges schrieb. Jahrelang lagen sie vergessen in meiner Schublade in Warschau; erst nach dem Tod meiner Mutter las ich sie wieder. Unter Mutters Andenken fand ich, in ihrer sauberen Handschrift, sorgfältige Abschriften einiger meiner Tagebuchblätter und Geschichten. Erst dann, Anfang der Achtziger in Leeds, drängte es mich zum Schreiben.

Ich tauchte tief in die Vergangenheit ein, vergaß mein gegenwärtiges Alter und wurde wieder das junge Mädchen von damals. Man staunt, wieviel von der Vergangenheit lebendig wird, wenn man sich entschlossen in sie hineinbegibt – Jahr um Jahr, Monat um Monat, Erfahrung um Erfahrung. Ich war bestrebt, nicht nur den Tatsachen, sondern auch meinen damaligen Gedanken und Gefühlen gerecht zu werden. Ich bemühte mich sehr, meine Erinnerungen nicht durch mein heutiges Wissen, meine nun reifere Betrachtungsweise zu filtern. Ich wollte das Leben, die Orte, die Ereignisse so vergegenwärtigen, wie ich sie einst erlebte. Doch ich lebte in der kleinen, engen Welt eines jungen Mädchens, in Furcht und

Abgeschlossenheit, in Unkenntnis vieler wichtiger Umstände und Vorgänge. Deshalb gibt mein Bericht nicht vor, ein historisches Dokument zu sein. (Für jüngere Leser ohne ausreichende geschichtliche Vorkenntnisse habe ich eine kurze Zeittafel mit den wichtigsten historischen Ereignissen beigefügt, die mir damals selbst nicht alle bekannt waren.)

Mein Buch soll ein Dank an die unzähligen Menschen sein, die mir, meiner Mutter und meiner Schwester halfen, den Krieg zu überleben. Die meisten von ihnen waren Frauen unterschiedlicher sozialer Herkunft, unterschiedlichen Alters, aus unterschiedlichen Wirkungskreisen. Die Gründe, weshalb sie ihr Leben für uns aufs Spiel setzten, waren so verschieden wie ihre Charaktere.

Während des Krieges mußte ich die Erfahrung machen, daß das Grausamste an der Grausamkeit darin besteht, daß sie ihre Opfer entmenschlicht, ehe sie sie zerstört. Der härteste aller Kämpfe geht darum, unter unmenschlichen Bedingungen menschlich zu bleiben.

*Leeds/England 1985* *Janina Bauman*

# *Die friedlichen Jahre*

Erste Sonnenstrahlen auf dem Kiefernholzboden, eine Straßenbahn, die quietschend um die Ecke entschwindet, das monotone nächtliche Klappern von Pferdehufen – das sind die frühesten Erinnerungen meines Lebens, an der Wende der Zwanziger zu den Dreißigern. Wir lebten in Warschau, Senatorska 10, nicht weit von dem Bezirk, in dem die meisten Juden wohnten. Nachdem mein Vater als Arzt und Chirurg bekannt genug war, um eine Privatpraxis zu eröffnen, und meine Schwester Sophie geboren war, zogen wir ins Stadtzentrum, in ein großes Haus in der Sienna, Nummer 5. An seiner Stelle steht heute der »Palast der Kultur und Wissenschaft«, das monumentale Geschenk der Sowjets an die polnische Hauptstadt.

Ich wuchs in einer glücklichen Familie auf. Mein Vater behandelte Patienten mit Nieren- und Blasenleiden. Der Vater meiner Mutter, Opa Aleksander, war ebenfalls Arzt; schon vor meiner Geburt hatte er einen guten Ruf in Warschau. Mein Großvater väterlicherseits, Maks, führte im elegantesten Teil der Stadt ein Musikgeschäft, machte dann aber Bankrott. Wie ich mich erinnere, war er ein bescheidener alter Mann, der viel Zeit hatte und mich zärtlich liebte. Irgendwie wußte ich, daß er und Oma Wiera arm und von meinem Vater abhängig waren, während die anderen Großeltern, die in der Grenzstraße *(Ulica Graniczna)* lebten, reich waren. Reich nicht nur deshalb, weil Opa Aleksander ein fähiger Arzt und Chirurg war, sondern auch, weil Oma Ewa aus einer wohlhabenden Familie kam. Oma Ewas Familie gehörte außerdem zur *crème de la crème* der Gesellschaft; Großvater war jahrelang sowohl Haupt des Judenrats als auch Mitglied des Rats der Stadt Warschau. Auf beiden Seiten der Familie gab es zahlreiche Onkel, Tanten, Vettern und Kusinen, die meisten Ärzte, andere Rechtsanwälte, Ingenieure oder ähnliches. Außer meinem Urgroßvater, der vor meiner Geburt starb, sprach niemand in meiner großen Familie Jiddisch, trug niemand einen Bart, ein Käppchen oder den traditionellen jüdischen Rock. Niemand war religiös. Wir waren alle Polen, auf polnischem Boden geboren, in polnischer Tradition erzogen, durchdrungen vom Geist polnischer Geschichte und Literatur. Doch waren wir ebenso Juden – das wußten wir in jeder Minute unseres Lebens.

Als ich fünf war, fragte ich meinen Vater, was »Jude« bedeutete. Ich weiß nicht mehr genau, was er antwortete; ich denke aber, daß ihm eine Erklärung schwerfiel – nicht nur für sein kleines Kind, sondern auch für sich selbst. Deutlich erinnere ich mich jedoch an eine Art Litanei: »Ich bin ein Jude, weißt du, Mama ist eine Jüdin, du selber bist eine Jüdin, und deine kleine Schwester ist es auch. Onkel Julian ist ein Jude, Tante Maria ist – nein, Tante Maria ist keine Jüdin, sie ist eine Christin.« Tante Maria, meine Lieblingstante, war eigentlich gar nicht meine Tante. Sie war das Kindermädchen meiner Mutter und ihrer beiden jüngeren Brüder gewesen. Jetzt wohnte sie bei meinen Großeltern in der Grenzstraße, als Haushälterin und geschätztes Mitglied der Familie.

In unserer großen Wohnung samt Vaters Privatpraxis in der Sienna wohnte ich mit meinen Eltern, Sophie, einem Mädchen und einer Köchin. Immer hatten wir auch ein Kindermädchen oder eine Gouvernante, später eine Französischlehrerin. Diese Frauen kamen und gingen; ich haßte sie, weil sie wie eine undurchdringliche Mauer zwischen mir und meiner Mutter standen. Mutter hatte stets zu tun. Sie eilte hin und her, widmete sich Patienten, kaufte ein, nahm Telefonanrufe entgegen, gab der Köchin Anweisungen; zwischendurch ruhte sie sich in ihrem Zimmer aus, hinter verschlossener Tür. Ich sehnte mich ständig nach ihr, nach einem ganzen Tag mit ihr, danach, in ihrem Bett zu schlafen, was ich nur durfte, wenn ich krank war. Von Vater sah ich noch weniger. Er arbeitete sehr hart. Wenn ich noch schlief, ging er schon ins Krankenhaus, den ganzen Nachmittag empfing er seine Privatpatienten, abends machte er Hausbesuche, manchmal bis spät in die Nacht. So lange ich zurückdenken kann, lebte ich in der Furcht, meine Eltern könnten plötzlich sterben. Gingen sie abends aus, um in einem Lokal in der Grenzstraße zu essen oder ein Kino zu besuchen, konnte ich nie einschlafen; ich bildete mir ein, sie seien schon tot und würden nicht zurückkommen. Gegen die Scheibe des Kinderzimmerfensters gepreßt, starrte ich dann auf die stille, schwach beleuchtete Straße, bis ihre vertrauten Gestalten um die Ecke bogen. Erst dann konnte ich mich wieder ins Bett legen. Nie erzählte ich jemandem von meinen Ängsten und Nachtwachen. Sie waren mein Geheimnis.

Seltsamerweise schickte man mich erst mit elf in die Schule. Bis dahin wurde ich mit sechs oder sieben anderen Kindern privat unterrichtet, in unserer Wohnung oder einer der anderen. Anfang Mai kamen Sophie und ich »aufs Land« – so nannten wir den eleganten Vorort Konstancin. In den frühen Dreißigern ließ Opa Aleksander dort eine große, moderne Villa für die ganze Familie bauen. Oma Ewa blieb den ganzen Sommer in der Villa, andere Familienmitglieder verbrachten Tage oder Wochen dort. Unter der liebevollen Fürsorge Tante Marias, Herz und Seele des Hauses, blieben Sophie und ich dort bis Ende September; hieß es doch allgemein, das Landleben sei gut für Kinder. Vielleicht wurden wir deshalb zu Hause unterrichtet, wo wir vom Schuljahr unabhängig waren.

So verbrachte ich mehr als ein Drittel meiner Mädchenzeit in dem großen Garten voller Obstbäume und Blumen, in dichten Wäldern voller Pilze und auf den weiten, fruchtbaren Feldern des umliegenden Landes. Später, zwischen die Ghettomauern eingepfercht, in seltsamen, stickigen Verstecken und selbst noch als freie Erwachsene im Nachkriegs-Warschau, führten mich Träume und Tagträume dorthin zurück.

Manchmal nahm mich Tante Maria zum Einkaufen in das nächste Dorf mit. Es war ein sehr ärmlicher, schmutziger Ort, in dem vorwiegend Juden lebten. Ich erinnere mich noch an kleine Kinder, die vor ihren armseligen Hütten auf der staubigen Straße hockten und mit alten Fliegenfängern voll toter Fliegen spielten. Lebende Fliegen schwärmten um ihr lockiges schwarzes Haar, krochen ihnen über die schmutzigen Arme und Beine. Die Kinder schien das nicht zu stören. Ihre Väter waren Hausierer oder arme Handwerker. Sie trugen lange Bärte und schwarze Röcke. Ihre Mütter hatten ungepflegte Perücken. Alle redeten sie eine fremde Sprache, die ich nicht verstand. Ihr Polnisch klang komisch.

Das Wunderliche, Fremdartige dieser Menschen, Juden wie wir, verwirrte mich, so lange ich zurückdenken kann. Viele von ihnen sah ich im Park in Warschau. Aber zuerst sah ich sie in der Praxis meines Vaters. Manche wirkten sehr arm, andere nicht. Aber alle waren sie Fremde, und ich fürchtete mich jedesmal, wenn ich durch den Gang mußte, wo sie saßen und sich lautstark unterhielten, bis sie an die Reihe kamen.

Ich hatte Angst vor ihnen und verachtete sie vielleicht auch ein wenig, wie das Kinder manchmal tun, wenn sie Leute treffen, die gebrochen reden und anders aussehen. Doch vor allem grübelte ich ständig darüber nach, wie sie und wir Juden sein konnten, während andere, so lieb und vertraut wie etwa Tante Maria, dies nicht waren. Offenbar hatte es nichts damit zu tun, ob man arm oder reich war. Es gab arme Juden im Dorf, wohlhabende Juden wie wir und sehr viele reichere Juden als meine Familie – etwa die angeheirateten Verwandten meines Onkels Jerzy, Bankiersleute, die Diamanten und goldene Ketten trugen, wenn sie meine Großeltern besuchten.

Irgendwie bekam ich mit, daß man Juden einfach an ihrem Aussehen erkennen konnte – dunkles Kraushaar, schwarze Augen, gebogene Nasen. Doch auch das konnte nicht stimmen: Onkel Józef war blond, meine Augen waren blaßgrün, viele in der Familie hatten gerade Nasen. Was nun?

Vielleicht hatte es etwas mit der Kirche und der Religion zu tun. Juden gingen nicht zur Kirche; wir gingen jedenfalls nie. Juden gingen in die Synagoge; aber auch dahin gingen wir nie. Wie Nichtjuden hatten wir immer einen Weihnachtsbaum zu Hause. Doch im Gegensatz zu ihnen feierten wir außerdem zweimal im Jahr bei meiner Urgroßmutter große Feste: im Frühling Pessach, das Passahfest, im Herbst Rosch ha-Schanah, das jüdische Neujahrsfest. Wir saßen alle an einem endlos langen Tisch, der sich durch zwei Räume erstreckte; oben saß meine Urgroßmutter, ziemlich taub und zänkisch, neben ihr saß ich als die Jüngste, da Sophie noch nicht teilnehmen durfte. Wir aßen hartgekochte Eier in Salzwasser sowie Matzen, wenn Pessach war, Fisch, Nudelsuppe und viele Süßigkeiten. Kerzen standen in den silbernen Leuchtern auf dem Tisch. Ich durfte süßen Wein trinken. Es war meine Pflicht, Urgroßmutter zu beteuern, daß der Fisch köstlich sei – eine wahre Qual, da sie mich ohnedies nicht hörte. Die jungen Onkel und Tanten verursachten einen erheblichen Tumult, indem sie sich mit Walnüssen bewarfen. Das ist alles, was ich davon noch weiß.

Waren diese schönen Feste – sie endeten mit Urgroßmutters Tod – allein dafür verantwortlich, daß wir Juden waren? Und wenn ja, lohnte es sich dann, Jude zu sein? Als Nichtjüdin hätte ich im Sommer mit der Fronleichnamsprozession durchs Dorf gehen können, mit einem weißen Kleid und einem Kranz. Das hätte mir bestimmt besser gefallen als unsere Feste am langen Tisch.

Ich wußte, daß es besser war, kein Jude zu sein. An Warschauer Wänden hingen Plakate, auf denen stand: »Kauft nicht bei Juden!« Auf der Straße hörte ich einmal, wie ein Fremder einen anderen »dreckiger Jude« nannte. Als ich das meiner Mutter erzählte, sagte sie, manche Leute würden Juden überhaupt nicht mögen. Das seien Antisemiten, erklärte sie. Ich selbst kannte keinen von ihnen; ich war überzeugt, daß alle mich mochten. Um ganz sicherzugehen, fragte ich unser christliches Mädchen.

Ja, natürlich, sagte sie, sie habe mich sehr gern.

»Magst du die Juden?« beharrte ich.

Sie schien verblüfft. »Nein, eigentlich nicht.«

»Warum nicht?«

»Juden sind böse«, sagte sie, »sie haben unseren Herrn Jesus getötet.«

Dies verwirrte und bekümmerte mich eine Weile. Jesus war die Güte selbst, das wußte ich. Wer hätte ihm den Tod gewünscht? Wir gewiß nicht. Auch nicht diese lärmenden, finsteren Fremden im Wartezimmer meines Vaters – das war unmöglich: Jesus lebte vor unendlich langer Zeit.

Bald erfuhr ich, daß man auch aufhören konnte, ein Jude zu sein. Mein Vater hatte drei jüngere Brüder. Władek war Journalist, Julian Arzt, Józef, der Blonde, Ingenieur. Ich war etwa neun, als Władek zum Katholizismus konvertierte, seinen Nachnamen änderte und ein christliches Mädchen heiratete. Dieses Ereignis wurde von der Verwandtschaft ausgiebig diskutiert. Seltsamerweise flüsterten alle. Ich erinnere mich nicht, Władek danach oft gesehen zu haben, und es dauerte über zwei Jahre, ehe wir ihn zum erstenmal in der kleinen Wohnung besuchten, in der er mit seiner nichtjüdischen Frau Halina und ihrem neugeborenen Sohn Jurek wohnte.

Bald nach Władeks Konversion hörte ich eines Nachts aus meinem Bett einen heftigen Streit zwischen meinem Vater und Onkel Józef, der zum Abendessen gekommen war. Vater, den ich als einen ruhigen Mann mit sanfter Stimme kannte, wurde laut und schalt seinen Bruder mit ungewohnter Heftigkeit.

»Niemals, nie in meinem Leben!« hörte ich ihn rufen. »Wo bleibt deine Selbstachtung? Mach, was du willst, aber komm nicht zu mir und verlang meinen Segen!«

»Und was ist mit Władeks Selbstachtung?« fragte Onkel Józef wütend. »Du hast doch seinen Entschluß gebilligt.«

»Ich habe ihn weder gebilligt noch verurteilt. Bei ihm lag der Fall anders. Er hatte sich in Halina verliebt, und er wollte sich nicht gegen ihre Familie stellen.«

»Warum begreifst du nicht meine Gründe?« rief Onkel Józef. »Ich ersticke, ich kann nicht so weitermachen. Denk doch, wie weit ich es im Leben bringen könnte, wenn ich nicht –«

»Genau das hasse und verachte ich!« brüllte mein Vater. »Sich mit fremden Federn schmücken, seine Wesensart verleugnen, seinen Namen ablegen, nur um es sich leichter zu machen, um weiterzukommen, um eine brillante Karriere anzusteuern – *das* nenne ich würdelos!«

So jung ich war – in dieser Nacht lernte ich eine entscheidende Lektion: Sei, der du bist, gib niemals vor, jemand anders zu sein. Sei Jude, wenn du als

Jude geboren bist, auch wenn du nicht ganz verstehst, was das bedeutet. Bewahre deine Würde, verleugne nicht deine Wesensart. Acht Jahre später tat ich es doch. Nicht ohne Not – mein Leben stand auf dem Spiel.

Onkel Józef konvertierte nie. Auch er kam um; nicht weil er Jude, sondern weil er polnischer Offizier war. Er wurde beim Massaker von Katyn* getötet, zusammen mit meinem Vater.

Wenn ich versuche, Ereignisse und Gefühle dieser frühen Zeit zu beschreiben, will ich damit nicht den Eindruck erwecken, ich hätte meine Kindheit damit zugebracht, über so komplexe Angelegenheiten nachzubrüten wie die Frage, was es zu bedeuten hatte, in einer katholischen Nation einer großen Minderheit anzugehören. In meiner Erinnerung sind diese Jahre eine helle Zeit voller Wärme, eine Zeit sinnlicher und emotionaler Entdeckungen, der Entwicklung einer lebhaften Vorstellungskraft, wachsender Liebe zu allem Schönen um mich, eine Zeit, in der ich meine ersten Bücher las und meine ersten Freundschaften schloß.

Es war Oma Wiera, die mir geduldig das Lesen beibrachte, als ich fünf war. Ich muß gestehen, daß ich sie nicht mochte. Sie war sehr unzugänglich, nicht halb so liebevoll wie Opa Maks oder Oma Ewa. Doch sie lehrte mich das Lesen, und dafür werde ich ihr stets dankbar sein.

* Am 13. April 1943 gaben die Deutschen bekannt, daß sie Massengräber polnischer Offiziere im Wald von Katyn bei Smolensk in Westrußland entdeckt hätten. Die Deutschen identifizierten die Leichen als die der Offiziere, die von den Russen vor April 1940 im Gefangenenlager Kozielsk interniert worden waren. Spätere Nachforschungen des Internationalen Komitees vom Roten Kreuz bestätigten, daß man im Frühjahr 1940 etwa 4100 polnische Kriegsgefangene, die meisten von ihnen Offiziere der polnischen Armee, in Katyn exekutiert hatte.

So hatte ich schon viele Bücher gelesen, als ich in einen Kreis von Jungen und Mädchen kam, die zu Hause lernten. Dort traf ich meine ersten beiden Freundinnen: Renata und Zula. Renata war ein ruhiges, sanftes Mädchen mit verträumten Augen und von freundlichem Wesen. Sie stand im Schatten ihrer älteren Schwester Joanna, einer Schönheit, die viele Freunde hatte. Demgegenüber tat sich Renata mit anderen Kindern schwer und blieb eher für sich. Da auch ich scheu war, hatten wir von Anfang an etwas Gemeinsames. Wir lasen beide gern; so tauschten wir Bücher aus und redeten über sie. Oft blieben wir nach dem Unterricht da und machten zusammen unsere Hausaufgaben. Mit Zula war das anders. Sie kam viel später in den Kreis, als ich nicht mehr so zurückhaltend war. Sie war rotblond, lebhaft und immer fröhlich; man konnte wunderbar mit ihr kichern, dummes Zeug reden oder Jungen ärgern. Brennend an sexuellen Fragen interessiert, erzählte sie mir allerlei seltsame Dinge über Erwachsene, die ich weder verstand noch glaubte. Aber das alles machte Spaß, und ich war gern mit der lebhaften Zula zusammen. Mit ihr und Renata blieb ich noch lange in Verbindung, nachdem ich unseren kleinen Kreis verlassen hatte.

Im September 1937, mit elf Jahren, wurde ich endlich zur Schule geschickt. Ich kam in die sechste, die letzte Grundschulklasse einer Privatschule. »Unsere Schule«, wie man sie nannte, wurde von einer Jüdin geleitet; alle Lehrer, alle Schüler waren Juden. Dennoch konnte man sie kaum eine jüdische Schule nennen, denn außer den Stunden in jüdischer Geschichte war alles sehr polnisch; selbst die christlichen Feiertage wurden eingehalten. Ich war sehr glücklich in »Unserer Schule«, wurde eine gute Schülerin und schloß einige Freundschaften. Die wichtigste Freundin war Hanka, ein ernstes und gescheites Mädchen; an geistiger Reife war sie ihrem Alter weit voraus. Ich schätzte sie sehr und war stolz darauf, ihre Freundin zu sein. Wir blieben uns auch später viele Jahre nahe. Sie war aber nicht die einzige, mit der ich an »Unserer Schule« gern zusammen war. Nach dem Unterricht besprach ich mit den anderen Mädchen und Jungen ernsthafte Probleme. Alle waren sie in meinem Alter, wirkten jedoch sehr viel reifer und wußten Dinge, von denen ich nicht die geringste Ahnung hatte; sie hatten ihr halbes Leben an der Schule verbracht, während ich immer noch meinem kindlichen Kreis verhaftet war. Ich bemühte mich sehr, das Versäumte nachzuholen, und überschüttete meine Eltern mit Fragen über alles, was ich hörte; aber ich begriff noch immer nicht ganz. Anstatt nach Hause ging ich manchmal in die Grenzstraße, um die Meinung meiner Großeltern zum internationalen Kommunismus zu hören oder von ihnen die unglaubliche Neuigkeit bestätigt zu bekommen, daß Frauen wie die Hühner einmal im Monat Eier legten.

Eine meiner neuen Freundinnen war Jola, die Tochter eines reichen Geschäftsmanns und die politisch Bewußteste unserer Gruppe. Einmal fragte sie mich, ob ich für oder gegen die nationalistischen Rebellen in Spanien sei. Ich dachte eine Weile nach. In Spanien war Bürgerkrieg, das wußte ich, sonst aber nichts; also sagte ich, die Rebellen sollten siegen. Wenn Rebellen gegen Regierungen kämpften, davon war ich fest überzeugt, waren sie immer im Recht; sie waren wahre Patrioten und Helden – das wußte ich aus der polnischen Geschichte. Aber Jola sagte, ich sei reaktionär, und sie sprach bis zum nächsten Tag nicht mehr mit mir. Bald erfuhr ich, daß die Rebellen Faschisten und somit natürlich böse seien und die anderen eine Art Kommunisten. Ob es richtig oder falsch war, Kommunist zu sein, war mir nicht ganz klar. Meine neuen Freunde sagten, es sei richtig, während meine Großeltern weit weniger begeistert davon schienen. Jola, die sich damit brüstete, »rot wie Blut« zu sein, wurde bei Kriegsausbruch von ihren Eltern nach New York gebracht und lebte dort ganz glücklich weiter.

Über den Faschismus und Hitler wußte ich eine ganze Menge. Das Thema wurde oft von meinen Eltern und Verwandten diskutiert. Im Sommer 1937 besuchte uns eine Großtante aus Berlin, Tante Eugenia. Etwa einen Monat lang blieb sie in der Villa. Sie war schrecklich bekümmert und seufzte ständig, wenn sie darüber sprach, was in Deutschland vor sich ging. Jedesmal bevor sie »Hitler« sagte, blickte sie sich verängstigt um und senkte die Stimme. »Hitler« wurde für mich zu einem häßlichen, unanständigen Wort, und ich gebrauchte es nie. Wenn man im Wohnzimmer über Zukünftiges sprach – etwa über den nächsten Urlaub oder über Pläne für ein Familientreffen –, pflegte Tante Eugenia stets zu seufzen: »Laßt uns vor allem überleben.« Ich spürte, daß ihr niemand wirklich glaubte. Ihre furchtsamen Blicke und ihr Flüstern erklärte man für Altersschrullen oder gar für erste Anzeichen von Wahnsinn. Ich glaube, wir fühlten uns alle erleichtert, als sie nach Berlin zurückkehrte. Niemand von uns sah sie jemals wieder. Sie starb in einem deutschen Konzentrationslager, noch ehe der Krieg begann.

Nachdem sich dieses vage Gefühl der Bedrohung in meiner Seele eingenistet hatte, breitete es sich immer weiter aus. Zeitungen verkündeten groß die unerhörten Taten Hitlers, die Leute redeten ängstlich darüber. Ich war alt genug, um zuzuhören und Angst zu bekommen. Als im März 1938 deutsche Truppen in Österreich einmarschierten, schien der Krieg eine Zeitlang vor der Tür zu stehen.

Doch mein Alltag blieb davon unberührt. Ich war immer noch sehr glücklich in »Unserer Schule«, wenn ich auch betrübt daran denken mußte, daß dieses Glück nicht ewig dauern würde: Meine Grundschulzeit ging zu Ende, die Prüfungen für die höhere Schule kündigten sich an.

Seit meiner Geburt stand fest, daß ich in die Fußstapfen meines Vaters und meines Großvaters treten und Ärztin werden sollte. So lange ich denken kann, war das für mich selbstverständlich. Es gab jedoch ein großes Hindernis für die Verwirklichung dieses Familientraums. Damals war es für jeden schwer, einen Studienplatz für Medizin an der Warschauer Universität zu bekommen – für Juden, Jungen wie Mädchen, war es fast unmöglich. Obwohl polnische Universitäten Juden nie völlig ausschlossen, gab es doch eine eindeutige inoffizielle Zulassungsbeschränkung für Juden, besonders bei Studiengängen, deren Abschlüsse wie bei Medizin zu bestimmten Berufen qualifizierten. Der faktisch einzige Weg eines Juden zu diesem Studium führte über den guten Abschluß einer höheren staatlichen Schule. Doch hier hatte man das gleiche Hindernis zu überwinden: Die höheren staatlichen Schulen beschränkten strikt die Anzahl ihrer jüdischen Schüler. Man mußte wahrhaft brillant sein und die Aufnahmeprüfung mit Bestnoten bestehen, um aufgenommen zu werden. Mein Vater, der sich leidenschaftlich wünschte, daß ich Ärztin würde, beschloß, mir diese Chance zu geben.

Also machte ich im Juni 1938 die staatliche Aufnahmeprüfung; das Examen war sehr schwer, und ich wünschte mir, durchzufallen und so den erwarteten Qualen zu entgehen. Seltsamerweise bestand ich mit den besten Noten und wurde zu einer höheren staatlichen Mädchenschule in der Stadt zugelassen.

Voll Düsterkeit sah ich in diesem Jahr die Sommerferien verstreichen. Ich fürchtete den Herbst. Im August brachte Mutter Sophie und mich nach Zoppot, dem Seebad bei Danzig. Zum erstenmal erlebte ich das Meer und genoß es gründlich; an die Zukunft wollte ich nicht denken. An einem Tag besuchten wir Danzig, die herrliche alte Stadt, die ich so gut aus der Literatur und aus historischen Berichten kannte. Zu unserem Entsetzen sahen wir nur ein Meer von roten Fahnen mit Hakenkreuzen, welche die alten Fassaden verdeckten. Hunderte und Tausende von Nazis in schwarzen Uniformen und mit roten Hakenkreuz-Armbinden marschierten durch die Stadt; zum lautstarken Getöse von Militärkapellen sangen sie ihre faschistischen Lieder. Die Fassaden hallten wider vom Grölen der künftigen Eroberer; die Blicke polnischer Passanten zeigten Angst und Haß. Wir flüchteten schleunigst nach Zoppot und kehrten nie wieder nach Danzig zurück. Doch das widerwärtige Gefühl der Angst und des Hasses blieb.

Warm und strahlend kam der September, und nun war ich in der neuen Schule, die ich schon im voraus gehaßt und gefürchtet hatte. Es war noch schlimmer, als ich es mir ausgemalt hatte. Ich war das einzige jüdische Mädchen – nicht nur in meiner Klasse, sondern in der ganzen Stufe bis zum vierten Jahr. Es gab noch ein jüdisches Mädchen im Lyzeum, aber das stand schon vor dem Abschluß. Vom ersten Morgen an fühlte ich mich äußerst unbehaglich, und während der ganzen folgenden zehn Monate war ich meistens unglücklich.

Ich kann mich nach all diesen Jahren täuschen, doch es scheint mir heute, daß ich vor allem innerlich litt. Das bittere Bewußtsein, in meiner Klasse, in der ganzen Schule unerwünscht zu sein, von anderen als anders, gar als minderwertig eingestuft zu werden, und dies noch als einzige, ohne Leidensgefährtinnen – all dies reichte aus, um mich unsicher und unglücklich zu machen, auch wenn es zu keinen offenen Feindseligkeiten kam.

Es quälte mich, stumm unter meinen dreiundvierzig Klassenkameradinnen zu stehen, wenn sie am Anfang und am Ende jedes Schultags ihre Gebete sprachen und sich nach dem »Amen« bekreuzigten. Ich litt, wenn ich vor der Religionsstunde das Klassenzimmer verlassen mußte und immer wieder vorbeikommenden Lehrern zu erklären hatte, weshalb ich auf dem Flur ein Buch las und nicht mit meinen Klassenkameradinnen lernte. Der Geistliche, der den Religionsunterricht erteilte, war jung und freundlich. Er lächelte mir immer zu, wenn er kam und ich aus dem Klassenzimmer ging. Einmal faßte ich mir ein Herz und fragte ihn, ob ich bleiben und zuhören könne. »Selbstverständlich«, sagte er und schien recht erfreut. Danach blieb ich immer und fand den Unterricht interessant. Der christliche Glaube mit all seinem irdischen Beiwerk war schließlich für mich etwas völlig Neues. Ich lernte viel, indem ich einfach zuhörte, und das erwies sich später als sehr nützlich.

Soweit ich mich erinnere, hatte ich keine Schwierigkeiten mit den Lehrern. Ich war ein stilles Mädchen und eine gute Schülerin. Sie mochten mich wohl recht gern. Selbst die Mathematiklehrerin, eine attraktive, energische Frau von Mitte Dreißig, behandelte mich freundlich, obwohl ich Mathematik haßte und nur langsam begriff, manchmal fast aufgab. Sie war unsere Klassenlehrerin und versammelte uns ein- oder zweimal in der Woche, um Dinge zu besprechen, die nicht nur Brüche oder Gleichungen betrafen. Einmal hielt sie dabei eine flammende Rede, die uns bewegen sollte, unser Schreibmaterial und anderes nicht in jüdischen Läden zu kaufen. Auch sollten wir nur christliche Kinos besuchen und nicht die Taschen jüdischer Kinobesitzer füllen. Sie gab uns sogar eine Liste mit den Adressen christlich geführter Kinos; ehrlich gesagt, es gab nur wenige in Warschau. Danach konnte ich zu meiner Klassenlehrerin nie mehr mit persönlichen Problemen kommen, obwohl sie freundlich zu mir blieb.

Mehr als alles und alle sonst an dieser Schule liebte ich die Polnischstunden und die Polnischlehrerin. Frau Kwaskowska, eine ältere Frau – obwohl erst um die Fünfzig, schien sie mir jedenfalls so –, war die ideale altmodische Lehrerin: sehr streng, sehr gerecht, kaum einmal lächelnd, wissenschaftlich und als Pädagogin hochqualifiziert. Sie fand selten anerkennende Worte für ihre Schülerinnen und gab nicht leicht gute Noten. Aber ich wußte, daß sie eine hohe Meinung von mir hatte. Sie lobte meine Aufsätze offen und las sie der Klasse oft laut vor. Auch meine Literaturkenntnisse reichten viel weiter als die jeder meiner Klassenkameradinnen. Ich erwartete die Note »sehr gut« in meinem ersten Zeugnis. Zu meiner bitteren Enttäuschung bekam ich nur »gut« wie acht oder zehn andere Mädchen. Niemand bekam »sehr gut« – kein großer Trost für mich, denn ich wußte genau, daß ich in Polnisch besser war als jedes dieser »guten« Mädchen.

Ich konnte und kann diese seltsame Geschichte nur damit erklären, daß ich Jüdin war. Es verletzte offenbar den Nationalstolz, wenn man zugab, daß ein jüdisches Kind die polnische Sprache und die polnische Literatur besser kannte als dreiundvierzig Kinder rein polnischen Blutes. Ich glaube nicht, daß Frau Kwaskowska lediglich darauf bedacht war, sich nicht gegen die Schule oder die staatlichen Erziehungsbehörden zu stellen. Vermutlich fand sie es selbst unangemessen, mich höher als die anderen einzustufen. Zum erstenmal in meinem Leben fühlte ich mich als das Opfer von Ungerechtigkeit seitens einer Person, die ich besonders schätzte.

Insgesamt war mein Verhältnis zu den Lehrern jedoch weit weniger wichtig als das zu meinen Klassenkameradinnen. Fast alle schwanden nach diesem einzigen Jahr in dieser Schule ganz aus meinem Leben und meinem Gedächtnis. Ich erinnere mich nicht an ihre Namen und ihre Gesichter. Ich erinnere mich aber wohl an meine Feindinnen, meine Freundinnen und die weder feindliche noch freundliche »Elite«-Gruppe.

Zwei meiner drei Feindinnen waren große, kräftige Mädchen, die ein paar Jahre älter waren und ganz hinten in der Klasse saßen. Unbegabt und uninteressiert, verbrachten sie bereits ihr drittes Jahr in der ersten Klasse. Später, zu Kriegsbeginn, gab eine von ihnen die Schule auf und machte sich ein schönes Leben mit deutschen Soldaten. Einstweilen jedoch gingen diese beiden dummen Ziegen allen auf die Nerven, vor allem mir, da es ihnen Spaß bereitete, in meiner Gegenwart laut über die Juden herzuziehen. Das machten sie Tag für Tag. Manche der anderen kicherten dazu. Niemand wandte sich gegen sie, nicht einmal ich. Ich tat so, als hörte ich nichts. Die dritte Feindin war ebenfalls groß und kräftig, war aber erst zum zweitenmal in der ersten Klasse. Sie war recht intelligent, aber wild und unberechenbar. Sie erkor mich zu ihrem bevorzugten Opfer und setzte sich direkt hinter mich, um mich während des Unterrichts zu quälen. Das tat sie eher handgreiflich als mit Worten. Sie zog mich an den Zöpfen, zwickte mich in die Arme, trat mir gegen die Knöchel, zerriß meine Hefte, klaute mir frech kleine Dinge wie Schreibsachen und Radiergummis. Körperlich schwach und keineswegs gewillt, sie auf dieselbe Weise zu bekämpfen, auch zu stolz, um mich zu beschweren und Lehrer um Hilfe zu bitten, gab ich mich so gleichgültig wie möglich und tat so – wie bei den beiden dummen Mädchen –, als merkte ich nichts. Das machte sie wütend. Die anderen Mädchen, jedenfalls die in der Nähe, wußten sehr wohl, was vor sich ging, unterstützten aber weder sie noch mich.

Die offene Feindschaft meiner drei Widersacherinnen war jedoch weit weniger schmerzlich für mich als die Zurückhaltung der klugen, ernsthaften Mädchen, mit denen ich gern Freundschaft geschlossen hätte. Sie bildeten eine Gruppe für sich, die Elite der Klasse, von der schweigenden Mehrheit wie auch von den Lehrern respektiert. Ihr kleiner Kreis war mir verschlossen; vielleicht wollten sie nicht, daß ich dazugehörte, vielleicht war ich zu stolz, um mich darum zu bemühen. Unser Verhältnis war korrekt, aber kühl.

Ich hätte mich wirklich sehr unglücklich gefühlt, wäre nicht eine Reihe freundlicher, wenn auch recht unbedarfter Mädchen gewesen, die über ihren Aufsätzen und Übungen brüteten und kaum hoffen konnten, auch nur mittelmäßige Noten zu bekommen. Für gewöhnlich kamen sie zu mir und nicht zu anderen, wenn sie Hilfe bei den Hausaufgaben brauchten. Ich half ihnen allzugern. Und sie mochten mich, wirklich und wahrhaftig, nicht nur, weil sie mich brauchten. So konnte ich wenigstens mit jemandem reden und die Pausen verbringen. Ich war stets von fünf oder sechs von ihnen umgeben. Niemand wußte, wie einsam ich mich tatsächlich fühlte.

Heute weiß ich, daß mein Judentum nur *ein* Grund für meine Entfremdung war. Ich kam aus einer wohlhabenden Akademikerfamilie, während die meisten meiner dreiundvierzig Klassenkameradinnen Kinder von Arbeitern oder Handwerkern waren, manche von ihnen sehr arm. Die staatliche Schule mit ihren geringen Gebühren war für sie da, nicht für mich. So war ich an dieser Schule in doppelter Hinsicht fehl am Platze, und tief in meinem Inneren habe ich es meinen Eltern heute noch nicht ganz verziehen, daß sie mich dorthin geschickt haben.

Mit zwölf, fast dreizehn führte ich ein Doppelleben: An den Werktagen ließ ich morgens und nachmittags das Elend der Schule über mich ergehen; ansonsten genoß ich die glücklichen Abende und die seligen Sonntage fern des Lyzeums. Einmal wöchentlich ging ich abends in eine Religionsstunde, die für alle jüdischen Kinder in den staatlichen höheren Schulen obligatorisch war. Wir waren etwa fünfzehn jüdische Mädchen jeden Alters, alle aus staatlichen Warschauer Mädchenschulen. Es entlastete mich, mit ihnen zu reden und von ihnen zu hören, daß sie meine Erfahrungen teilten. Eine von ihnen war eine alte Kameradin aus »Unserer Schule«, Irena. Wir trafen uns vor jeder Stunde und fuhren zusammen mit der Straßenbahn. Früher waren wir nie sehr eng befreundet gewesen; jetzt aber hatten wir viel gemeinsam.

Seltsamerweise schien Irena ihre Schwierigkeiten viel besser zu bewältigen als ich. Nicht halb so scheu und gehemmt wie ich und aus einer weit weniger wohlhabenden Familie stammend, fühlte sie sich nicht unglücklich in ihrer Schule. Der Religionsunterricht selbst war langweilig – es ging eher um jüdische Geschichte als um Religion –, nicht halb so spannend wie die christlichen Religionsstunden in der Schule. Aber ich lernte dabei viel und wäre nun in der Lage gewesen, zwischen beiden Glaubensgemeinschaften zu wählen; doch ich blieb beiden innerlich fern.

Zu Hause gab es ruhige, glückliche Abende. Hatte ich meine Hausaufgaben und die Französischstunde hinter mir, konnte ich mit Sophie spielen oder lesen. Sophie war damals etwa neun und ein großartiger Spielkamerad. Wir hausten in Zelten aus Stühlen und Decken und tauchten in eine Zauberwelt ein, in der Elfen wohnten, liebe Freundinnen von uns; wir hielten uns einen Süßigkeitenvorrat, führten ein medizinisches Laboratorium (Sophie wurde später Mikrobiologin), gaben unser eigenes Wochenblatt heraus, den *Allgemeinen Begleiter* – für unsere Eltern, Großeltern und alle, die sich sonst für ihn interessieren mochten. Manchmal marschierten wir mit selbstgebastelten Bannern in unserer großen Wohnung hin und her und protestierten gegen die uns aufgezwungenen Wollhosen.

Ich war auch eine eifrige Leserin und besaß schon eine große Büchersammlung und eine kleine Nachttischlampe. Niemand hatte etwas dagegen, daß ich so lange las, wie ich wollte; also verschlang ich ein Buch nach dem anderen. Doch neben den Klassikern las ich nur Kinderbücher. Mein erstes »richtiges« Buch überhaupt war eine polnische Ausgabe des Romans *Die Zitadelle* von A. J. Cronin. Ich las es im September 1939, im Keller, in den kurzen Pausen zwischen Luftangriffen.

Ich liebte das Haus meiner Großeltern in der Grenzstraße, und da ich alt genug war, um allein wegzugehen, machte ich bei ihnen öfter einen Überraschungsbesuch. Der Ort hatte etwas Besonderes, das mich immer wieder anzog: ein besonderer Duft, gedämpftes Licht, ein Hauch des letzten Jahrhunderts. Das Haus war alt, die große Wohnung voll geheimnisvoller Winkel, Schränke und Rumpelkammern, in denen ich manchmal stöbern durfte. Dort fand ich die altmodischen Spielsachen, die einst meiner Mutter und ihren Brüdern Jerzy und Stefan gehört hatten, gewaltige Plüschelefanten und Plüschtiger, die nach Staub rochen, Schaukelpferde, Zelluloidpuppen und Puppenhäuser. Die Möbel der Wohnung waren noch älter, Erbstücke von Omas Ahnen; sie galten als antik und wertvoll. Die imposanten schweren Lehnstühle, die mit Schnitzwerk verzierten Kommoden, Nähtische und Büfetts unterschieden sich erheblich von unseren Möbeln in der Sienna, die leicht und glänzend waren und nach frischem Holz rochen. Im Haus der Großeltern stieß man überall auf silberne Schalen und Schüsseln, alte Porzellanvasen und alte Stiche an den Wänden. Einer der sieben Räume, Salon genannt, beherbergte ein mächtiges Klavier; darauf spielte man bei großen Bällen, als meine Mutter noch bei ihren Eltern lebte. Später, als die Tochter des Hauses nach ihrer Heirat ausgezogen war und Großvater Aleksander diese gesellschaftlichen Ereignisse zu anstrengend wurden, verwandelte man den Salon in eine kleine Galerie. Nun drängten sich dort Bilder berühmter polnischer

Maler der Jahrhundertwende: Malczewski, Chełmónski, Fałat. Jedesmal wenn ich das Haus besuchte, wanderte ich hier von Wand zu Wand und bestaunte die Bilder. Sie bezauberten mich alle: die Landschaft mit dem Bauern, der mit zwei Pferden die dunkle Erde unter einem weiten, wolkenverhangenen Himmel pflügte; das Selbstporträt des kahlen, grobschlächtigen Künstlers bei der Arbeit; das bestürzte Gesicht eines blonden Mädchens, entsetzt über den toten Vogel in seiner Hand. Ich hatte zwei Lieblingsbilder. Das eine war dreihundert Jahre alt und anders als die anderen. Es war ein winziges niederländisches Gemälde in einem mächtigen schwarzen Rahmen und zeigte eine Jagdgesellschaft bei der Rast im Wald. Die kleinen glänzenden Gestalten der Männer, Hunde und Pferde schienen aus dem dunklen Hintergrund zu springen, als wären sie lebendig. Das andere Bild, von Malczewski gemalt, war groß und zeigte einen Priester und einen Rabbiner in hitzigem Gespräch – angespannt, gestikulierend, mit blitzenden Augen. Unentwegt starrte ich sie an und brütete über dem großen Rätsel, was es zu bedeuten hatte, ob man Jude war oder nicht.

In der Wohnung meiner Großeltern gab es nur einen Raum, der nicht alt aussah: das Zimmer Onkel Stefans. Es war modern möbliert und barg ein wunderbares ausländisches Radio. Mein jüngster Onkel war erst kürzlich aus England zurückgekehrt, wo er Volkswirtschaft studiert hatte. Er war Ende Zwanzig, unverheiratet und noch ohne Stellung. Er sah gut aus, war äußerst intelligent, geistreich und hatte eine Freundin, die nicht weniger wunderbar war als er selbst. Jadwiga war etwa dreiundzwanzig und sehr schön, mit grünen Augen und rötlichschimmerndem braunem Haar, ebenfalls sehr elegant. Stefan und sie liebten sich leidenschaftlich, und ich vergötterte beide. Sie waren meine Idole. Ich konnte nicht verstehen, weshalb sie nicht heirateten und Jadwiga selten in die Grenzstraße kam. Einmal hörte ich Verwandte flüstern, daß Großvater Aleksander sie nicht gern als Stefans Frau sehen würde, weil sie aus einer weniger angesehenen jüdischen Familie komme – weniger wohlhabend vielleicht oder weniger gebildet. Dagegen rebellierte ich im stillen. Jadwiga war offenkundig sehr klug, sehr belesen, wohlinformiert. Sie war viel eindrucksvoller, viel charmanter als Onkel Jerzys Frau, die Tochter eines reichen Bankiers.

Bei meinen gelegentlichen Besuchen in der Grenzstraße traf ich Großvater Aleksander nur selten an. Er arbeitete bis spätabends in seiner Klinik oder ruhte sich in seinem Studierzimmer aus. Für gewöhnlich saß ich bei Oma und erzählte ihr alles über die Schule und meine Sorgen. Sie war eine großartige Zuhörerin. In meiner Erinnerung sehe ich sie vor mir als große, gutgekleidete, würdevolle Frau mit weißem Haar und jungem Gesicht, die aufmerksam meinen Ergüssen lauscht. Irgendwie wußte sie mich immer zu trösten, wenn ich ihr mein tägliches Leid klagte. Statt Mitleid mit mir selbst zu haben, pflegte sie zu sagen, solle ich besser an die Menschen denken, deren Leben weit weniger glücklich sei – an Kinder, die im Elend lebten, denen alles fehlte, was ich hatte. Sie hatte recht; ich schämte mich und hörte eine Weile auf zu klagen. Während wir uns unterhielten, bemühte sich Tante Maria um uns; adrett und frohgemut, mit ihrer gestärkten Schürze raschelnd, stellte sie mir meine liebsten Leckerbissen auf den Tisch. Bei Oma und ihr fühlte ich mich richtig wohl; ich wußte, daß ihnen an mir lag und sie sich stets Zeit nahmen, wenn ich bei ihnen sitzen und reden wollte.

Auch meine Sonntage waren sehr glücklich. Vater entspannte sich zu Hause und war bereit, Fragen zu beantworten, Dinge zu erklären, Geschichten zu erzählen. Manchmal nahm er Mutter, Sophie und mich in seinem großen schwarzen Chevrolet ins »Unbekannte« mit, das sich gewöhnlich als ein schönes

Fleckchen Erde am Stadtrand herausstellte. Der Ausflug endete meistens mit Riesenportionen Vanilleeis oder, wenn es kalt war, köstlichen Plätzchen in einem Café. Zu Hause gab es dann ein gemeinsames Essen, das einzige Mal in der Woche; montags bis samstags aßen die Kinder allein.

An den Sonntagabenden ging ich in einen Tanzkreis. Es war eher ein geselliges Vergnügen als eine Lehrstunde. Gegründet hatte ihn Renatas Schwester Joanna, die damals fünfzehn war. Dank Renata fand ich Aufnahme in dieser Wunderwelt der fast Erwachsenen, die sich unter der Obhut einer Lehrkraft, die auch Klavier spielte, in Privathäusern trafen. Sozial zählte ich wenig – ich war eben noch ein Kind. Aber ich hatte immer einen männlichen Tanzpartner, zu dem ich – in jeder Hinsicht – aufblicken konnte. Einer von ihnen, ein freundlicher, intelligenter Junge namens Jan, begleitete mich nach jeder Tanzstunde nach Hause. Arm in Arm gingen wir durch die dunklen Straßen, und ich fühlte mich einfach wunderbar. Ich dachte, daß Jan in mich verliebt sei, und ich war wahrscheinlich in ihn verliebt, wenn man die ungewissen zarten Gefühle einer Zwölfjährigen Liebe nennen konnte. Jedenfalls erkannte ich zum erstenmal, daß ich hübsch war, und ich begann, auf mein Aussehen und auf männliche Blicke zu achten.

Das Frühjahr 1939 brachte nicht nur meinem Land, sondern auch mir selbst großen Kummer. Im März, ein halbes Jahr nach der Unterzeichnung des Münchener Abkommens, errichtete Hitler das »Reichsprotektorat Böhmen und Mähren« aus dem verbliebenen Teil der Tschechoslowakei, nachdem die Slowakei sich für unabhängig erklärt hatte; Polen spielte dabei in gewisser Weise mit. Außerdem erneuerte Hitler verstärkt seinen Anspruch auf die Freie Stadt Danzig, den Polen strikt zurückwies. Eine wachsende Kriegsdrohung lag über dem Land und weckte mächtige nationalistische Gefühle, die oft in Chauvinismus ausarteten. Antisemitische Parolen, Reden und Artikel grassierten. Die allgemeine Unruhe konnte leicht zu Ausschreitungen gegen die Juden führen. Juden erwarteten sie, fürchteten sie. Ich lernte das unheilvolle Wort »Pogrom« kennen.

Im April starb Großvater Aleksander plötzlich an einem Herzanfall. Zum erstenmal erfuhr ich, daß jemand dahinging, dessen Gegenwart mir selbstverständlich war. Überdies war meine geliebte Oma Ewa ernsthaft krank. Niemand hatte mir je erzählt, was ihr fehlte, doch ich vermutete Krebs und sorgte mich sehr um sie.

Das schlimme Schuljahr ging schließlich zu Ende, und die letzten Sommerferien meiner Kindheit begannen. Für den Augenblick war ich sehr erleichtert und hatte es nicht eilig, meine Ferienaufgaben für den kommenden September zu machen. Sie waren ohnehin nicht umfangreich. Nur der Lateinlehrer wollte, daß seine Schülerinnen im Sommer arbeiteten. Ich sollte ein lateinisches Gedicht auswendig lernen, das besonders lang und ungewöhnlich war. Es handelte sich um ein beliebtes polnisches Lied von Zigeunern, die in einem Waldlager ihre Freiheit genießen; der Lehrer selbst hatte es ins Lateinische übersetzt. Ich erinnere mich noch an die ersten Zeilen, die einzigen, die ich lernte:

*Ohe sub silva quid longe splendet:*
*Velitum manus ignem incendit.*
(Am Rand des Waldes leuchtet es von fern:
Eine Schar Zigeuner entzündet ein Feuer.)

Meine Eltern hielten mich für alt genug, einen Teil meiner Ferien mit ihnen zu verbringen, und so nahmen sie mich Anfang August mit in einen berühmten galizischen Kurort nahe Lemberg, im Südosten Polens. Die folgenden Ereignisse haben meine Erinnerungen daran fast völlig gelöscht. Ich weiß nicht mehr, wie ich meine Tage in dem Ort verbrachte, ob es mir gefiel oder nicht. Ich kann nur von den Bruchstücken berichten, die sich mir einprägten und die ich nie vergessen werde.

Ich beschloß, keine Zöpfe mehr zu tragen, und ließ mein Haar nun lose fallen, mit einem Band um die Stirn. Diese Veränderung bewirkte offenbar, daß mich jemand ein hübsches Mädchen nannte; jemand anderes sagte zu mir »Fräulein«. All das und die Natur selbst ließen mich erkennen, daß ich kein Kind mehr war. In dem Kurort feierte ich am 18. August meinen dreizehnten Geburtstag.

Überwältigend deutlich, wie an ein unvergeßliches Bild, erinnere ich mich an eine kleine Gruppe galizischer Juden, die bei Sonnenuntergang am Fluß im Gebet versunken waren. Ihre schwarzen Silhouetten mit den langen Bärten und enormen runden Pelzmützen schwankten vor dem Hintergrund des glutroten Himmels; ihre bitteren Klagen erfüllten mein Herz mit Angst und einer dunklen Vorahnung des Unheils.

Wir waren mit einem Auto unterwegs – es muß am 24. August gewesen sein –, als das Autoradio plötzlich den Abschluß des Nichtangriffspakts zwischen Hitler und Stalin meldete. Die nächste Nachricht lautete, der Beginn des neuen Schuljahrs werde wegen der wachsenden Spannung und Kriegsgefahr vom 1. September auf einen späteren Zeitpunkt verschoben. Vielleicht muß ich dann nicht diese verdammten lateinischen Verse lernen, dachte ich, ein wenig erleichtert.

# *Grenzstraße*

*Am 31. August 1939 um 12.40 Uhr gab Hitler den Befehl, Polen am nächsten Morgen um 4.45 Uhr anzugreifen. Darauf erklärten Großbritannien und Frankreich Deutschland am 3. September den Krieg [...].*

*Für die Invasion in Polen setzten die Deutschen etwa 40 normale Infanteriedivisionen ein, dazu 14 Panzergrenadierdivisionen. Der rasche Sieg wurde durch schnelle Panzer herbeigeführt [...]. Polen war einem solchen Angriff nicht gewachsen. Zu ihrer Verteidigung verfügten die Polen über etwa dieselbe Anzahl von Infanteriedivisionen wie die Deutschen, doch gegen die deutsche Panzerwaffe konnten sie nur 12 Kavalleriebrigaden [...] und wenige leichte Tanks einsetzen.*

*Am 8. September stand eines der deutschen Panzerkorps am Rande Warschaus; über 220 Kilometer lagen nach der ersten Kriegswoche bereits hinter ihm [...].*

*Am 10. September ordnete der polnische Oberbefehlshaber Marschall Edward Śmigły-Rydz den allgemeinen Rückzug nach Südosten an. Um diese Zeit aber drangen die Deutschen schon tief nach Südostpolen ein [...].*

*Die polnische Verteidigung beschränkte sich bereits auf Einzelaktionen isolierter Truppenteile, als ein weiterer Schlag erfolgte: Am 17. September 1939 rückten sowjetische Streitkräfte von Osten her nach Polen ein. Am nächsten Tag gingen die polnische Regierung und das Oberkommando über die rumänische Grenze ins Exil. Die Garnison Warschau hielt den Deutschen noch bis zum 28. September stand [...].*

*Während der Belagerung Warschaus durch die Nazis [...] starben über 10 000 Bürger, und mehr als 50 000 wurden verwundet, ehe akuter Vorratsmangel die Kapitulation erzwang.*

The New Encyclopaedia Britannica,
*Bände 14 und 19*

Die letzten Tage im August 1939: Diesige Spätsommersonne, die Bäume hängen voller Obst, träge flatternde Schmetterlinge über leuchtendbunten Astern und Dahlien, Stille, Frieden.

Ich bin wieder in Konstancin, wieder bei Sophie, der kranken Oma, Tante Maria. Vater ist in der Armee, irgendwo in einem Warschauer Militärhospital, Mutter in unserer Warschauer Wohnung, um ihm möglichst nahe zu sein. Vor sechs Tagen wurde er als Reserveoffizier eingezogen; Opa Maks rief uns deswegen im Kurhotel an. Viele Männer, die hier ihren Urlaub verbrachten, erhielten am selben Tag die gleiche Nachricht, und sofort setzte ein wahrer Exodus ein. Da wenig Aussicht auf einen Platz in dem überfüllten Zug bestand, mietete Vater ein Taxi, um so schnell wie möglich nach Warschau zu kommen. Wir alle fuhren einen ganzen Tag und eine ganze Nacht und hielten nur für hastige Mahlzeiten, ganz gleich, wo wir sie bekamen. Die Straßen waren überfüllt mit Autos, Lastwagen und Fahrrädern; von der gleichen Furcht getrieben, schwärmten die Menschen in alle Richtungen. Wir fuhren an friedlichen Feldern und Wäldern vorbei durch schon aufgeschreckte Dörfer. In Rawa Ruska, einer heruntergekommenen Kleinstadt an der russischen Grenze, machten wir halt. Es war dunkel, doch in den engen Straßen drängten sich verstörte Juden. Sie packten ihre armseligen Bündel auf ihre wackeligen Karren und jammerten auf jiddisch. Ein Wort verstand ich: Krieg. Offensichtlich wollten sie fliehen. Doch vor wem und wohin?

Als wir uns in den frühen Morgenstunden Warschau näherten, wurden wir eine Weile durch vorbeiziehende Truppen aufgehalten. Die jungen, vielleicht eben eingezogenen Soldaten wirkten müde und ängstlich. Das zündende Soldatenlied, das sie sangen, klang eher traurig.

Wieder in meinem friedlichen Garten in Konstancin, bei geliebten Menschen und vertrauten Dingen, mußte ich immer wieder an all das denken, zogen unaufhörlich die Schrecken unserer Reise an mir vorüber. Ich konnte nichts mit mir anfangen, die Zeit schleppte sich dahin. Wenn ich das Radio einschaltete, hörte ich nur schmissige Militärmärsche, die gelegentlich von sonderbaren, rätselhaften Durchsagen unterbrochen wurden: »Achtung – Achtung – nähern sich – Schokolade – Schokolade – Ko-ma sechs – Koma sechs . . .« Ich erschrak. Nagende Angst stieg in mir auf. Wo war Vater, was würde ihm geschehen, was würde all den anderen geschehen, diesen armen, von panischem Schrecken erfaßten Juden, diesen verängstigten jungen Soldaten?

Im Garten, in der Villa schien das Leben weiter den gewohnten Gang zu gehen. Oma Ewa saß in ihrem Lehnstuhl und hatte wieder Schmerzen, Tante Maria erledigte ihre tägliche Arbeit, der Gärtner, ein wettergegerbter alter Mann mit großem Schnurrbart, machte mir Vorhaltungen, weil ich einen unreifen Pfirsich vom Baum gepflückt hatte. Aber sonst sprach niemand viel, nicht einmal Sophie. Wir warteten alle. Aber worauf?

Am Freitag morgen, etwa um neun Uhr, hörten wir im Radio die Nachricht, daß der Krieg begonnen habe. Hoch oben am klaren Himmel sahen wir Flugzeuge aus dem Westen kommen und später auch zurückkehren. Wir hielten sie für polnische Flugzeuge, waren uns jedoch nicht sicher. Plötzlich endete die Spannung des ungewissen Wartens. Die Villa war wieder voller Leute: Einige Verwandte waren zu uns gekommen. Stefan und Jadwiga hatten ihren Urlaub abbrechen müssen und waren aus den Bergen zurückgekehrt, sonnenverbrannt und schöner denn je. Mit ihrer Ankunft verlor für mich sogar der Krieg seine Schrecken und wurde zu einer Art Abenteuer. Ich beschloß, ein Tagebuch zu führen, und tat das während der ersten sechs Kriegstage.

Bis Samstag hatten wir herausgefunden, daß das da oben nicht polnische, sondern deutsche Flugzeuge waren, die Warschau ansteuerten. Luftangriffe – das Radio warnte und entwarnte. Warschau wurde bombardiert. Aus der Ferne hörten wir die hohl klingenden Detonationen ebenso wie die zischenden Geräusche der Fliegerabwehr. Schwere Rauchwolken verdüsterten den strahlenden Septemberhimmel.

Gegen Abend kam Mutter aus Warschau, blaß und besorgt. Sie hatte sich mit Vater für eine kurze Zeit treffen können und war mit ihm in einen Luftangriff geraten. Nahe bei ihnen war eine Bombe eingeschlagen. Sie sah, wie Menschen durch die Explosion verwundet wurden. Ein älterer Mann wurde getötet. Vater bestand darauf, daß sie zur Villa zurückkehre und bei uns bleibe. »Er sah so stattlich aus in seiner Uniform«, sagte sie und brach in Tränen aus.

Ich hatte die Uniform meines Vaters schon gesehen; sie war in seinem Schrank neben seiner Zivilkleidung zu bewundern. Außer ihr gab es noch zwei Medaillen, ein etwas verblaßtes Foto, das Vater als schlanken, schmucken Offizier Anfang Zwanzig zeigte, und eine Patronenhülse; dies alles wurde von der Familie als Andenken seiner militärischen Vergangenheit in Ehren gehalten. Im Ersten Weltkrieg hatte Vater nicht gekämpft; er war damals Medizinstudent. Erst 1920, als die polnische Armee gegen die Warschau bedrohenden Bolschewiken kämpfte, kam er als Arzt zum Militär. Als Angehöriger eines Feldlazaretts fuhr er in einem gepanzerten Zug entlang der Front und sammelte die Verwundeten ein. Dabei wurde er selbst verwundet und wäre im selben Zug fast an Typhus gestorben. Das war lange bevor er

Mutter kennenlernte. Jetzt war er wieder in Gefahr, und Mutter, Sophie und ich sorgten uns verzweifelt um ihn.

Stefan rechnete ständig mit seiner Einberufung. Er war kein Offizier, sondern nur gewöhnlicher Soldat. Zwischendurch hing er immer wieder am Radio und versuchte, sich zu informieren, wobei er stets die Sender wechselte, von der BBC nach Paris, von Paris nach Berlin. Noch ohne berufliche Karriere, doch mit einer gründlichen englischen Ausbildung, war er das brillanteste und in politischer Hinsicht kompetenteste Mitglied unserer Familie. »Wenn Großbritannien und Frankreich Deutschland doch nur den Krieg erklärten«, sagte er immer, »dann wären wir gerettet.« Die Kriegserklärungen wurden wahr. Am Sonntag nachmittag endlich hörten wir Chamberlains Rede in der BBC, die uns Stefan, außer sich vor Freude, übersetzte: Großbritannien befinde sich im Krieg gegen Deutschland, Frankreich ebenfalls.

Am Montag fuhr ein wunderschöner Wagen mit CD-Kennzeichen und einer winzigen britischen Flagge an der Villa vor. Drei Herren und eine Dame in elegantem Schwarz hielten Stefan Dokumente vor, die sie berechtigten, bei uns einzuziehen. Sie kamen von der britischen Botschaft, die eben aus der Stadt nach Konstancin evakuiert worden war. Ihre Kollegen hatte man anderen Villen in der Umgebung zugeteilt. Mehr erfreut als betroffen zogen wir rasch nach unten und überließen den Fremden das obere Stockwerk. Ihre Gegenwart wirkte beruhigend. Die mächtigen Briten hielten die Umgebung hier für sicher. In den unteren Räumen, obwohl eng zusammengepfercht und dicht nebeneinander schlafend, was für uns sehr ungewohnt war, fühlten wir uns nun wesentlich sicherer.

Als sich die Fremden bei uns eingerichtet hatten, baten sie als erstes den Gärtner um einige Werkzeuge. Damit gingen sie in den Garten und gruben einen tiefen Graben am Fuß des kleinen Hügels, auf dem Sophie und ich früher im Sand gespielt hatten. Jedesmal wenn das Radio einen Luftangriff meldete – was in diesen Tagen zunehmend häufiger vorkam –, hasteten unsere Mitbewohner in den Garten und versteckten sich in ihrem Graben. Wir fanden das komisch. Wir blieben bei jedem Angriff da, wo wir gerade waren. Die Bomben fielen letzten Endes auch nicht auf unseren Vorort.

Am Mittwoch, den 6. September geschah etwas Unerwartetes. Nach einem Telefonanruf packten die Botschaftsmitglieder hastig ihre Sachen und verstauten sie in ihrem Auto. Kurz vor ihrer Abfahrt fragte Stefan, der sich mit einem von ihnen angefreundet hatte, nach dem Grund dieses jähen Aufbruchs. Doch die Briten wollten nichts sagen; vielleicht wußten sie selbst nichts Genaues. Sie hatten einfach den Befehl erhalten, sich wieder abzusetzen.

Wir hatten wenig Muße, über all das nachzudenken, denn ein halbe Stunde später kam Vater in seinem Chevrolet angefahren. In seiner Uniform sah er großartig und zugleich fremd aus. Er wirkte abgehetzt und angespannt. Wir hatten keine Zeit dazu, unser plötzliches Zusammensein zu genießen oder Fragen zu stellen. Vater war gekommen, um uns nach Warschau zu bringen. Während wir die nötigsten Sachen zusammenrafften, erklärte er uns kurz, was geschehen war. Konstancin war nicht mehr sicher. Die deutsche Armee näherte sich Warschau. Während die Hauptstadt für einen langen Abwehrkampf gerüstet war, konnte der Vorort vom Feind besetzt und bald von der Stadt abgeschnitten werden. Wir diskutierten nicht über die Lage, sondern packten in Windeseile und verließen die Villa. Für immer.

So waren wir nun wieder auf dem Weg nach Warschau. Diesmal saß Vater selbst am Steuer; Oma und Sophie waren bei uns. Hinter uns kam Stefan in seinem eigenen Wagen mit Jadwiga, Tanta Maria, der Köchin und dem Mädchen. Abermals waren die Straßen voll von verängstigten Menschen, und vor uns krochen Fahrzeugkonvois mit Soldaten und Offizieren dahin. Sie grüßten Vater, und er grüßte zurück; ich sah es mit einer Mischung aus Stolz und Schmerz. Oma und Mutter, noch in Trauer um Großvater, trugen schwarze Kleider und schwarze Schleier. Wir fuhren sehr langsam; heute denke ich an diese Reise wie an einen Leichenzug.

Wir erreichten Warschau kurz nach einem Luftangriff und kamen eben noch in die Grenzstraße, als bereits der nächste begann. Mutter beschloß, daß wir nicht in unsere Wohnung in der Sienna gehen, sondern bei Oma bleiben würden. Jadwiga wollte sich nicht von Stefan trennen; also blieb sie ebenfalls in der Grenzstraße. Vater mußte trotz des Angriffs schnell in sein Krankenhaus zurück. Als er eben gegangen und der Luftangriff vorüber war, hörten wir im Radio die bewegte Stimme Präsident Starzyńskis, des tapferen Bürgermeisters von Warschau. Er verkündete, daß die deutsche Armee auf Warschau vorrücke und wir zum Abwehrkampf bereit seien. Bald danach ordnete eine andere Stimme an, alle Männer im wehrfähigen Alter, die nicht eingezogen worden seien, hätten Warschau sofort zu verlassen. Ich kann mich nicht erinnern, daß davon die Rede war, die Regierung wolle Warschau in der nächsten Nacht verlassen; das erfuhren wir wohl erst sehr viel später.

Inmitten eines heillosen Durcheinanders von Bündeln sowie von Möbeln, die umgestellt worden waren, damit mehr Menschen in der Wohnung Platz hatten, schickte sich Stefan in tiefer Schwermut an, Abschied zu nehmen. Jadwiga, blaß, ernst und ohne Tränen in den Augen, war gerade dabei, ihm warme Socken und belegte Brote einzupacken, als Onkel Jerzy anrief und mitteilte, er werde Warschau mit seiner Frau, seiner kleinen Tochter und seinen Schwiegereltern im eigenen Wagen verlassen. Bald danach tauchte Vater wieder auf. Sein Krankenhaus sollte in dieser Nacht evakuiert werden. Die Ärzte sollten den Krankenwagen in ihren Privatautos – falls vorhanden – folgen; ihre Familien durften sie mitnehmen. Vater kam, um uns zu holen – Mutter, Sophie und mich. Für eine Diskussion war keine Zeit. Ohne jedes Zögern lehnte Mutter ab. Es war ihr einfach unmöglich, ihre sterbende Mutter in einer belagerten Stadt zurückzulassen. Vater bedrängte sie. Ohne Erfolg. Daraufhin beschloß er, statt dessen Stefan mitzunehmen. Dann erschien plötzlich Onkel Józef. Er hatte gleichfalls Befehl erhalten, Warschau zu verlassen und sich außerhalb der Stadt seiner Einheit anzuschließen, obwohl er bereits eingezogen war und die Offiziersuniform trug. Auch ihn nahm Vater in seinem Wagen mit. Sie verabschiedeten sich und verschwanden. Mich überwältigte das Gefühl, meinen Vater nie wieder zu sehen, und ich weinte die ganze Nacht.

Die Belagerung Warschaus begann am nächsten Tag. Die Stadt stand unter ständigem Artilleriefeuer und wurde tagsüber auch aus der Luft bombardiert. Anfangs blieben wir während der Angriffe in der Wohnung. Nun kamen auch noch einige andere Leute zu uns. Mutters taubstummer Onkel tauchte auf und blieb bei uns, ebenso Jadwigas Vater, ein geschiedener Mann mittleren Alters; er wollte bei seiner Tochter sein, die sich spontan entschieden hatte, bei uns zu bleiben. Dann kam Schwester Franciszka. Sie war eine ausgebildete Krankenschwester, die jahrelang meinem Großvater im Operationssaal assistiert hatte. Da sie ihm und seiner Familie sehr verbunden war, wollte sie sehen, wie es uns ging, und beschloß sofort, dazubleiben und Oma zu pflegen. Sie war klein, schweigsam, sachlich, hatte ein schlichtes Gesicht, kurzes Haar und sprach mit fremdem Akzent – sie war deutscher Abstammung. Bald hatte sie das Kommando im Haushalt übernommen. Nachdem es ihr gelungen war, einen Vorrat an Medizin und Pflegeutensilien anzulegen, richtete sie eine Erste-Hilfe-Station ein und beschäftigte fast alle, Sophie eingeschlossen, mit der Vorbereitung von Verbänden und dem Wickeln von Bandagen; für gewöhnlich assistierten wir ihr, wenn sie die vielen Verwundeten versorgte, die am Eingang unseres großen Mehrfamilienhauses warteten.

Die Straßen Warschaus waren voller Flüchtlinge aus allen möglichen Kleinstädten und Dörfern, die in der Hauptstadt mehr Sicherheit zu finden hofften. Viele von ihnen hatten weder eine Bleibe noch etwas zu essen; die meisten Läden waren geräumt und geschlossen, wenn sie nicht bereits zerbombt waren. Viele Menschen wurden in den Trümmern verletzt. Während Schwester Franciszka sich bemühte, ihnen zu helfen, organisierten Tante Maria und Frauen aus den Nachbarswohnungen einfache Mahlzeiten für die Hungernden. Die meisten unserer Hausnachbarn, auch die Besitzer der Läden im Erdgeschoß, machten dabei mit. Alle hatten große Nahrungsmittelvorräte zu Hause – der Kriegsausbruch kam schließlich nicht unerwartet. Tante Maria, die Köchin und das Mädchen betrieben die Küche; sie kochten Suppen und Kartoffeln in den großen Töpfen, die ihnen Herr Kleinbaum, der unten ein Haushaltwarengeschäft führte, geliehen hatte. Aus seinem Lager bekamen sie auch viele Blechschüsseln und Löffel. All das wurde zum Eingang gebracht, und Freiwillige verteilten das Essen an die Schlange der wartenden Fremden. Ich machte mich nützlich, so gut ich konnte.

Am dritten Tag der Belagerung mußte Omas Bett in den Korridor geschafft werden; er hatte keine Fenster und schien sicherer. Mutter war die ganze Zeit bei ihr. Tatsächlich bekamen wir Oma kaum mehr zu Gesicht; die meiste Zeit des Tages lag sie versunken im barmherzigen Vergessen des Morphiums, das ihr Schwester Franciszka aus Nächstenliebe gab.

Eines Tages, bei einem morgendlichen Angriff, detonierten die Bomben so nahe, daß uns Schwester Franciszka aufforderte, unsere Wohnung im zweiten Stock zu verlassen und in den Keller zu eilen, während sie allein an Omas Bett blieb. Wir gehorchten und hasteten hinunter, kamen jedoch nicht zum Fuß der Treppe, denn das Treppenhaus war von wohnungslosen, schutzsuchenden Menschen verstopft. Wir konnten auch nicht zurück, weil Nachbarn aus den oberen Stockwerken, die nach unten drängten, die Treppe blockierten. So waren wir alle eingezwängt. Das Gebäude erzitterte unter den Explosionen, das Brummen der Tiefflieger dröhnte uns im Kopf. Die Fenster des Treppenhauses zerbarsten, Rauch und Staub verdunkelten alles. Kinder schrien, Frauen stöhnten. Neben mir hielt eine Frau ihren dreijährigen Sohn fest umklammert; um ihn zu beruhigen, wiederholte sie ständig, fast mechanisch: »Nicht weinen, mein kleiner Liebling. Es kann dir nichts passieren, deine Mutter ist bei dir.« Diese Frau und ihr Kind wurden bei einer Explosion drei Tage später getötet.

Während wir uns alle bemühten, den Fremden Erste Hilfe und Essen zu geben sowie Oma zu versorgen, war Jadwiga anderweitig beschäftigt. Mit einem Overall bekleidet, ihr dichtes kastanienbraunes Haar unter einem Tuch verborgen, was ihre Schönheit nicht minderte, unternahm sie eine sorgfältige Sichtung der Bücher auf den Regalen. Es gab Tausende von Büchern in der Wohnung meiner Großeltern, denn sie waren eifrige Leser und Büchersammler. Stefan hatte eine eigene Büchersammlung in seinem Zimmer, in dem jetzt Jadwiga wohnte. Inmitten etlicher Bücherstapel aus zahlreichen Schränken und Regalen war sie von ihrer Tätigkeit so sehr gefesselt, daß sie das Toben des Krieges draußen völlig zu vergessen schien. Sie wirkte unheimlich beherrscht, und eine Weile dachte ich, die Angst um Stefan habe ihr den Verstand geraubt. Doch sie war keineswegs verrückt. Nach drei oder vier Tagen Arbeit bat sie mich um Hilfe. Als die Schränke und Regale wieder aufgeräumt waren, stapelten sich nur noch wenige Bücher und Broschüren neben dem Kachelofen im Speisezimmer. Ich wurde beauftragt, sie zu zerreißen, während Jadwiga Feuer machte und die Reste verbrannte. Ich war ziemlich konsterniert und zögerte zunächst; bevor ich die Bücher schließlich doch vernichtete, sah ich sie mir genau an. Manche handelten vom Kommunismus, die meisten aber vom Faschismus, von Nazideutschland oder Hitler. Eines war besonders umfangreich. Es war in feste schwarze Pappe gebunden und trug den Titel *Das Braune Buch*. Es berichtete von der Verfolgung deutscher Juden und den Konzentrationslagern in Deutschland. Zahlreiche Fotos zeigten alle Arten von Scheußlichkeiten der Nazis. Entsetzt und gebannt ließ ich diese Dokumente auf mich einwirken. Plötzlich erkannte ich, daß alles stimmte, was uns Tante Eugenia vor zwei Jahren erzählt hatte, ja daß es noch schlimmer war. Wir hatten ihr damals nicht geglaubt, doch inzwischen war das *Braune Buch* erschienen. Meine Familie kannte also die Wahrheit, hatte mich jedoch die ganze Zeit über im dunkeln gelassen. Schweigend starrte ich Jadwiga an. Ruhig und sachlich wie immer beantwortete sie meine unausgesprochene Frage. Ich sei alt genug, sagte sie, um zu wissen, wie die Dinge stünden. Wir müßten jederzeit damit rechnen, daß die Deutschen Warschau besetzten. Es gebe kaum Hoffnung, daß die belagerte Stadt der mächtigen deutschen Armee widerstehen könne. Und wenn sie kämen, müßten wir darauf gefaßt sein, daß sie unsere Wohnungen durchsuchten und unerbittlich gegen alles vorgingen, was sich gegen ihr Regime zu richten schien.

Deshalb mußten wir alle Dokumente loswerden, die als Kritik am Naziregime gelten konnten. Um mich und sich selbst zu beschwichtigen, fügte Jadwiga hinzu, sie glaube nicht, daß uns die Nazis so brutal behandeln würden wie die deutschen Juden. Polen sei schließlich ein fremdes Land für sie; darüber hinaus hätten wir mächtige Verbündete: England und Frankreich. Ich weiß noch, wie mir die Finger schmerzten, als ich dieses *Braune Buch* zerriß. Es kam uns sehr lange vor, bis es verbrannt war.

Am zehnten Tag der Belagerung mußten wir uns ganz in den Keller zurückziehen; die Luftangriffe und das Artilleriefeuer waren zu bedrohlich geworden, als daß wir in der Wohnung hätten bleiben können. Alle Fensterscheiben waren zersprungen, Wasser, Strom und Gas gab es nicht mehr.

Der weitläufige Keller des Hauses war inzwischen zu einer Unterkunft für zahlreiche Menschen geworden. Man hatte Trennwände eingerissen und allerlei Gerümpel weggeworfen. An Vorräten waren nur noch Kohlen und Kartoffeln da. Mittlerweile herrschte ein dichtes Gedränge von schutzsuchenden Familien – Leuten aus schon evakuierten Wohnungen sowie obdachlos gewordenen Fremden. Dichtgedrängt lagerten sie auf Matratzen oder Bettzeug, die sie auf dem dreckigen, kalten Kellerboden ausgebreitet hatten. Irgendwie fanden auch wir einen Platz für unsere eigenen Matratzen. Einige der Fremden protestierten laut, doch schließlich halfen sie uns und versuchten sogar, es Oma so bequem wie eben möglich zu machen.

So begann unser Maulwurfdasein in stickiger Luft, in Schmutz und im Dämmerlicht einiger weniger Kerzen, ohne Wasser, ohne warmes Essen. Es war uns bewußt, daß wir jeden Augenblick in einem Feuersturm umkommen oder unter Schutt begraben werden konnten.

Menschen aus allen Gesellschaftsschichten hausten hier mit uns zusammen, Juden und Nichtjuden, Reiche und Arme. Manche waren von Panik erfaßt, einige Frauen stöhnten und kreischten. Andere waren starr vor Angst, wieder andere ruhig und beherrscht. Ich erinnere mich an Herrn Bachner, einen der Ladenbesitzer, der ganz ruhig zu sein schien; jedesmal wenn eine besonders schwere Explosion die Wände zu zerreißen drohte, sagte er: »Nichts geschehen, nichts geschehen. Es ist nur wieder ein Blumentopf vom Sims gefallen.« Niemand lachte über seinen Scherz. Ein alter Jude betete während der ganzen Zeit. Neben ihm flüsterte eine junge Christin Fürbittgebete. Mitunter zankten sich Leute lautstark über ein paar Zentimeter Platz oder den Zugang zu einer Kerze. Doch insgesamt gingen wir verständnisvoll und hilfsbereit miteinander um.

Herr Kleinbaum, seine Frau und seine beiden Töchter saßen dicht neben der Familie eines Geschäftsmannes mittleren Alters. In der Dunkelheit bahnte sich zwischen dem Geschäftsmann und Kleinbaums jüngerer Tochter Lucy, einer drallen zwanzigjährigen Blondine, etwas an. Ich witterte es eher, als daß ich es sah. Ich war fest davon überzeugt, daß Lucy sich in den gefährlichsten Augenblicken an ihn drückte und er ihr seidiges blondes Haar streichelte. Lucys Eltern wußten das sicher, unternahmen aber nichts, während die Frau des Geschäftsmannes schluchzend neben ihm kauerte.

Zwei Jungen gaben sich die ganze Zeit gewaltig tapfer. Offensichtlich wollten sie mich oder Jadwiga oder uns beide beeindrucken. Ich fand sie lächerlich. Da war allerdings noch ein dritter Junge, den mochte ich. Er saß still bei seiner Mutter links neben uns und versuchte im schwachen Kerzenlicht zu lesen. Da ich das bei derselben Kerze ebenfalls tat, kamen wir uns bald näher. Er hieß Artek und war nur drei Monate älter als ich. Er wohnte im zweiten Stock, der Wohnung meiner Großeltern gegenüber. Sein Vater war am selben Tag wie mein Vater mit der Armee aufgebrochen. Artek erwies sich als ernsthafter, empfindsamer Junge, nicht eigentlich hübsch, doch von sanftem Aussehen. Wir redeten viel miteinander und schlossen sofort Freundschaft.

Am 25. September – es war Montag, der Tag des Neujahrsfestes Rosch ha-Schanah – brach überall um uns die Hölle los. Wir erfuhren später, daß der letzte Sturm der Deutschen auf Warschau begonnen hatte, doch als wir voller Angst zwischen den ächzenden, bebenden Kellerwänden kauerten, glaubten wir, die Nazis wollten das nahe jüdische Viertel dem Erdboden gleichmachen und hätten dafür ausgerechnet einen jüdischen Feiertag gewählt. Ähnliches geschah tatsächlich. Die Zeit blieb stehen, das Leben schien zu erlöschen; wir konnten nur beten, in diesem Inferno rasch und ohne Schmerzen ausgetilgt zu werden.

In dieser dunklen, stillstehenden Zeit nahm mich eines Tages jemand bei der Hand und führte mich durch das unterirdische Labyrinth hinauf zu einem der verlassenen Läden im Erdgeschoß. Plötzlich wurde ich durch grelles Licht geblendet. Ein unheimliches Dröhnen, Klirren und Keuchen ließ mich erstarren. Vor dem zerbrochenen Fenster des Ladens ragte eine gewaltige Feuerwand – die andere Seite der Grenzstraße stand in Flammen. Um uns gab es nur gleißende Helligkeit und höllischen Lärm. Artek und ich standen in einem leeren Raum außerhalb der menschlichen Welt, am Rande des Lebens. Erschüttert hielten wir einander fest umschlungen. Wir sagten kein Wort. Wir standen einfach da, im Banne der Flammen, stundenlang – oder auch nur für Sekunden. Dann küßten wir uns – der erste Kuß meines und seines Lebens. Und der letzte – glaubten wir.

Der Sturm wütete den ganzen Tag und die ganze Nacht. Bald hörten wir, daß der ganze Bezirk in Flammen stand und es keinen Ausweg mehr gab. Wir warteten nur darauf, zu sterben. Noch in derselben Nacht übernahm dann überraschend ein völlig Fremder, der mit uns im Keller ausharrte, das Kommando und forderte alle Männer und die jüngeren Frauen auf, ihm aufs Dach zu folgen. Mich wollte er nicht, doch Artek, Mutter, Jadwiga und Schwester Franciszka gingen mit ihm. Sie bekämpften das Feuer von der Morgendämmerung an den ganzen Tag hindurch. Da es kein Wasser gab, nahmen sie einfach Sand und Äxte, um die Flammen fernzuhalten. Und sie hatten Erfolg.

So waren wir alle noch am Leben, als der Sturm zu Ende ging und auf den Höllenlärm eine gespenstische Stille folgte. In dieser jähen Stille rätselten wir über die Zukunft. Es gab Optimisten wie Herrn Bachner, die glaubten oder zu glauben vorgaben, die deutsche Armee sei von den Alliierten geschlagen worden, und General Sikorski* sei mit seinen Truppen zur Rettung Warschaus herbeigeeilt. Doch die meisten von uns waren skeptisch. Als wir uns nach einiger Zeit hinauswagten, um die oberen Stockwerke zu untersuchen, hörten wir eine rauhe, gebrochene Stimme aus einem überraschenderweise intakt gebliebenen Radioapparat. Es war die Stimme Bürgermeister Starzyńskis, der die Kapitulation Warschaus bekanntgab.

Wir kehrten in unsere Wohnung zurück, deren Boden jetzt mit einer dicken Schicht aus Glas, Staub und Ruß bedeckt war. Ein kalter Hauch strich ungehindert durch die Räume und führte den scharfen Brandgeruch schwelender Ruinen mit sich. Zunächst sah man auf den Straßen nichts von den Er-

* General Władysław Sikorski war wegen seiner Tapferkeit im Ersten Weltkrieg und wegen seiner politischen Aktivitäten zwischen den beiden Kriegen berühmt. Von September 1939 bis Juli 1943 war er Ministerpräsident der polnischen Exilregierung in London und Oberbefehlshaber der polnischen Armee im Exil; am 4. Juli 1943 kam er bei einem Flugzeugabsturz bei Gibraltar ums Leben.

oberern, und wir dachten nicht einmal an sie. Wir begannen, die Räume wieder bewohnbar zu machen. Unsere Nahrungsmittelvorräte waren inzwischen schon erschöpft, und jemand mußte hinausgehen, um etwas Eßbares zu beschaffen. Jadwiga fand zwei große Körbe – einen nahm sie selbst, der andere war für mich –, und so machten wir uns auf den Weg. Was wir sahen, kann nur als Totenstadt bezeichnet werden. Überall Ruinen und bis auf die Grundmauern niedergebrannte Häuser – so schien es jedenfalls zunächst. Aus vielen Gebäuden stieg immer noch Rauch empor. Gehsteige waren zerstört, und Bomben hatten überall tiefe Krater gerissen. Wir sahen einige abgezehrte Menschen umherstreifen, die gleich uns auf der Suche nach Nahrung waren. Einmal sahen wir eine Menschenmenge einen Bombenkrater umschwärmen. Was die Leute wollten, entdeckten wir erst, als wir näher kamen. Tief unten in dem Krater lag der Kadaver eines durch eine Bombe getöteten Pferdes. Aufgeregte Menschen stürzten mit Messern oder Taschenmessern hinunter, um ein paar Brocken Pferdefleisch zu erbeuten. Bald klaffte der Kadaver weit auf, und die Plünderer kämpften um die dampfende Leber. Angeekelt zogen wir uns zurück. Der Vorfall hatte uns jedoch gezeigt, daß unsere Suche nach Lebensmitteln hoffnungslos war.

Auf dem Rückweg wagten wir uns durch den Ogrod Saski – den Sächsischen Garten –, einen wunderschönen öffentlichen Park aus dem 18. Jahrhundert, in dem ich als kleines Kind gespielt hatte. Er lag verlassen und friedlich da, ohne irgendein Zeichen der Zerstörung. Die alten, goldfarben und scharlachrot leuchtenden Bäume standen schweigend unter dem blauen Himmel. Ein Teppich abgefallener Blätter raschelte unter unseren Füßen, als wir durch die Stille schritten. Dann entdeckten wir im Gras unter einem Kastanienbaum herrlich glänzende Roßkastanien. Der Rasen war förmlich übersät von ihnen. Ich hatte noch nie eine solche Menge Kastanien gesehen; zu anderen Zeiten wurden sie immer von Kindern gesammelt. Jetzt gehörten sie alle mir und Jadwiga. Mit unbekümmerter Freude begannen wir sie aufzulesen und unsere leeren Körbe bis zum Rand zu füllen. Wir fühlten uns fast glücklich, als wir unsere nutzlose Last nach Hause trugen.

Am nächsten Tag sahen wir zum erstenmal Deutsche. Sie marschierten über die Grenzstraße, direkt unter unseren Fenstern vorbei, groß, wohlgenährt und schmuck in ihren feldgrauen Uniformen. Laut schmetterten sie ihr »Heidi, heido«, das schlimme Lied vom Sieg des Bösen, das ich noch von Danzig her kannte. Dieser Anblick, dieser Gesang bedeuteten für mich den wahren Beginn der deutschen Besetzung.

Die Tage und Wochen vergingen, und wir gewöhnten uns allmählich an unser neues Leben. Das große Haus in der Sienna war bis auf die Grundmauern niedergebrannt. Nichts war von unserer Wohnung und ihrer Einrichtung übrig. Mutter wäre ohnedies nicht zurückgegangen, solange Oma lebte. Henryk, Jadwigas Vater, und Ludwik, der taubstumme Onkel, bemühten sich, Schäden an unserer gegenwärtigen Bleibe zu beheben. Sie dachten kaum daran, die Grenzstraße zu verlassen. Onkel Ludwiks Wohnung war sowieso zerstört. Jadwiga blieb selbstverständlich, Schwester Franciszka auch. Um es etwas warm zu haben, benutzten wir nur drei Räume der großen Wohnung. Diese Tage und Wochen erscheinen mir in der Erinnerung als eine trostlose Zeit herbstlicher Kälte, von Omas Leiden, bitterer täglicher Mühsal und der vergeblichen Hoffnung, von Vater und Stefan zu hören. Doch es gab auch Freuden: große Freuden, als die Eltern meines Vaters und andere liebe Menschen unversehrt auftauchten, kleine Freuden, wenn sich Sperrholzbretter fanden, um zerstörte

Fensterscheiben zu ersetzen, wenn aus Hähnen wieder Wasser tröpfelte und es wieder Strom gab. Ein Stück Brotlaib oder eine Handvoll Reis, die jemand aus irgendeinem der wiedereröffneten Läden mit nach Hause brachte, lösten eine wahre Euphorie aus.

Schwester Franciszka versorgte uns vor allem mit Nahrung. Nach wie vor pflegte sie Oma, verschwand aber jeden Tag für viele Stunden und kehrte mit so kostbaren Dingen wie Mehl, Kartoffeln oder Seife zurück. Sie sprach nicht viel, und wir stellten keine Fragen. Einmal bat sie mich, mit ihr eine große Ladung Büchsen zu holen. Wir betraten einen großen Lebensmittelladen in der Hauptstraße, den ich von Mutters Einkäufen vor dem Krieg noch sehr gut kannte. Erstaunlicherweise gab es genausoviel zu kaufen wie damals, wenn auch nur wenige Kunden im Laden waren. Zu meiner Verwirrung zeigte Schwester Franciszka dem Verkäufer eine mysteriöse Karte und bekam dafür zwei große Kartons mit Büchsen, Fleisch und Gemüse. Erst als wir gingen, bemerkte ich ein kleines Schild an der Ladentür: »Nur für Deutsche«.

Wir schleppten unseren schweren Schatz über die Hauptstraße, als wir plötzlich »Heidi, heido« hörten. Da marschierten sie und sangen wieder, die tapferen, starken Eroberer. Schwester Franciszka blieb stehen. Automatisch hielt auch ich, ohne die geringste Absicht, die Soldaten anzusehen. Doch als ich auf Schwester Franciszka blickte, traute ich meinen Augen kaum. Gebannt stand sie da, den Mund zu einem unbestimmten leichten Lächeln halb geöffnet, die Augen strahlend von einer Art Ehrfurcht oder Stolz, ihr untersetzter, stämmiger Körper in Habtachtstellung erstarrt.

Völlig verstört erzählte ich den anderen zu Hause, was ich gesehen hatte. Wir wußten jetzt, daß Schwester Franciszka ihre deutsche Herkunft geltend gemacht hatte und »Volksdeutsche« geworden war, was ihr bei den Nazis Vorteile einbrachte. Wir glaubten, daß sie auch als Krankenschwester für die Deutschen arbeitete. Dennoch brachten wir es nicht über uns, sie zu hassen. Sie hatte sich auch nicht im geringsten verändert. Sie blieb großzügig und hilfsbereit, unsere ergebenste Freundin. Wir hatten noch nie sehr viel mir ihr geredet, und so blieb es auch nach meiner Entdeckung. Sie verließ uns zwei Monate später, nach Oma Ewas Tod im Januar. Wir haben nie wieder etwas von ihr gehört.

An einem dunklen Novembermorgen weckte mich ein sanftes Klopfen. Schlaftrunken kletterte ich aus dem Bett, das ich mit Sophie teilte, und lief zur Küche. Jemand war an der Hintertür. In der Dunkelheit des Treppenhauses erkannte ich Stefan. Zitternd vor Kälte und Erregung flog ich in seine Arme und klammerte mich schluchzend an ihn. Dann riß ich mich zusammen und flüsterte ihm das zu, was ich zunächst für das Wichtigste hielt: »Wir leben alle. Auch Jadwiga. Und du kannst stolz auf sie sein.«

Nach all dem Schluchzen, Lachen und Umarmen erzählte Stefan: Vater, Józef und er seien auf den überfüllten Straßen im Wagen den Fahrzeugen des Krankenhauses immer weiter nach Osten gefolgt. Ständig seien sie bombardiert worden; immer wieder hätten sie den Wagen verlassen und im Straßengraben Schutz suchen müssen. Józef habe alles versucht, um seine Truppeneinheit zu finden, doch das sei aussichtslos gewesen. Es habe nicht nur unter der Zivilbevölkerung, sondern offensichtlich auch in der Armee Chaos geherrscht. Die schreckliche Fahrt habe kein Ende nehmen wollen; sie habe eher einer Flucht vor dem Feind geglichen als dem Versuch, ihm entgegenzutreten. Bald sei bekannt geworden, daß sie der Regierung nachgefolgt waren, die sich in Sicherheit brachte. Aber auch im Osten habe es keine Sicherheit gegeben. Am 17. September sei die Sowjetarmee in Absprache mit den Deutschen in die

Ostgebiete Polens einmarschiert, ohne auf nennenswerten Widerstand zu stoßen. Stefan, Vater und Józef sowie Tausende anderer Offiziere und Soldaten seien von den Russen angehalten, ihres Wagens beraubt und interniert worden. Das sei in der Ukraine geschehen. Während sie im Konvoi durch die Dörfer marschiert seien, hätten sich aufgebrachte Bauern mit Mistgabeln und Sensen über sie hergemacht. Nur dank den sowjetischen Wachen hätten sie überlebt. Bald habe man sie weiter nach Osten gebracht und in einem Lager in Kozielsk interniert. Dort sei Stefan von meinem Vater und Józef getrennt worden, da sie Offiziere waren; er war nur gewöhnlicher Soldat und trug immer noch Zivilkleidung. Gleich den anderen Soldaten hätten ihn die Russen freundlich behandelt und ihn mit einfacher, aber ausreichender Nahrung versorgt. Schließlich sei er entlassen worden. Er habe sich zur sowjetisch-deutschen »grünen Grenze« zurückbringen lassen können und sie im Schutz der Nacht überschritten. Dann sei er zu Fuß nach Warschau marschiert, wozu er mehr als vierzehn Tage gebraucht habe.

So war er nun wieder bei uns, auf Gedeih und Verderb zwar, aber wir fühlten uns alle glücklicher. Stefan wußte nicht genau, wie es Vater und Józef in ihrem Offizierslager erging. Er fürchtete, daß man sie weniger freundlich als die einfachen Soldaten behandelte. Immerhin, sagte er, würden sie nicht verhungern und hätten fern der Bomben und der Nazis eine größere Chance, den Krieg zu überleben. Der einzige Brief, den wir zwei Monate später von Vater aus Kozielsk bekamen, schien Stefans Vermutungen zu bestätigen.

Mitten in der winterlichen Trübsal blühte das Glück für Stefan und Jadwiga wieder auf. Einmal, an einem eiskalten Dezembertag, kehrten sie schneebedeckt aus der Stadt zurück, still und glückstrahlend. Als sie kamen, waren wir alle in dem hellen, warmen

Zimmer um Omas Bett versammelt. Oma lag ganz ruhig da, die blicklosen Augen weit geöffnet. Stefan und Jadwiga knieten neben dem Bett nieder und streckten beide die rechte Hand aus. Das Blitzen zweier goldener Eheringe traf Omas unbewegtes Auge. Und da geschah Unerwartetes: Sie lächelte, glücklich, zustimmend. Niemand sagte ein Wort.

Wenig später starb Oma, zu Beginn des Jahres 1940. Am Tag ihrer Beerdigung herrschte eine Kälte von minus 25 Grad. Die Totengräber konnten kaum das Grab ausheben. Nur die nächsten Angehörigen kamen zur Beerdigung. Selbst Sophie und ich mußten zu Hause bleiben, obwohl wir Oma sehr liebten und bitter weinten.

Während unser sorgenvoller Alltag weiterging, setzten sich die Nazibesatzer im Lande fest und etablierten ihr grausames Regime. Häuser wurden durchsucht, Juden wie Nichtjuden wurden verhaftet und in Konzentrationslager deportiert oder ohne Begründung in Gefängnisse gesperrt. Täglich hörte man von Exekutionen. Auf den Straßen Warschaus wurde Juden in traditioneller Kleidung von den Nazis aufgehalten und vor den Passanten gedemütigt und schikaniert. Ihre Bärte wurden samt Hautfetzen brutal abgeschnitten. Weiße Armbinden mit einem blauen Davidsstern wurden für alle Juden über dreizehn Jahre obligatorisch.

Wir gingen nach Möglichkeit nur aus, wenn es unbedingt nötig war. Der einzige, der keine Angst zu haben schien, war Onkel Ludwik. Als Taubstummer trug er neben seiner jüdischen noch eine besondere Armbinde. Drolligerweise fühlte er sich deshalb sicher; er blieb ganze Tage und Nächte weg, und wir sorgten uns dann sehr. Stefan war richtig wütend auf ihn. »Was hat der alte Trottel denn draußen so Dringendes zu tun?« nörgelte er. »Warum kann er nicht ruhig zu Hause bleiben?« Doch Onkel Ludwik blieb nicht ruhig zu Hause; auch war er keineswegs ein

Trottel. Trotz seiner Behinderung war er ein lebhafter, fröhlicher Fünfzigjähriger mit wachem Verstand. Er bekam alles mit, was in seiner Umgebung vor sich ging, las den Leuten fließend von den Lippen und konnte sich leicht mit ihnen verständigen, mit den seltsamen Lauten und den sprechenden Gesten seiner eigenen Sprache. Doch den geheimen Grund, weshalb er immer wieder von zu Hause wegblieb, wollte er nicht verraten.

Da seit Beginn der Nazibesetzung ein nächtliches Ausgehverbot herrschte, mußten wir vom frühen Abend bis zum Morgen zu Hause bleiben. Hieraus ergaben sich ungewohnt enge Beziehungen zwischen den Nachbarn. Menschen, die zuvor kaum Gemeinsamkeiten miteinander hatten, wurden jetzt gute Freunde. Kein Abend verging ohne den Besuch einiger Nachbarn, die oft lange blieben, um Neuigkeiten auszutauschen, über die Lage zu diskutieren und über die Zukunft zu rätseln. Die beiden wichtigsten Themen dieser nächtlichen Treffen waren: Mußten wir damit rechnen, in ein jüdisches Ghetto gepfercht zu werden? Und was führte die Sowjetunion im Schilde? Alle glaubten, die Russen könnten beschließen, weiter nach Westen zu rücken und den Deutschen Warschau zu entreißen. So lauteten die jüngsten Gerüchte, und selbst Leute, denen die Bolschewiken ebenso verhaßt und verdächtig waren wie die Nazis, mußten zugeben, daß ihr Einmarsch noch die beste Lösung gewesen wäre – zumindest für die Juden. Andere, von den unverbesserlichsten Optimisten geflüsterte Gerüchte besagten, General Sikorski und seine Armee schickten sich an, zum Frühlingsanfang aus dem Exil loszuschlagen. Herr Bachner sang unablässig den absurden populären Refrain: »Je höher die Sonne am Himmel, desto näher kommt Sikorski auf dem weißen Pferd.« Ich bezweifle, ob er daran glaubte, aber sicher heiterte er sich so etwas auf.

Da es an besseren Informationsquellen und Unterhaltungsmöglichkeiten mangelte, versuchten wir es mit Séancen. Wir setzten uns mit den Nachbarn um den Tisch, wobei unsere Finger sacht einen kleinen Teller berührten, der umgekehrt auf einem mit Buchstaben bedeckten Blatt Papier ruhte. Jemand beschwor feierlich den Geist eines Verstorbenen – gewöhnlich den Marschall Piłsudskis* – und bat ihn um die Beantwortung einer Frage. Nach einer Weile drehte sich der Teller erst langsam und zögernd, dann stetig im Kreis; der auf den Rand gemalte Pfeil deutete nacheinander auf Buchstaben, die dann die Worte der Antwort bildeten. Oft waren die Worte sehr grob, so grob, daß ich sie kaum verstand und alle anderen hartnäckig fragte, was sie bedeuteten. Manchmal kamen aber auch verblüffend klarsichtige Botschaften. Ich erinnere mich deutlich an eine höchst bedeutsame Frage, die wir an unseren ungehobelten Geist richteten: »Was wird die Sowjetunion unternehmen?«

»Mit den USA gegen Japan«, kam die Antwort.

Heute läßt sich das leicht als auf der Hand liegend abtun. Doch wer hätte damals, Anfang 1940, diesen sonderbaren Zickzackkurs der Weltgeschichte ahnen können? Heute weiß ich, wer das konnte: Stefan, mit seiner profunden Kenntnis der internationalen Beziehungen und seinem unglaublichen politischen Instinkt. Außer einem allwissenden Geist war er der einzige, der eine solche Antwort geben konnte. Doch bin ich sicher, daß die groben Worte nicht von ihm stammten. Dafür war er viel zu gut erzogen.

Ich weiß nicht mehr genau, wann ich von den Kursen erfuhr, die in meiner Schule organisiert wurden. Vom ersten Tag der Besetzung an bemühten

* Józef Piłsudski war Gründer und erster Staatschef des unabhängigen Polen nach dem Ersten Weltkrieg; er starb 1935.

sich die Nazis, die polnische Kultur zu zerstören. Die Universitäten wurden geschlossen, akademisches Personal kam in Konzentrationslager, an höheren Schulen durfte nicht mehr unterrichtet werden. In den weiter bestehenden Grundschulen verbot man polnische Geschichte und Geographie. All das hatte im Volk spontane Reaktionen ausgelöst. Lehrer, Eltern und Schüler organisierten daraufhin ein ganzes Ausbildungssystem im Untergrund. Bald nach der Niederlage begannen die illegalen Kurse zu florieren.

Alle Gefahren ignorierend, die das Ausgehen mit sich brachte, eilte ich sofort zur Schule, als ich von dem Unterricht dort hörte. Als Näh- und Kochkurse getarnt, wurden nur die wichtigsten Fächer – Polnisch, Mathematik, naturwissenschaftliche Fächer und Geschichte – von einigen wenigen Lehrern für eine Handvoll Mädchen gelehrt. In meinem Kurs waren nicht mehr als zehn Mädchen vom vergangenen Schuljahr, aber alle bemühten sich, ernsthaft zu lernen – die »Elite«. Selbstredend war ich die einzige, welche die Binde mit dem blauen Stern trug.

Als wir an meinem ersten Unterrichtstag gerade alle gehen wollten, flüsterte mir ein Mädchen, mit dem ich nie sehr vertraut gewesen war, im Flur ins Ohr: »Nimm das Ding ab.« Verblüfft gehorchte ich und versteckte die Armbinde in meiner Tasche. Zu meiner großen Überraschung verabschiedete sich keines der Mädchen auf der Straße von mir. Alle schienen sie in die gleiche Richtung zu wollen. Wir plauderten und lachten, während wir zusammen gingen. Sonderbar: Im Jahr zuvor hatte ich auf dem Heimweg nie Gesellschaft gehabt; stets ging ich allein. Am nächsten Morgen warteten zwei meiner neuen Freundinnen am Tor auf mich. Ich nahm wieder die Armbinde ab, und wir gingen zusammen zur Schule. So war es jetzt immer: Morgens holten mich zwei Mädchen ab, am Nachmittag begleiteten mich sechs oder mehr nach Hause. Ich hatte das warme, beruhigende Gefühl, unter Freundinnen zu sein.

Alle meine alten Freundinnen – Renata, Zula, Hanka – hatten die Belagerung überlebt, doch wir konnten uns nicht oft sehen, weil es irrsinnig erschien, ohne dringenden Grund wegzugehen. Nun mußte Artek sie mir alle ersetzen. Wir trafen uns täglich bei ihm oder bei mir, redeten viel oder spielten Karten. Gelegentlich küßten wir uns, aber nicht sehr oft; wir glaubten beide, die Gewohnheit könne leicht zu Langeweile führen.

Zum Frühjahrsbeginn wurde das Haus Grenzstraße 13 zum erstenmal durchsucht. Ein Fahrzeug voll bewaffneter Deutscher hielt am Tor. Bald polterten zwei von ihnen gegen unsere Wohnungstür. Wir ließen sie ein und beobachteten ihre verbissenen Versuche, etwas in unseren Schränken, Schubladen und Bücherregalen zu finden. Was sie eigentlich suchten, erfuhren wir nicht. Sie waren kühl und höflich. Sie fanden nichts und verschwanden.

Der zweite Besuch verlief anders. Die Behörden hatten eben verkündet, polnische Bürger dürften keine Radios besitzen und hätten ihre Geräte zu einem bestimmten Termin bei den lokalen Polizeistationen abzugeben. Manche gehorchten sofort; man sah sie ihre Apparate wie Hunde an der Leine über die Gehsteige ziehen. Andere versuchten, sie zu verstecken. Unser Radio, das Stefan aus England mitgebracht hatte und heiß liebte, war ein besonders großes und gewichtiges Philips-Gerät. Es war schwer zu verbergen, aber noch schwerer kam es uns an, uns von ihm zu trennen, war es doch unsere einzige Verbindung mit der Außenwelt. Während wir noch überlegten, was zu tun sei, klopfte es laut gegen die Tür. Als wir öffneten, standen draußen zwei uniformierte Deutsche sowie Herr Richter, der Chauffeur meines Großvaters Aleksander. Bis zu Großvaters Tod hatte er ihn jahrelang gefahren. Von seinem Namen abgesehen hatte Herr Richter nichts Deutsches an sich; er sprach nicht einmal deutsch. Als wir ihn jetzt mit den beiden Deutschen sahen, dachten wir erst, sie hätten ihn verhaftet; doch sein Benehmen zeigte bald, daß er als Feind gekommen war. Früher stets respektvoll und unterwürfig, nahm er jetzt kaum Notiz von uns, als er mit seinen neuen Vorgesetzten eintrat. Er führte sie direkt in Stefans Zimmer und zeigte auf das Radio. In lächerlich gebrochenem Deutsch hörten wir ihn sagen: »Schöne Radioapparat.« Die beiden Deutschen lachten kurz, tauschten unverständliche Bemerkungen aus und halfen dann Herrn Richter, das Radio zu entfernen. Während er das gewaltige Gerät durch den Flur trug, das vierschrötige Gesicht von Anstrengung und Aufregung gerötet, murmelte er unablässig: »Präsent schön, danke schön.«

Bald danach, vielleicht aber auch schon vorher, wurde die Wohnung von Großvater Maks und Oma Wiera durchsucht. Das geschah spät in der Nacht. Sie wurden mitten aus dem Schlaf gerissen und mußten sich mit Onkel Julian, dem Arzt, der bei ihnen wohnte, regungslos mit dem Gesicht zur Wand stellen, während die Eindringlinge die Wohnung auf den Kopf stellten. Es blieb unklar, ob sie etwas Verdächtiges fanden, jedoch verhafteten sie Opa Maks und Onkel Julian in dieser Nacht. Sie sperrten sie ins Gefängnis, schlugen sie und ließen sie nach einigen Tagen wieder gehen. Völlig verängstigt kamen die beiden nach Hause. Zwar waren die Verletzungen durch die Schläge nicht gravierend und heilten rasch, doch für Opa Maks, Ende Sechzig, war der Schock zu groß gewesen. Etwa eine Woche später starb er plötzlich nach einem Schlaganfall.

So verlor ich auch meinen geliebten Großvater und hatte nur noch eine Oma, diejenige, die ich nie besonders gemocht hatte. Aber da sie nun die einzige war, verstärkten sich meine Gefühle für sie, und unser Verhältnis wurde enger.

Das Schuljahr ging früher als gewohnt zu Ende. Einige Lehrer waren verhaftet worden, vereinzelt mußten Schüler die Schule abbrechen, um zu arbeiten und ihren vaterlosen Familien zu helfen. Am letzten Tag hielt Frau Kwaskowska, die jetzt meine Klassenlehrerin war, eine kleine Rede. Wir waren nur sieben und saßen mit ihr in vertrauter Runde in einem winzigen Klassenzimmer. Aus Sicherheitsgründen könne sie uns keine schriftlichen Zeugnisse geben, sagte sie, doch unsere Leistungen seien festgehalten. Sie würden, gut versteckt in ihrer Privatwohnung, für bessere Zeiten aufbewahrt. Wir seien alle tapfere Mädchen und hervorragende Schülerinnen, fuhr sie fort, doch da es kein vollständiges Schuljahr gewesen sei, halte sie es für angemessen, uns allen in jedem Fach die Note »genügend« zu geben. Ihre Augen wurden feucht, als wir uns verabschiedeten.

Der Frühling kam und ging, ohne daß jenes weiße Pferd gesichtet worden wäre, das unserem Volk die Rettung bringen sollte. Die Sonne wärmte die nahe gelegenen Ruinen und ließ auf dem Trümmergelände das Unkraut aus dem Boden schießen.

Im Hochsommer wußten wir, daß es in Warschau ein jüdisches Ghetto geben würde. In einigen Provinzstädten hatte man schon Ghettos eingerichtet. Nun gab es kaum noch Hoffnung auf eine Wendung zum Besseren. Die Franzosen, unsere mächtigen Verbündeten, waren geschlagen, Frankreich war besetzt. Das gleiche galt für Belgien und die Niederlande. Großbritannien mußte um sein eigenes Überleben kämpfen. Die Vereinigten Staaten waren offenbar bemüht, sich aus dem europäischen Krieg herauszuhalten, und die Sowjetunion schien nicht gewillt, weiter nach Westen vorzudringen. Hilflos und hoffnungslos waren wir Hitler ausgeliefert.

Niemand äußerte sich jetzt noch optimistisch bei unseren nächtlichen Treffen, nicht einmal Herr

Bachner. Es galt, sich zu entscheiden: Sollte man lieber im Ghetto wohnen oder sich auf der »arischen« Seite verstecken? Für meine Familie kam es nicht in Frage, sich zwischen nichtjüdischen Leuten zu verbergen. Niemand von uns konnte sich als »Arier« ausgeben. Das dunkle Haar, die gebogene Nase, die traurigen Augen würden uns verraten. Wir waren dazu verurteilt, hinter den Mauern zu leben. Lange wußten wir jedoch nicht, ob die Grenzstraße zum Ghetto oder zur »arischen« Seite gehören würde. Wir waren direkt an der Grenze zwischen beiden Welten.

Gegen Ende September erfuhren wir, daß wir in den Norden der Stadt ziehen mußten, der traditionell von Juden bewohnt wurde. Die Grenzstraße sollte auf der »arischen« Seite bleiben. Der Umzug bildete jetzt unser praktisches Problem, denn die Frist für alle Juden, sich innerhalb der neuerrichteten Mauern einzurichten, endete Mitte November. Viele jüdische Familien waren in der gleichen Lage und versuchten, ihre Wohnungen mit christlichen Familien zu tauschen, die ihr Heim im jüdischen Viertel verlassen mußten. Wir hatten dasselbe vor, doch bald nach Erlaß der Verordnung über die Einrichtung eines »jüdischen Wohnbezirks« teilten uns die Behörden brieflich mit, unsere Wohnung werde von »offizieller deutscher Seite« beansprucht. Diese offizielle deutsche Seite, die auf die schöne Wohnung meiner Großeltern derart erpicht war, war niemand anderes als Herr Richter, der Chauffeur.

Die Lösung kam unerwartet von Henryk, Jadwigas Vater. Er hatte uns bald verlassen, nachdem Stefan nach Warschau zurückgekehrt war, und lebte jetzt allein in seiner eigenen kleinen Wohnung; er besuchte uns oft. Kurz vor dem Krieg hatte sich seine Frau von ihm scheiden lassen und war mit ihrem jüngeren Kind nach Argentinien gegangen, während Jadwiga bei ihrem Vater blieb. Henryk besaß ein Textilgeschäft. Er kümmerte sich nie besonders darum und verdiente auch nie viel Geld. Er war ein freundlicher, unbeschwerter Mann von Ende Vierzig und sah immer noch jung und recht gut aus. Jadwiga hatte ihre Schönheit von ihm.

Henryk hatte einen christlichen Freund, der in der Leszno wohnte. Diese Straße war jetzt zu einer jüdischen erklärt worden, während Henryks Wohnung außerhalb der Mauern bleiben sollte. Die beiden Freunde hatten sofort beschlossen, die Wohnungen zu tauschen: Sie waren gleich groß und hatten beide zwei Zimmer und eine Küche. Jadwiga und Stefan sollten bei Henryk leben. Während Mutter sich verzweifelt bemühte, etwas für uns drei zu finden, kam Henryk plötzlich mit einem großherzigen Angebot: Auch wir seien bei ihm willkommen, sagte er. Und das meinte er wirklich. Da Mutter keine andere Möglichkeit sah, nahm sie an.

Wir bereiteten jetzt den Umzug vor; nur das Nötigste packten wir zusammen. Die Köchin und das Mädchen mußten sich von uns trennen und zu ihren Familien irgendwo auf dem Land zurückkehren. Tante Maria beschloß, zu einer ihrer zahlreichen Schwestern zu gehen und in enger Verbindung mit uns zu bleiben. Sie schob den Auszug immer wieder auf, da wir uns das Leben ohneeinander kaum vorstellen konnten. In der Zwischenzeit tat sie alles, um die wertvollsten Gegenstände aus der Wohnung zu schaffen und in den Wohnungen ihrer Schwestern für uns zu verstecken.

Das einzige Mitglied unseres Haushalts, dessen Wohnprobleme noch nicht gelöst schienen, war Onkel Ludwik. Stefan versuchte alles, um eine jüdische Familie zu finden, die ihn aufgenommen hätte. Es zeigte sich jedoch, daß Ludwik seine eigenen Pläne hatte. Plötzlich brachte er eine Dame mit nach Hause – eine kleine, pummelige, liebreizende Fünfzigerin. Sie hatte rosige Wangen, strahlendblaue Augen und war ebenfalls taubstumm. Auf seine lustige Art stellte Ludwik sie uns vor. »Ludwika«, kritzelte er auf ein Blatt Papier. Mit Gesten malte er eine große Nase, einen langen Bart und Schläfenlocken, die er dann mit einer heftigen Bewegung wegwischte. Das bedeutete: »Sie ist keine Jüdin.« Die nächste Nachricht mit den nebeneinandergelegten Fingern der linken und der rechten Hand besagte: »Ich gehe mit ihr weg.«

Dann war Ludwika an der Reihe. Sie preßte die Arme gegen ihren fülligen Busen und rollte ihre blauen Augen. Das meinte: »Ich liebe ihn so sehr.«

»Und ich sie auch«, verkündete Ludwik auf seine Weise, und das hieß auch: »Jetzt wißt ihr, weshalb ich nicht ruhig zu Hause bleiben konnte« und: »Keine Sorge, ich mache das schon.«

Sie verabschiedeten sich und gingen bald. Wir sahen sie nie wieder. Zwei oder drei Jahre später erfuhr Tante Maria, daß Ludwika ihren Freund lange verstecken konnte, ehe man beide entdeckte und gemeinsam erschoß.

Immer wieder kamen überraschend Freunde und Bekannte, die keine Juden waren, um uns noch einmal zu sehen, ehe wir hinter den Mauern verschwanden. Manche weinten, manche verfluchten Hitler mit den schlimmsten Worten. »Ihr seid die ersten, wir sind die nächsten«, sagten sie.

Kurz vor dem Umzug in die Leszno 15 tauchte besonders lieber Besuch auf: meine Tante Halina, Władeks christliche Frau, mit Jurek, ihrem süßen dreijährigen Sohn. Ich kannte sie kaum; seit unserem ersten und letzten Besuch vor drei Jahren hatten wir sie nicht mehr gesehen. Wir hatten ihr Kommen gar nicht erwartet. Doch sie kam und zeigte uns, daß sie keinen Groll gegen uns hegte. Ihren kleinen Jungen brachte sie mit, damit er seine nahen Verwandten sehe und sich später an sie erinnern könne. Sie erzählte, Władek werde auf der »arischen« Seite bleiben und versuchen, sich dort außerhalb der Wohnung zu verstecken. Sie sagte auch, wir könnten auf sie zählen, falls und wann immer wir Hilfe brauchten. Später hielt sie ihr Versprechen.

Der letzte Freund, dem ich auf Wiedersehen sagte, war Artek. Er kam direkt vor unserem Aufbruch und war so verstört, daß er nicht wußte, was er sagen sollte. Ich fühlte, daß etwas Schönes, Zartes zu Ende ging.

Dann packten wir einige Habseligkeiten auf einen geliehenen Karren, der von einem Pferd gezogen wurde, und folgten dem Karren zu Fuß ins Ghetto. Schließlich war es nur ein Weg von zehn Minuten.

# *Hinter den Mauern*

*Ursprünglich wurden etwa 400 000 Juden – Bewohner Warschaus und Flüchtlinge aus den Provinzen – in das Warschauer Ghetto gepfercht, das im November 1940 eine Fläche von 340 Hektar bedeckte, einschließlich eines jüdischen Friedhofs [...]. Spätere Verkleinerungen bedingten interne Umschichtungen und eine weitere Übervölkerung, so daß Tausende von Familien oft keine ständige Unterkunft hatten [...]. Die Lage verschlimmerte sich weiter, als 72 000 Juden aus dem Bezirk Warschau ins Ghetto verbracht wurden; die Gesamtanzahl der Flüchtlinge erreichte dadurch 150 000, die der Ghettobevölkerung 500 000. [...]*

*In einem Raum lebten durchschnittlich 13 Personen; Tausende hatten keine Unterkunft [...].*

*Die Tore des Ghettos wurden außen von deutscher und polnischer Polizei bewacht, innen von einem jüdischen »Ordnungsdienst«. Nur mit besonderer Erlaubnis konnte man hinein oder heraus [...]. Im Oktober 1941 verhängten die Behörden für das unerlaubte Verlassen des Ghettos die Todesstrafe [...].*

*Die Ghettobewohner erhielten Lebensmittelzuteilungen von 184 Kalorien pro Person und Tag, während den Polen 634, den Deutschen 2310 Kalorien zugestanden wurden. [...] Durchschnittlich wurden einer Person ½ Pfund Zucker und 4 Pfund Brot im Monat zugeteilt. Der Teig wurde mit Sägemehl und Kartoffelschalen vermischt. [...]*

*Das Ghetto litt unter Massenarbeitslosigkeit. [...]*

*Heizmaterial war äußerst knapp. Im Winter 1941/1942 waren 718 von 780 überprüften Wohnungen ungeheizt. [...]*

*Diese Bedingungen führten zu Epidemien, vor allem Typhus. Die Straßen waren von Leichen übersät; Hunger und Krankheit waren die Todesursachen. Banden von Kindern streunten auf der Suche nach Nahrung durch die Straßen [...].*

*Man schätzt, daß bis Sommer 1942 über 100 000 Juden im eigentlichen Ghetto starben.*

Encyclopaedia Judaica,
*Band 16, Warschau: Die Zeit des Holocaust*

Die Wohnung war klein, aber nicht übel. Ich war aufgeregt, als ich sie zum erstenmal betrat. Ein neues Leben lag vor mir, etwas bisher Unbekanntes, vielleicht Schlimmes. Aber vielleicht wurde es auch nicht so schlimm, sondern einfach nur anders, also spannend. Noch nie hatte ich in einem mehrstöckigen Nebengebäude gewohnt, das für die weniger wohlhabenden Mieter eines eleganten Wohnhauses bestimmt war; niemals zuvor hatte ich fünf steile Treppen steigen müssen, um zu Hause zu sein. Tagsüber war es sehr hell in der Wohnung. Von den Fenstern aus sah ich endlose Reihen von Dächern und Kaminen; irgendwo in der Ferne stellte ich mir weite Felder vor.

Henryk tat alles, um es uns angenehm zu machen. Mutter, Sophie und ich sollten in dem größeren der beiden Zimmer wohnen, Stefan und Jadwiga in dem kleineren. Henryk selbst brauchte überhaupt kein Zimmer, behauptete er; er stellte seine schmale Couch in den Korridor zwischen Küche und Toilette. Mutter fühlte sich deswegen sehr unbehaglich, fand aber auch keine bessere Aufteilung. Mit schlechtem Gewissen stimmte sie zu. Es gab kein Badezimmer in der Wohnung. Wir stellten eine Waschschüssel, einen Krug und einen Eimer in unser Zimmer und verbargen die Behälter hinter einem Schirm. Jadwiga und Stefan machten es ebenso, während sich Henryk in der Küche waschen mußte. Erstaunlicherweise hatte man in dem Haus kurz vor dem Krieg eine Zentralheizung eingebaut. Doch während des Krieges funktionierte keine Zentralheizung in Warschau. Also mußten wir in unserem Zimmer einen eisernen Ofen mit langem schwarzem Abzugsrohr aufstellen und ständig nach Brennmaterial suchen. Dieser Ofen, den alle aus unerfindlichem Grund »die Ziege« nannten, rauchte wie ein Fabrikschornstein, rußte fürchterlich und war überhaupt ein scheußliches Monstrum; aber er erzeugte eine mächtige Hitze – wenn wir das Glück hatten, ihn mit etwas füttern zu können. Drei Betten, ein wackliger Kleiderschrank und ein großer runder Tisch, an dem wir alle zusammen aßen, ergänzten die Einrichtung. Die Wände waren gelb gestrichen; dadurch wirkte das Zimmer manchmal hell und fröhlich. Die Flurwände waren erbsengrün, Jadwiga und Stefan hatten es himmelblau. All das war sehr ungewohnt und gänzlich verschieden von dem, was ich kannte.

Wir richteten uns recht und schlecht ein und versuchten, ein möglichst normales Leben zu führen. Anfangs ging niemand aus unserem Haushalt zur Arbeit. Wir lebten nun schon im zweiten Jahr von den Ersparnissen aus der Vorkriegszeit. Lebensmittel, wenn auch nicht die gewohnten, bekam man ohne große Schwierigkeiten, sofern man Geld hatte. Die zugeteilten Rationen reichten bei weitem nicht zum Überleben. Der schwarze Markt, der trotz der Mauern und der schwerbewachten Tore im Ghetto blühte, hielt uns am Leben. Stefan und Henryk hatten die Aufgabe, Nahrungsmittel und Brennstoff für die »Ziege« aufzutreiben, während die Frauen den Haushalt führten. Jadwiga mußte für die Sauberkeit sorgen und das Ungeziefer vertreiben. Mutter war die Köchin. Auf diesem Gebiet gänzlich unerfahren und durch den Zwang zur Sparsamkeit zusätzlich verwirrt, brachte sie anfangs kaum etwas zuwege. Da half wieder Henryk. Er war in der Küche erheblich kompetenter als wir alle und ging eifrig daran, Mutter in die Geheimnisse der »Kochkunst mit begrenzten Mitteln« einzuweisen.

Sophie und ich waren als Kinder von den täglichen Hauptarbeiten befreit. Dafür erwartete man von uns, daß wir uns weiterbildeten. Das taten wir auch. Zahlreiche gute Lehrer waren im Ghetto eingeschlossen, und viele Kinder wollten etwas lernen. Ich fand mehrere meiner alten Freundinnen wieder, die jetzt in meiner Nähe wohnten, und nachdem wir mit einigen Lehrern in Verbindung gekommen waren, die vor dem Krieg am angesehenen Spójnia-Knabengymnasium unterrichtet hatten, traten wir binnen weniger Tage unser drittes Oberschuljahr an. Ich mußte nur die Straße überqueren oder höchstens eine Viertelstunde zu Fuß gehen, um eine der armseligen Wohnungen meiner Freundinnen zu erreichen, wo wir uns täglich zum Unterricht trafen; oder wir kamen alle in unserer Wohnung zusammen, wo wir, mit dem Lehrer um den Tisch geschart, Horaz aus dem Lateinischen übersetzten oder uns mit dem Satz des Pythagoras abmühten. Sophie, jetzt fast elf, schloß sich ebenfalls einer Lerngruppe von Kindern ihres Alters an. Leider wohnten sie alle im »Kleinen Ghetto«, in ziemlich großer Entfernung von unserer Wohnung im Zentrum. Täglich mußte Sophie einen weiten Weg durch belebte Straßen gehen und eine verkehrsreiche Fahrstraße überqueren, die vor allem von deutschen Fahrzeugen benutzt wurde.

Wenn ich an diesen ersten Winter im Ghetto zurückdenke, rieche ich noch immer dieses Gemisch aus scharfen Gerüchen, die von der »Ziege« und der Petroleumlampe abends ausgingen. Denn die meiste Zeit gab es keinen elektrischen Strom, und alle Fenster waren sorgfältig verdunkelt. So lagen nach dem frühen Sonnenuntergang im Winter alle Straßen in tiefer Dunkelheit – überall in den besetzten polnischen Städten, nicht nur im Ghetto. Doch im Ghetto konnte man sich nach Einbruch der Dunkelheit kaum bewegen: So viele Menschen drängten sich durch die nachtschwarzen Straßen, daß sie ständig gegeneinander stießen und übereinander stolperten. Wer es sich leisten konnte, trug leuchtende Anstecknadeln, die von einfallsreichen Leuten hergestellt wurden; sie halfen aber nur wenig.

Wir versuchten vor allem, körperlichen Kontakt mit Fremden zu vermeiden. Viele Leute litten bereits Not. Die »professionellen« jüdischen Bettler der Vorkriegszeit bildeten jetzt nur noch einen Tropfen im Ozean der neuen Armut. Flüchtlinge aus kleinen Provinzstädten, die von den Nazis vertrieben und ihrer Habe beraubt worden waren, fanden sich, nur noch in Lumpen, mit Gewalt in das Warschauer Ghetto gestopft. Die heimatlosen, abgerissenen, unterernährten Menschen, die wir auf der Straße streiften, hatten Läuse und oft ansteckende Krankheiten.

Die Nazipropaganda nutzte dies: Sie behauptete, die Juden seien allesamt verlaust und würden Krankheiten übertragen. Die Deutschen fürchteten uns deswegen tatsächlich und kamen selten ins Ghetto, außer in schweren Fahrzeugen. Deshalb fühlten wir uns jetzt im Ghetto viel sicherer als zuvor. Überhaupt, wie elend unsere Lage auch sein mochte: In einer abgeschlossenen Gemeinschaft unter Menschen zu leben, die derselben äußeren Gewalt ausgesetzt waren, erzeugte ein vages, trügerisches Gefühl relativer Sicherheit.

Der erste Feind, der uns heimsuchte und unseren illusorischen Alltagsfrieden zerstörte, trug keine Naziuniform. Gegen Ende des Winters, als der Schnee bereits geschmolzen war und eine Schlamm- und Abfallbrühe die schmalen, nie gereinigten Bürgersteige überflutete, kam Stefan, der jetzt als freiwilliger Hilfspfleger arbeitete, fröstelnd, mit heftigem Kopfweh und Fieber nach Hause. Wir hielten es für

Grippe, doch als seine Temperatur am vierten Tag die gefährliche Höhe von 41 Grad erreichte und sein Körper schnell rot wurde, erkannten wir, daß es Typhus sein könnte. Der Arzt, den wir sofort holten, bestätigte unseren Verdacht, verordnete einige Medikamente gegen Schmerzen und Fieber und rief eine Sanitätseinheit. Die wenigen Krankenhäuser des Ghettos waren von Kranken überfüllt, und Arzneimittel gab es nur wenige; ein jüdischer Arzt konnte für einen jüdischen Patienten kaum mehr tun, als ihn ins Bett zu schicken – wenn er ein Bett hatte. Die Sanitätseinheit besprühte alles mit Karbol; dann wurde die Wohnung versiegelt – mit uns sechs darin. An die Eingangstür kam ein riesiges gelbes Plakat: »Typhusepidemie – nicht betreten!« Jeden Tag stellte ein freundlicher Nachbar etwas Essen vor unsere verschlossene Tür, klopfte zweimal und lief weg. In der Wohnung eingesperrt, warteten wir darauf, wer als nächster die Symptome der lebensgefährlichen Krankheit zeigen würde.

Stefan war jung und stark. Nach einer kritischen Zeit des Leidens und der Verzweiflung erholte er sich schließlich. Keiner von uns bekam Typhus. Die Quarantäne ging vorbei.

Als ich nach langen Wochen des Hausarrests wieder ins Freie trat, war der Frühling in der Stadt längst eingezogen. Doch im hellen Sonnenlicht der Straßen hauste das Elend. Zum Skelett abgemagerte Bettler, die den Winter überlebt hatten und aus ihren Verschlägen hervorgekrochen waren, versuchten sich zu wärmen und bettelten um Essen. Doch der Himmel war blau, und ich war noch nicht fünfzehn. An diesem Tag schrieb ich in mein Tagebuch:

16. April 1941, abends

*Freiheit, endlich Freiheit! Heute machte alles Spaß, sogar das Sitzen auf diesem schrecklichen Sofa in Alas Zimmer, eingezwängt zwischen Zula und Hanka.*

*Selbst Mathematik. Ich habe übrigens viel versäumt, aber Hanka sagte, sie würde mir helfen, es ganz schnell aufzuholen. Sie schienen sich alle sehr zu freuen, als ich so unerwartet wiederauftauchte. Renata war so überrascht, daß sie mich küßte, ohne jede Vorsicht. Nina sagte, sie hätte gedacht, ich würde an Typhus sterben – diese blöde Kuh.*

*Viele Neuigkeiten. Lenas fünfmal vertriebene Verwandte – mit den Kindern sechs Personen – sind von Grójec gekommen und wohnen jetzt bei ihr, so daß wir uns nicht mehr bei ihr treffen können. Kein Platz. Sie wurden ausgeraubt und mußten gehen; in einem Viehwagen kamen sie nach Warschau. Sie sind zu Tode verängstigt.*

*Irena wollte sich unserer Gruppe anschließen, aber acht seien genug, sagten die Mädchen und lehnten sie kalt ab. Also bat sie die Lehrer um Erlaubnis, sich den Jungen anzuschließen. Sie hatten nichts dagegen, und die Jungen waren begeistert – das behauptet sie jedenfalls. Sie sind jetzt insgesamt neun. Könnte nett sein, sie zu treffen – gleiche Lehrer, gleiche Probleme.*

*Morgen habe ich Polnisch; ich werde L. wiedersehen. Ich freue mich darauf.*

Es dauerte ein paar Tage, bis ich abkühlte und mich nüchtern umsah.

18. April 1941

*Zwei kleine Jungen betteln auf der Straße neben unserem Tor. Ich sehe sie jedesmal, wenn ich weggehe. Vielleicht sind es auch Mädchen, ich weiß es nicht. Ihre Köpfe sind kahl, ihre Kleider zerlumpt, ihre gräßlich abgezehrten winzigen Gesichter scheinen eher Vögeln als menschlichen Wesen zu gehören. Ihre weiten schwarzen Augen wirken aber menschlich, so voller Traurigkeit... Das jüngere Kind mag fünf oder sechs sein, das ältere vielleicht zehn. Sie rühren sich nicht, reden nicht. Das jüngere Kind sitzt auf dem Bürger-*

*steig, das größere steht einfach da, die Klaue von Hand ausgestreckt. Ich muß jetzt daran denken, ihnen jedesmal ein wenig zu essen mitzubringen, wenn ich weggehe. Als ich heute morgen zum Unterricht ging, gab ich ihnen das Butterbrot, das ich mittags essen sollte.*

*Sie zeigten keinerlei Aufregung oder Dankbarkeit; sie nahmen es einfach und begannen sofort zu kauen. Ich sah, wie andere Leute ihnen Brot oder etwas Geld gaben. Das hält sie am Leben. Aber, mein Gott, was ist das für ein Leben?*

*Mein Weg zur Pawia führte an vielen Verhungernden vorbei, die, zu schwach zum Gehen, an den Wänden lehnten oder auf den Bürgersteigen hockten; ich warf mir ständig vor, gut genährt und ihnen gegenüber völlig gleichgültig zu sein. Nach dem Unterricht sprach ich mit Hanka und Zula darüber. »Glaubt ihr nicht, daß wir äußerst unmoralisch leben?« fragte ich. »Wir haben unser Frühstück, unser Mittagessen, unser Abendessen, wir beschäftigen uns mit der Französischen Revolution oder mit polnischer Literatur oder überlegen einfach, wen von uns L. am meisten mag; dann gehen wir mit einem guten Buch ins Bett und schlafen friedlich ein. Zur gleichen Zeit hungern sie und sterben.«*

*»Wir können nichts für sie tun«, sagte Zula traurig, »nichts für die Hunderte und Tausende.«*

*»Selbstverständlich nicht. Aber für ein paar vielleicht? Jede von uns für jemanden?«*

*»Wärst du und wäre deine Familie bereit, diese beiden Bettlerjungen zu Hause aufzunehmen?« fragte Hanka sehr ernst. »Ihnen nicht nur Essen, sondern auch ein Bett zu geben, euer Leben mit ihnen zu teilen?«*

*Ich hatte keine fertige Antwort auf ihre Frage, und je mehr ich heute darüber nachdenke, desto klarer wird mir, daß die Antwort »Nein« lautete. Meine Familie brauchte ich gar nicht zu fragen – ich wollte sie selbst nicht. Der Gedanke, den Unterricht abzubrechen und den Armen das Geld zu geben, das wir monatlich dafür bezahlen, ist ebenfalls unsinnig: Die Lehrer, die davon lebten, würden bald selbst in Armut geraten. Was können wir also tun? Bisher sind wir nur zu einem Schluß gekommen: Wir müssen einen Weg finden, zu helfen, unsere Zeit, Fähigkeiten (sofern vorhanden!), Kraft einzusetzen ... Aber wie?*

Das Problem wurde weder vergessen noch gelöst. Fürs erste jedenfalls. Tage vergingen, neue Probleme tauchten auf, die bedacht oder angegangen werden mußten.

29. April 1941

*Besuchte heute nachmittag Teresa. Zula und Hanka waren dabei. Wir sind zur Zeit fast unzertrennlich. Wir haben Teresa seit einer Ewigkeit nicht gesehen; wir kannten nur die Adresse des Hauses, in dem sie mit ihrer Mutter wohnt. Ihr Vater ist vermutlich tot, denn seit der Belagerung haben sie nichts von ihm gehört; er ist damals fortgegangen, genau wie mein Vater und Hankas Vater.*

*Wir gingen den ganzen Weg zu Fuß, obwohl wir die Tram hätten nehmen können, die seit kurzem im Getto verkehrt. Komische Tram, von zwei Pferden gezogen wie eine Kutsche aus dem 18. Jahrhundert. Sie heißt »Kon-Heller-Bahn« nach ihren beiden Besitzern, selbstverständlich Juden, gleichzeitig aber Gestapoleute. So heißt es. Kein anständiger Mensch würde sie benutzen. Also gingen wir zu Fuß.*

*Wir hockten in Teresas winzigem Zimmer, nippten an Tee-Ersatz und redeten über alles mögliche: was wir nach dem Krieg tun werden, wer von uns heiraten wird, wer nicht, und so weiter. Teresa, offen gesagt nicht die Hellste, sagte, sie wird eine berühmte Schriftstellerin und Hanka, so sagte sie, eine große Wissenschaftlerin. Dem konnte ich zustimmen. Zula, sagte Teresa, wird eine Kurtisane der Spitzenklasse, aus mir wird – unter anderem – eine liebevolle Ehefrau und Mutter. Zula schien recht zufrieden mit der Prophezeiung. Mit ihrem feuerroten Haar, ihrer milchzarten Haut und den leichten Sommersprossen, ihren lebhaften Augen, die mich an glänzende kleine Kirschen erinnern, wird sie sicher künftig Dutzende von Männern bezaubern. Was keineswegs bedeutet, daß sie nichts anderes als eine Kurtisane werden kann, sagte ich. Über das, was Teresa von mir voraussagte, war ich wütend. »Liebevolle Ehefrau und Mutter« – ist das wirklich alles, was sie in mir sieht?*

*Wir redeten stundenlang, während Teresas Mutter auf dem Flur Bücher abstaubte. (Sie haben ihre Bücher im Flur, weil im Zimmer kein Platz ist.) Tatsächlich wollte sie uns wohl nicht mit ihrer Gegenwart stören. Plötzlich hörten wir sie einen lauten Schrei ausstoßen, und alle vier rannten wir auf den Flur. Und wir sahen Teresas Mutter am Hals von Teresas Vater hängen, der zerlumpt und schmutzstarrend dastand, einen Rucksack auf den Schultern. »Vati lebt! Vati ist da!« schrie Teresa und warf sich auch ihrem Vater in die Arme. Langsam, leise schlichen wir drei anderen uns aus der Wohnung und rasten wie die Verrückten auf die Straße hinunter. Keine sagte ein Wort. Zula, deren Vater bei der Belagerung gestorben ist, schluchzte laut. Ich bemühte mich eisern, nicht zusammenzubrechen. Tatsächlich weinte ich im stillen auf dem ganzen Heimweg, und ich bin sicher, Hanka tat dasselbe in der Dunkelheit.*

*Ich habe beschlossen, Mutter nichts von dem Ereignis zu erzählen.*

Ich machte mir Sorgen um Mutter. Sie vermißte Vater schmerzlich und konnte nachts kaum schlafen. Sicher hatte sie sich alles Grauen ausgemalt, das er erfahren haben konnte. Manchmal hörte ich sie in der Stille der Nacht sanft gegen den hölzernen Bettpfosten klopfen – sie »klopfte auf Holz«, um die bösen Bilder zu vertreiben, die sie selbst heraufbeschworen hatte. Das sah meiner Mutter nicht ähnlich; sie war früher nie abergläubisch gewesen.

Noch etwas anderes gefiel mir gar nicht: die Art, in der Henryk sie anstarrte. Ich bemerkte, daß er dauernd ihre Nähe suchte – er war in der Küche, wenn sie dort war, und jedesmal in unserem Zimmer, wenn ich vom Unterricht kam. Mit wachsendem Argwohn beobachtete ich beide. Zum erstenmal erkannte ich, daß Mutter noch nicht alt war – knapp über Vierzig. Eine ausgesprochene Schönheit war sie nie gewesen, doch sie hatte wunderbar warme braune Augen, eine gute Figur und wohlgeformte Beine, um die sie jede Jüngere beneidet hätte. Immer hatte sie schicke Kleider getragen, äußerst geschmackvoll und von bester Qualität. Selbst jetzt, als sie langsam schäbig wurden, wirkte sie noch immer frisch und gepflegt.

Meine Phantasie, erregt durch die Lektüre von Maurois' *Wandlungen der Liebe* und Flauberts *Madame Bovary*, weckte in mir den Verdacht, daß etwas Geheimes zwischen meiner Mutter und dem Schwiegervater ihres Bruders vorging. Ich begann, mich wie ein eifersüchtiger Liebhaber zu benehmen, und achtete auf alle ihre Gesten und Blicke.

Eines milden Abends waren nur wir drei in der Wohnung – Sophie spielte im Hof, Stefan und Jadwiga waren weggegangen. Wie gewöhnlich machten Mutter und Henryk in der Küche das Abendessen für die ganze Familie. Die Küchentür stand weit offen. In einem plötzlichen Anfall von Eifersucht verbarg ich mich in meinem Zimmer gegenüber der Küche und spähte bar jeder Würde durch das Schlüsselloch. Sie kochten immer noch eifrig, doch nach einer Weile sah ich Henryks Arm um die Schulter meiner Mutter wandern, seine Wange die ihre berühren. Ein roter Schleier legte sich über meine Augen. Wild vor Wut riß ich die Tür auf, rannte in die Küche und schlug Henryk heftig ins Gesicht.

»Warum? Warum?« flüsterte er bestürzt.

Ich hetzte zurück ins Zimmer und heulte mir das Herz aus dem Leib. Einige Zeit verging, ehe Mutter hereinkam, sehr blaß und zitternd. Sie schien mir nicht böse zu sein; das machte es noch schlimmer. Lange strich sie mir nur über das Haar. Dann sprach sie mit mir sanft und offen, als wäre ich nicht ihre Tochter, sondern ihre engste Freundin. Henryk sei in sie verliebt, sagte sie. Er habe sich vor langer Zeit in sie verliebt, während der Belagerung. Sie habe jedoch keine Ahnung davon gehabt, bis vor kurzem. Hätte sie es gewußt, hätte sie nie sein Angebot angenommen, mit ihm die Wohnung zu teilen. Jetzt konnte sie nichts daran ändern, mit ihm unter einem Dach zu leben. Wir konnten nirgendwohin sonst gehen, nirgendwo sonst wohnen. Wir mußten warten, bis der Krieg zu Ende war. Trotzdem, fuhr Mutter fort, könne ich ihr vertrauen. All ihre Gedanken und Gefühle seien bei Vater, irgendwo in dem fernen russischen Lager. Niemals würde sie ihre einzige große Liebe verraten. Ich wußte, daß sie die Wahrheit sagte, und liebte sie an diesem Abend mehr denn je.

Am nächsten Morgen entschuldigte ich mich, sterbend vor Scham, bei Henryk. Er zwang sich zu einem Lächeln und versuchte den Vorfall damit abzutun; doch ich wußte, daß er sich in seinem Innersten äußerst unbehaglich fühlte. Nach diesem Tag sah ich Henryk nie wieder meiner Mutter zu nahe kommen. Vielleicht wies sie ihn jetzt entschiedener zurück. Vielleicht verlor ich auch jedes Interesse, ihm nachzuspionieren. Jedenfalls ließ bald ein weit schrecklicherer Vorfall diese schäbige Geschichte in der Vergessenheit versinken.

15. Mai 1941, 2 Uhr morgens

*Das war – und das ist immer noch – der schlimmste Tag meines Lebens. Schlimmer als die Luftangriffe, schlim-*

*mer als Typhus. Ich kann nicht schlafen, nicht einmal still liegen. Ich muß bis zum Morgen warten, bis wir wieder ins Krankenhaus können und mehr erfahren. Mutter geht durchs Zimmer, vier Schritte hin, vier Schritte zurück, mit leerem Gesicht und trockenen Augen, als hätte sie keine Tränen mehr. Ich weiß nicht, wie ich sie trösten könnte; also versuche ich es gar nicht.*

*Für mich begann dies alles um die Mittagszeit. Ich war auf dem Heimweg von Zulas Wohnung, tief in Gedanken über Mathematik, den polnischen Aufsatz, den wir für L. schreiben sollten, und ähnliche Probleme. Als ich in unser Haus trat, stand diese Frau Goldberg aus dem dritten Stock da, sehr nervös. »Etwas Neues? Etwas Neues?« rief sie, als sie mich sah.*

*»Neues worüber?« fragte ich.*

*»Über deine Schwester natürlich!«*

*Da merkte sie, daß ich nichts wußte, und erzählte mir die Geschichte. Sophie war heute morgen wie gewöhnlich zu ihrem Unterricht gegangen. Als sie über die Fahrstraße ging, fuhr einer dieser schweren achträdrigen deutschen Lastwagen sie nieder und raste mit Höchstgeschwindigkeit davon. Das geschah direkt vor dem Kinderheim von Dr. Korczak*, und einige Kinder sahen es aus dem Fenster. Sie riefen den Doktor und einige Mitarbeiter. Sie rannten alle hinunter und hoben Sophie auf, die mitten auf der Straße lag, bewußtlos und blutbeschmiert.*

*Irgendwie gelang es ihnen, sie ins Krankenhaus zu bringen (wie, weiß ich nicht – der Weg war weit, das Krankenhaus liegt am Ende unserer Straße). Zufällig wurde Sophie erkannt von einer Schwester namens*

* Janusz Korczak, Arzt, Pädagoge und Schriftsteller – neben Büchern über Kinder und Kindererziehung schrieb er bekannte Kinderbücher wie *König Hänschen der Erste* –, gründete und leitete ein Waisenhaus im Ghetto; als dessen 200 Insassen am 5. August 1942 in das Vernichtungslager Treblinka abtransportiert wurden, begleitete er seine Schützlinge und ging mit ihnen in den Tod.

*Sabina, die mit Vater gearbeitet hatte; sie schickte jemanden, um Mutter zu holen. Man sagte, Sophie sei noch am Leben. »Deine arme, arme Mutter«, schluchzte Frau Goldberg, aber ich hörte ihr nicht weiter zu. Ich rannte zum Krankenhaus. Gleich hinter dem Eingang sah ich Sophie auf einer Bahre daliegen. Sie war bewußtlos. Ihr Kopf war dick verbunden, das Gesicht weiß, das linke Augenlid mächtig geschwollen. Mutter kauerte neben der Bahre und tupfte Sophie das Gesicht mit einem feuchten Schwamm ab. Schwester Sabina kam und sprach mit uns. Der Arzt, der Sophie schon gesehen habe, vermute schwere Verletzungen des linken Fußes und des linken Auges, sagte sie. Er habe auch eine Gehirnerschütterung festgestellt. Es lasse sich noch nicht sagen, ob sie überleben werde und ob dann ihr Bein und ihr Auge gerettet werden könnten.*

*Wir blieben den ganzen Nachmittag über bei Sophie. Auf allen Stationen, Gängen und Fluren des Krankenhauses lagen Schwerkranke dicht nebeneinander. Aber gegen Abend kam Schwester Sabina mit triumphierendem Blick herunter. Ein Patient sei eben gestorben, sagte sie, und sie habe ihren ganzen Einfluß aufgeboten, um dessen Bett für Sophie freizuhalten. Stefan, der Dienst hatte, half Schwester Sabina, die Bahre hinaufzutragen. Mutter und ich folgten ihnen auf die Station. Als wir Sophie von der Bahre hoben, öffnete sie plötzlich das linke Auge und starrte uns an. Dann, im Bett, berührte sie ihren bandagierten Kopf, den Hals und die Schultern, als suche sie etwas. Sie fand aber nichts. Ihre schönen schwarzen, seidigen Zöpfe, ihren ganzen Stolz, hatte man im Krankenhaus sofort abgeschnitten. Ganz bestürzt sahen wir Tränen aus ihrem gesunden Auge rinnen. Sie war also wieder zu sich gekommen. Bald danach mußten wir wegen der Ausgangssperre gehen. Jetzt warten wir.*

Derselbe Tag, 8 Uhr abends

*Sophie wird davonkommen, sagen die Ärzte. Die Gehirnerschütterung ist leicht; sie wird heilen, wenn Sophie acht bis vierzehn Tage ruhig liegen bleibt. Auch das Auge scheint innerlich nicht verletzt zu sein. Am schlimmsten steht es mit ihrem Fuß; Fleisch und Knochen sind zerquetscht. Falls sich irgendwelche Anzeichen von Brand zeigen, wird man das Bein wohl amputieren müssen. Arme, arme kleine Sophie. Ich wußte gar nicht, wie sehr ich sie liebe. Und was für ein ungewöhnliches Kind sie ist. Mein Gott, sie war erst neuneinhalb, als der Krieg begann. Aber sie ist durch alle Schrecken der Luftangriffe, der Brände und des Hungers hindurchgegangen, ohne ein einziges Mal zu klagen. Sie hat nie geweint und ist nie in Panik geraten, sondern immer gefaßt und ruhig geblieben. Ich glaube, sie versteht alles so gut wie ich und vielleicht besser als manche Erwachsene, die ihrer Angst freien Lauf lassen, ihren Instinkten, die wir mit den Tieren teilen. Jetzt liegt sie da, in diesem schrecklichen Krankenhaus, und weint um ihr schönes Haar, ohne auch nur zu ahnen, daß sie vielleicht als Krüppel weiterleben muß. Warum geschah das ihr, warum nicht mir?*

*Ein junger Mann aus Dr. Korczaks Heim kam herüber, um nach Sophie zu fragen. Er sagte, die Kinder, die den Vorfall beobachtet haben, seien sicher, daß der deutsche Fahrer Sophie niederfahren wollte. Er hätte leicht ausweichen können, sagen sie.*

Wie schlimm die Krisen waren, wie nahe wir stets am Rand der Katastrophe standen – bisher waren Mutter, ich und Sophie noch jedesmal glimpflich davongekommen. Wir verbrannten nicht bei lebendigem Leibe, wir starben nicht an Typhus, wir entrannen immer wieder knapp den Schrecken des Krieges. Nach einigen Wochen hatten wir Sophie wieder bei uns. Ihr Leben war nicht mehr in Gefahr, ihr Auge gesund, ihr Fuß gerettet. Sie war nicht länger als sechs Monate invalide; während dieser Zeit erhielt sie täglich Massagen und mußte Fußübungen machen. Sie lernte wieder laufen. Als einziges blieb ihr für immer eine große, dicke, häßliche Narbe am Fuß.

Während Sophies langsamer Genesung kam es zu zwei besonders wichtigen Ereignissen – eines davon von weltgeschichtlicher Bedeutung, das andere allein für mich entscheidend.

Das erste erwähnte ich nur kurz in meinem Tagebuch.

22. Juni 1941

*Ich sah heute morgen Menschen zum Himmel starren. Alles, was es dort oben zu sehen gab, waren winzige glitzernde Pünktchen – Flugzeuge, die sehr hoch flogen. Aber die Leute flüsterten etwas vom Ausbruch eines Krieges zwischen Deutschland und der Sowjetunion. Ich fragte mich, woher sie das bloß wissen wollten, und tat das Ganze als eines dieser vielen Gerüchte ab.*

*Aber es stimmt, die Bolschewiken sind tatsächlich im Krieg! Jetzt (am Spätnachmittag) vergräbt sich Stefan in seinen* Völkischen Beobachter, *den er sich eben erst besorgen konnte, und liest wie gewöhnlich zwischen den Zeilen. Ab und zu äußert er heftig seine Meinung – eine völlig andere als die der Zeitung. Er sagt, das Kräfteverhältnis zwischen den kriegführenden Parteien habe sich zugunsten der Alliierten verschoben, und Hitlers Niederlage sei jetzt unvermeidlich. Er wirkt begeistert.*

Das andere Ereignis ergab sich aus meiner früheren Besorgtheit und den Gesprächen mit meinen Freundinnen im April. Die Frage, wie man sich nützlich machen könne, wurde bald von den anderen Mädchen unserer Lerngruppe aufgegriffen. Die beiden tatkräftigsten, Ala und Lena, gingen zum Judenrat und zogen Erkundigungen ein. Sie wurden von einem Mitarbeiter zum anderen geschickt, häufig von Inkompetenz entmutigt, oft spöttisch abgewiesen. Doch sie gaben nicht auf, und nach etwa zwei Wochen kamen sie strahlend an: Es gab Großes für uns zu tun.

Die Organisation, die Ala und Lena schließlich aufgespürt hatten, hieß Toporol, eine Abkürzung für Gesellschaft zur Förderung der Landwirtschaft. Die Gesellschaft wurde vom Judenrat finanziert, jedoch von der Arbeit Freiwilliger getragen; sie versuchte, jeden freien Platz des Ghettos zum Anbau von Gemüse zu nutzen. Alles, was geerntet wurde, bekamen hungernde Menschen. Die Toporol brauchte uns, unsere freiwillige, hingebungsvolle Arbeit. Sie konnte uns nichts dafür bieten – kein Geld, kein Gemüse, nicht einmal einen Ausweis, der unseren Arbeitsauftrag bestätigte. Alles, was man uns versprechen konnte, war eine gründliche landwirtschaftliche Ausbildung.

Das »Schuljahr« ging eben zu Ende. Also machten wir uns sogleich an die Arbeit. Unsere Gruppe wurde dem Gelände zugeteilt, auf dem vor dem Krieg das Heiliggeist-Krankenhaus gestanden hatte – es war bei der Belagerung zerstört worden. Es lag hinter der Leszno, sehr nahe unserer jetzigen Wohnung. Die weite Fläche war von Schuttbergen bedeckt. Sie zu beseitigen war unsere erste Aufgabe.

23. Juni 1941

*Was für ein Tag! Acht lange Stunden harter körperlicher Arbeit unter blauem Himmel. Kann mir nichts Schöneres vorstellen. Wir sind fünfzehn, mit denen, die wir nicht kennen, zehn Mädchen und fünf Jungen. Der Ausbilder vom Judenrat, Tadek, ist ein strenger, sachlicher Bursche Anfang Zwanzig. Hübsch ist er auch, aber nicht sehr groß, blond und sonnenverbrannt. Ein perfekter Organisator: Wir vergeudeten keinen Augenblick. Die Mädchen, in zwei Reihen aufgestellt, hoben die Steine auf und reichten sie zu den Karren weiter, die Jungen schoben die Karren zum hinteren Ende des Geländes und leerten sie. Wir waren zu beschäftigt, um miteinander zu sprechen; das taten wir nur in den kurzen Pausen, während wir auf dem Schutt hockten und unsere Brote aßen. Später, zu Hause, war ich so müde, daß ich kaum noch den Mund aufbrachte. Meine Beine und Hände sind verkratzt und geschwollen, mein Gesicht von der Sonne verbrannt. Wenn ich die Augen schließe, sehe ich nur Steine, Steine, Steine... Ich bin glücklich.*

Wir brauchten über eine Woche harter Tagesarbeit, um das Gelände vom Schutt zu befreien. Die folgenden vierzehn Tage waren wir mit Graben beschäftigt. Die harte, trockene, immer noch von Trümmerbrokken durchsetzte Erde umzugraben erwies sich als weit anstrengender als zuvor das Entfernen der Steine. Für manche wurde es zuviel: Nina und Zula schieden aus. Bei Nina war es Faulheit. Zula machte eifrig und hingebungsvoll mit, doch es wurde ihr einfach zu schwer; nachdem sie zweimal in Ohnmacht gefallen war, gab sie auf.

Für die jedoch, die dabeiblieben, kam ein großer Tag, als die Schinderei vorbei war und der Spaß der eigentlichen Gartenarbeit begann. Nach Tadeks kundigen Anweisungen säten und pflanzten wir jetzt Gemüse: Karotten, Zwiebeln, Gurken, Tomaten – alles, was auf dem Gelände möglich war. Jeden Morgen lief ich ganz eifrig zur Arbeit, um zu sehen, wie alles gedieh, um nach den zarten kleinen Schößlingen zu schauen, um Unkraut zu jäten. Dank Tadeks Bemühungen bekam unsere Einheit einen Brutkasten, um eine Hühnerzucht zu beginnen. Tadek war deshalb ganz aus dem Häuschen und wollte sich selbst um den Kasten kümmern. Er brauchte nur einen Assistenten. Alle meine Freundinnen meldeten sich. Ich nicht, ich wollte mich nicht von meinen

Pflanzen trennen. Tadek wählte Renata, und es gelang ihm schon am ersten Tag, sie mit seiner Begeisterung für die Sache anzustecken.

Als die harte Arbeit vorüber war, konnten wir öfter Pausen machen, um zu rasten und zu reden. Wenn ich heute an diesen langen warmen Sommer denke, auf einer grünen Insel in der Hölle, dann erscheint er mir sogar als eine glückliche Zeit meiner Jugend.

3. August 1941

*Nach drei Tagen schweren Regens heute wieder warm und sonnig. Oh, wie alles wächst! Die zarten blaßgrünen Federchen der Karottenblätter zittern im leichten Wind, die winzigen Gürkchen kriechen die schmalen Gräben entlang, die wir für sie gegraben haben. Zula ist wieder bei uns; das macht mich glücklich. Ich hatte sie sehr vermißt. Sicher, ich hatte Hanka. Aber Hanka kann Zula nicht für mich ersetzen – und das gilt auch umgekehrt. Die beiden sind so verschieden. Manchmal glaube ich, sie sind nur Freundinnen, weil sie mich in der Mitte haben. Mit Hanka kann ich über alle möglichen ernsthaften Dinge reden, auch über die Bücher, die wir beide lesen – nicht nur Romane und Gedichte, sondern zum Beispiel auch Schriften von Descartes, das* Kommunistische Manifest *oder* Das Leben der Ameisen *von Maeterlinck. Zula gähnt da nur und redet dazwischen. Aber wenn es um Jungen und um Liebe geht, kann ich nur mit Zula reden. Hanka würde dieses Thema fallenlassen und dabei schrecklich rot werden. So mußte ich auf Zula warten, um über Renata zu sprechen. Wie sehr hat sie sich verändert, seit Tadek sie zu seiner Assistentin gemacht hat! Sie beachtet zur Zeit kaum noch ihre Freundinnen und macht den Eindruck, als sei sie weit entfernt von uns; ihr Blick ist verschleiert, ihr Verhalten abwesend. Sie scheint selbst dann zu träumen, wenn sie sich um ihre Hühnereier kümmert. Ist das die Liebe zu den Hühnern – oder ist es Liebe? Zula beobachtet sie, seit ich ihr davon erzählt habe. Nach ihrer Meinung muß es Liebe sein, wahre Liebe, bei beiden. Sonderbar – Renata ist erst fünfzehn, wie wir anderen, und dazu ein sehr ruhiges, anspruchsloses Mädchen. Sie ist nicht einmal besonders attraktiv, ihr Gesicht und ihr Körper wirken etwas flach. Aber Tadek, ein erwachsener, schöner Mann, sieht sie mit warmen Blicken an. Zärtlich, das ist das richtige Wort. Ich brauche mich vor Zula nicht zu verstellen: Ich beneide Renata. Nicht Tadeks wegen, sondern weil sie verliebt ist und weil jemand in sie verliebt ist. Zula sagt, sie empfindet es genauso. Beide waren wir noch nie verliebt. Ich kann nicht sagen, daß ich Artek liebte. Sicher, wir küßten uns, aber da fehlte noch etwas. Von L. sind wir alle acht bezaubert – von seinem schlanken Körper, seinen seelenvollen Augen, der Art, wie er Gedichte vorträgt. Aber das ist ein gemeinschaftliches Gefühl, kein persönliches. L. ist für mich eher ein Hamlet als ein Romeo. Und ich sehne mich nach einem Romeo.*

Von meiner romantischen Stimmung zurück zum Elend meiner Umgebung: Ich gewöhnte mich mehr und mehr an die täglichen Schrecken. Leichen auf der Straße, verhungerte oder von den Nazis erschossene Menschen schreckten mich nicht mehr. Auf meinem Weg zur Arbeit und nach Hause kam ich an ihnen vorbei, ohne groß Notiz zu nehmen. Die Arbeit, die ich aus Hilfebedürfnis übernommen hatte, wurde mir zum reinen Vergnügen. Langsam wurde mein Gewissen durch das besänftigende Gefühl eingeschläfert, »etwas für sie zu tun«. Nur gelegentlich gab es ein böses Erwachen und Selbstvorwürfe.

20. August 1941

*Ich bin eine Bestie. Eine gefühllose Heuchlerin. Gestern hatte ich einen Streit mit Mutter. Der Anlaß war belanglos: Ich bin aus meinen Sommerkleidern herausgewachsen; sie sind alle zu kurz und zu eng für mich. Kein*

*Wunder: Sie wurden für ein dreizehnjähriges Kind ohne Busen gemacht. Mutter bestand darauf, daß ich das einzige davon tragen sollte, in das ich mich noch zwängen konnte, weil es einigermaßen weit ist – das seidene rote. Ich habe es immer gehaßt, seit ich es vor zwei Jahren bekommen habe. Aber ich konnte Mutter nicht umstimmen, wenn ich nur sagte, das Kleid gefalle mir nicht. Also sagte ich zu ihr, wenn ich so leuchtend rot durch die Straßen ginge, könne ich leicht diesem verrückten Deutschen auffallen, der jeden Tag auf seinem Fahrrad ins Ghetto kommt, um einige Juden in der Menge zu erschießen. Dieses Argument wirkte sofort – Mutter hörte auf zu nörgeln und gab mir eines ihrer eigenen Kleider, das hübsche graue Leinenkleid. Jetzt sehe ich großartig aus und hasse mich.*

*Noch etwas ist an diesem Morgen geschehen. Regina, die mit mir auf dem Feld arbeitet, sang die ganze Zeit beim Unkrautjäten. Sie hat eine gute Stimme und kennt eine Menge Vorkriegsschlager. Ich hörte ihr ganz gern zu, bis sie mit »Bel Ami« anfing. Da wurde ich plötzlich hysterisch und schrie, sie solle aufhören. Der Grund dafür war, daß ich mir diese blöde Schnulze jeden Abend anhören muß. Eine Bettlerin singt sie unablässig auf der Straße, direkt unter meinem offenen Fenster, an dem ich sitze und mich vergeblich bemühe, ein Buch zu lesen. Und wie sie singt! Mit rauher, brüchiger Stimme, in einem Kauderwelsch aus Polnisch, Jiddisch und Französisch. Ihr Gesicht ist geschwollen, so daß ich ihr Alter nicht erraten kann. Sie hat zwei Kinder bei sich; das eine hält sie in den Armen, das andere klammert sich an ihre verdreckten Kleider. Sie sind barfuß. Wenn ich ihnen eine Münze oder ein Stück Brot zuwerfe oder wenn jemand anderes das tut, hört sie für eine Sekunde auf und singt dann weiter »Bel Ami«, nun aber noch lauter und rauher. Ich hasse sie wirklich, ich hasse sie alle. Deshalb sage ich, ich bin eine gefühllose Heuchlerin. Ich bin es wirklich.*

Der Sommer ging vorbei, und wir machten uns wieder ans Lernen; die Hauptarbeit für die Toporol war getan, die Ernte eingebracht und an den Judenrat abgeliefert. Nur Renata arbeitete in ihrer stolzen Hühnerfarm weiter und versäumte manche Stunde.

Denke ich an meinen zweiten Ghettowinter, so erscheint er mir als eine Zeit sonderbarer »Stabilität«. Irgendwie lernte ich, mit dem Bösen, dem Elend zu leben, das überall um mich seine Opfer forderte. Ich nahm das hin wie Sommerhitze oder Winterkälte. Ich war nicht die einzige, die so lebte – aber wenn ich Vorwürfe mache, sollte ich zunächst bei mir beginnen.

Meine Familie konnte immer noch von dem leben, was aus besseren Zeiten übriggeblieben war. Tante Maria hatte alle echten Wertsachen aus unserer Wohnung in der Grenzstraße geholt, das alte Silber ebenso wie die wertvollen Gemälde aus der Sammlung meines Großvaters. Diese Wertgegenstände ermöglichten uns das Leben im Ghetto und danach. Tante Maria verkaufte sie nach und nach auf der »arischen« Seite und fand immer Wege, uns das Geld zu bringen.

Seit Oktober 1941 konnte es den Tod bedeuten, wenn man das Ghetto ohne besondere Erlaubnis betrat oder verließ. Doch trotz der schrecklichen Gefahr brachen die Verbindungen zur Außenwelt nicht ab. Es gab Löcher in den Mauern, Geheimgänge durch Häuser gegenüber der »arischen« Seite; manche Wachen an den Ghettotoren – Deutsche, Polen, Juden – ließen sich bestechen. Viele Polen, die für das Wasserwerk oder die Elektrizitätsgesellschaft arbeiteten, durften das Ghetto betreten, um dort ihre Arbeit zu tun. Alle diese Möglichkeiten wurden täglich von Juden und Nichtjuden benutzt, um das Ghetto mit Nahrung und anderen Gütern zu versorgen. Manche dieser Waghalsigen – unter ihnen auch Kinder – kämpften um das Überleben ihrer Familien.

Manche machten ein Vermögen; manche wurden dabei erschossen oder erschlagen.

Ein großes Gebäude in der Leszno beherbergte das Stadtgericht, das für Juden und Nichtjuden zuständig war. Es gab zwei Eingänge, einen vom Ghetto, einen von der »arischen« Seite her. Die Gänge des Gerichts waren selbstverständlich schwer bewacht, doch mit Geld und Glück konnten Menschen aus den beiden Welten sich dort treffen und miteinander reden. Mutter und Tante Maria trafen sich mehrmals im Gebäude des Stadtgerichts. Tante Marias Schwager, ein Elektriker, der eine Sondererlaubnis zum Betreten des Ghettos besaß, kam ebenfalls ab und zu zu uns und brachte von ihr Briefe, Geld und allerlei andere nützliche Dinge.

Seit diesem Winter gab es im Ghetto Läden mit Luxusartikeln, Cafés und Restaurants. Einmal, als wir Tante Maria im Gericht getroffen hatten und uns wieder für eine Weile reich fühlen durften, nahm Mutter Sophie und mich zum Essen in ein Restaurant in der Leszno mit. Ich war nie zuvor in einem Restaurant gewesen und fand diese neue Erfahrung aufregend. Obwohl draußen die Sonne schien, hatte man die Fenster des großen Raums völlig verdunkelt. Er wurde diskret von Petroleumlampen erleuchtet, die Tische waren mit weißen Tischdecken bezogen, die Kellner trugen schwarze Anzüge. Ein Klavierspieler und ein Geiger spielten sentimentale jüdische Melodien und Zigeunerweisen. Die meisten Tische waren besetzt. Die Leute aßen und unterhielten sich laut – sie wirkten nicht elegant auf uns, und doch merkte man, daß sie sich hier zu Hause fühlten. Wir kamen uns äußerst deplaziert vor. Mutter betrachtete die Speisekarte auf dem Tisch und fühlte sich noch unbehaglicher. Es gab alle möglichen feudalen Gerichte, dazu französische Weine und edle Spirituosen. Die Preise waren haarsträubend. Ohne Sophie und mich wäre Mutter sicher aufgestanden und gegangen; doch sie wollte uns nicht enttäuschen, und so blieben wir und bestellten das Billigste auf der Karte: Hühnerbrühe mit Nudeln, dazu Cholent, einen traditionellen jüdischen Eintopf mit billigem Fleisch, Kartoffeln, Bohnen und Perlgraupen, gefolgt von Milchpudding und Kirschsirup. Es war ein wahres Festessen, das beste seit langer, langer Zeit. Obwohl wir bisher im Ghetto nie gehungert hatten, waren unsere täglichen Mahlzeiten zu Hause längst nicht so kräftig und schmackhaft. Mutter bezahlte seufzend, und mit angenehm gefülltem Magen gingen wir aus dem Lokal.

Da war er, im klaren Sonnenlicht des frostigen Nachmittags, der wilde, behaarte Mann, nackt unter der schmutzigen, zerrissenen Federdecke, die er sich über die Schultern geworfen hatte und die seinen knochigen Körper nur teilweise bedeckte. An der Wand neben dem Eingang des Restaurants lehnend, wartete er barfuß auf Almosen der gesättigten Gäste. Ich hatte diesen Mann schon gesehen, er gehörte zeitweise zum Bild des Ghettos. Ehe Mutter ihre Geldbörse hervorholen konnte, tauchte aus dem Nichts ein jüdischer Polizist auf. Er brüllte den Bettler an, bedrohte ihn mit seinem Knüppel und versuchte ihn fortzujagen. Es dauerte einige Zeit, bis sich der Mann von der Stelle rührte und die Leszno hinunterschlurfte; eine kleine Wolke von Federn schwebte über seiner zerrissenen Decke.

Nach diesem Vorfall hatte ich nie mehr das Bedürfnis, das Restaurant wiederaufzusuchen. Den nackten Bettler sah ich einige Zeit später tot auf dem Bürgersteig liegen, bedeckt von Zeitungen, die mit einem Backstein beschwert waren. Daß er es war, erkannte ich nur daran, daß der eingerissene Rand seiner schmutzigen Decke unter dem Papier hervorragte.

In der Leszno, unweit des Hauses, in dem wir wohnten, richtete man diesen Winter in dem früheren Kino Femina eine Konzerthalle ein. Es gab genug hervorragende jüdische Musiker, um im Ghetto ein erstklassiges Sinfonieorchester zu gründen; der Dirigent war Szymon Pulman. Ich hatte keine Ahnung von klassischer Musik. Nie zuvor war ich in einem Konzert gewesen. Hanka war die erste, die mich dazu überredete, mit ihr ins »Femina« zu gehen. Das Orchester spielte Tschaikowskis *Pathétique*-Sinfonie. Alle in dem dunklen Publikumsraum saßen gebannt und bewegt. Dann sang ein achtzehnjähriges Mädchen das *Ave Maria* von Schubert. Es hatte eine starke, klare Stimme, die durch die Wände des Saals zu dringen schien, hoch hinauf über unsere Welt mit ihrem täglichen Elend. Das Publikum weinte, und ich weinte mit. Die junge Sängerin hieß Maria Eisenstadt. Sie überlebte den Krieg nicht – wie der Dirigent. Soviel ich weiß, starben beide im Sommer 1942 in Treblinka.

Nach diesem ersten Konzert konnte ich das nächste kaum erwarten, und ich versäumte keines, solange diese Konzerte gegeben wurden. Das Orchester wurde schließlich von den Nazis verboten, weil es Werke deutscher Komponisten gespielt hatte, was Juden strikt verboten war.

Ich ließ Tante Maria die Bitte übermitteln, mir mein Grammophon zu schicken. Ich glaube, es fiel ihr nicht leicht, ihren Schwager davon zu überzeugen, daß ein solches Gerät für jemanden hinter den Mauern von lebenswichtiger Bedeutung war; doch sie schaffte es, und er brachte mir das Grammophon. Es waren ein paar Tango- und Foxtrottplatten dabei, aber an ihnen war ich jetzt nicht interessiert. Sobald sich meine neue Errungenschaft herumgesprochen hatte, verabredeten wir ein Treffen mit einem Jungen, den wir von der Toporol her kannten. Dieser Junge klagte dauernd, weil er kein Grammophon hatte, um seine Klassikerplatten zu spielen. An einem kalten Abend trugen wir das Grammophon zu ihm. Einige andere junge Leute warteten bereits auf uns und wir gingen alle in ein leeres, vom Feuer halb zerstörtes Zimmer neben der Wohnung, wo wir uns auf den Boden hockten. Unser Gastgeber holte zwei Platten hervor – die beiden einzigen, die er noch nicht verkauft hatte. Auf der einen waren die ersten beiden Sätze von Beethovens Fünfter Sinfonie, auf der anderen der dritte und der vierte Satz derselben Sinfonie. Frierend, trotz unserer Mäntel und Handschuhe, hörten wir uns den ganzen Abend die beiden Platten an. War der vierte Satz zu Ende, begannen wir wieder mit dem ersten; so machten wir weiter, bis die Ausgangsfrist fast abgelaufen war. Danach trafen wir uns einmal in der Woche am selben Ort und hörten bis zum Ende des Winters dieselben Platten. Wir hatten keine anderen Klassikerplatten. Wir hatten nur die Fünfte Sinfonie.

Zur selben Zeit erfuhr ich, daß in dem großen Gebäude neben einem der Ghettotore medizinische Vorträge gehalten wurden. Das Gebäude gehörte zur »arischen« Seite, doch die Vorträge wurden vom Judenrat gefördert und waren für Juden gedacht. Tatsächlich handelte es sich um einen regelrechten, wenn auch inoffiziellen Universitätskurs in Medizin. Hanka und ich liefen sofort hin. Wir kamen glücklich durch das finstere Tor, neben den »Studenten«, die der deutschen Wache ihre Passierscheine zeigten, schlüpften mühelos in den Vortragsraum – und befanden uns alsbald auf dem Gebiet der Genetik. Der Vortrag wurde von einem bekannten Wissenschaftler jüdischer Herkunft gehalten, Professor Ludwik Hirszfeld. Er sprach klar und faszinierend, und wir konnten ihm ohne Mühe folgen, obwohl wir von unserer Schulbildung her weit unter dem Standard der Universität waren. In der Woche darauf kamen wir wieder durch das Tor und hörten den nächsten Vortrag über Genetik. Später wurden die Kontrollen am Tor verschärft, und bei unserem dritten Versuch wären wir um ein Haar geschlagen worden. So mußten wir unsere medizinischen Studien aufgeben. Doch noch heute, vierzig Jahre später, kenne ich die wichtigsten Vererbungsgesetze genau.

Die meisten meiner zahlreichen Verwandten lebten wie wir im Warschauer Ghetto. Ich hielt jedoch nur mit jenen Verbindung, die ich besonders mochte.

Da war die Schwester meiner Oma, Großtante Bella, die nicht weit von uns wohnte, in der Nowolipie. Sie lebte allein, und ich besuchte sie gelegentlich, weil ich ihr gern zuhörte, wenn sie aus ihrer Jugend erzählte. Vor dem Krieg hatte sie im Luxus gelebt und sich den schönen Dingen des Daseins hingegeben. Ihr Mann hatte sie bald nach der Hochzeit verlassen; ein Sohn und alle Schulden blieben ihr. Da sie jedoch aus einer reichen Familie stammte und über eigene Mittel verfügte, vermochte sie das Leben trotz aller Widrigkeiten zu genießen. Ich erinnere mich an ihre Wohnung vor dem Krieg; sie war im Jugendstil eingerichtet, mit vielem wertvollem Mobiliar. Manches davon hatte sie in ihr winziges, düsteres Zimmer im Ghetto mitgenommen. Tante Bella war eine stattliche blonde Frau, die, obwohl Mitte Sechzig, noch immer eine ansehnliche Erscheinung abgab. Sie hatte früher ein großes Haus geführt. Maler, Poeten, Philosophen trafen sich in ihrem Salon, um über Kunst und Literatur zu diskutieren, aber auch um zu essen, zu trinken und zu tanzen. Jetzt war sie einsam; ihr einziger Sohn war bei der Armee, ihre alten Freunde lebten jenseits der Mauern, wenn sie nicht tot waren. Doch ihr Humor, ihr angeborener Optimismus bewahrten sie vor Schwermut. Sie hatte sich ein ganz bestimmtes Ziel gesetzt: Hitler zu überleben.

Eine andere Verwandte, die ich sehr mochte, war Mutters Kusine Maryla. Sie wohnte immer noch in ihrer Vorkriegswohnung in der Żelazna, da das Haus im Ghettogebiet lag; bei ihr lebten ihre alte Mutter und ihr christliches Mädchen aus der Vorkriegszeit, das die beiden nicht verlassen wollte und im Ghetto geblieben war. Marylas einziger Bruder Karol war ebenfalls bei der Armee; viel später wurde gemeldet, daß er in Afrika gefallen war, in der Schlacht bei Tobruk. Maryla war eine große, kluge Frau Anfang Vierzig. Sie war zwar keine Schönheit, hatte aber den besonderen Charme einer geistreichen, unabhängigen, beruflich tüchtigen Frau. Sie war in der Schweiz erzogen worden, sprach vier Fremdsprachen fließend und hatte vor dem Krieg als Dolmetscherin für Englisch und Französisch sowie als Sekretärin gearbeitet. Im Ghetto lebte sie davon, daß sie Sprachen lehrte. Maryla verdanke ich meine erste Begegnung mit dem Englischen; im Winter 1941/1942 unterrichtete sie mich zweimal in der Woche.

Dann waren da Oma Wiera und Onkel Julian, die jetzt im »Kleinen Ghetto« lebten. Onkel Julian hatte sich der jüdischen Polizei angeschlossen und trug eine entsprechende Uniform samt Mütze; außerdem hatte er einen Knüppel. Wir in der Leszno waren ganz und gar nicht angetan davon. Mutter, Jadwiga und besonders Stefan verachteten die jüdische Polizei. Einmal, in der Anfangszeit des Ghettos, hatte man auch Stefan den Eintritt angeboten; er hatte jedoch rundweg abgelehnt und war als Freiwilliger ins Krankenhaus gegangen, wo er die unangenehmsten Arbeiten verrichtete, um sich wenigstens nützlich zu machen. Für ihn waren die Angehörigen der jüdischen Polizei Nazilakaien und Kollaborateure. Andererseits bot der Polizeidienst manchen jungen Männern die einzige Möglichkeit, Geld zu verdienen und ihre Familien zu unterstützen. Doch Julian war Arzt und konnte leicht eine andere Tätigkeit finden. Nichtsdestoweniger arbeitete er als Polizeiarzt. Ich wollte meinen Onkel väterlicherseits vor der Verachtung meines Onkels mütterlicherseits in Schutz nehmen und fragte Stefan: »Glaubst du nicht, daß man als Arzt überall seinen Platz hat, unabhängig von den

Umständen?« Aber Stefan sagte, im Krieg und im Ghetto seien wir alle so direkt dem Bösen ausgesetzt und so sehr in Gefahr, von ihm angesteckt zu werden, daß wir uns unbedingt davor hüten sollten, in irgendwelche moralisch zweifelhaften Situationen zu geraten; man müsse sich von solchen Dingen fernhalten, so lange man könne. Das heiße selbstverständlich nicht, daß ich mich von Julian fernzuhalten hätte, fügte er hinzu. So besuchte ich Julian und Oma Wiera von Zeit zu Zeit. Mein Weg führte über die Brücke, die man inzwischen über die gefährliche Fahrstraße gebaut hatte.

Trotz ihres Alters, ihrer Witwenschaft und der Sorge um ihre drei anderen Söhne, die fort waren, hielt Oma Wiera sich tapfer. Sie freute sich immer sehr, wenn ich kam, und gab mir gutes Essen. Im Gegensatz zu meiner Mutter war sie eine perfekte Köchin; außerdem konnte sie jetzt mehr einkaufen als wir in der Leszno. Bei einem Besuch lud mich Oma in das Café ein, das kürzlich im »Kleinen Ghetto« eröffnet worden war. Man hatte ein Unterhaltungsprogramm angekündigt, und sie wollte es sich mit mir zusammen ansehen. Wir setzten uns an einen kleinen Tisch, bestellten Kaffee, und während wir die scheußliche, mit Sacharin übersüßte schwarze Brühe tranken, ließen wir ein schmieriges, stupides Programm über uns ergehen. Oma war ganz verstört, weil sie mich mitgenommen hatte. Dennoch blieben wir bis zum Schluß in der vergeblichen Hoffnung, daß noch etwas Besseres kommen würde. Als das Programm zu Ende war, begann die Kapelle einen Tango zu spielen, und einige Paare gingen auf die Tanzfläche. Plötzlich kam jemand an unseren Tisch und bat Oma höflich um die Erlaubnis, mich zum Tanz aufzufordern. Es war ein unschuldig wirkender Junge. Oma prüfte ihn mit einem Blick und sagte dann, sie habe nichts dagegen. Ich hatte auch nichts dagegen.

So tanzte ich Tango mit einem Fremden; ich fühlte mich gleichzeitig angenehm erregt und schuldbewußt, denn es kam mir unrecht vor, so viel Spaß zu haben, während draußen auf der Straße Menschen starben. Ich sagte das sogar meinem Partner, doch er meinte lächelnd: »Auch wir können sehr bald sterben, du und ich.« Er hatte recht. Ziemlich erleichtert lächelte ich zurück. Ich mochte diesen Jungen. Seine Augen funkelten hellblau, sein blondes Haar war weich. Das fühlte ich, als es beim Tanzen leicht über meine Schläfe strich – er war nur wenig größer als ich. Und nur wenig älter. Er sagte, heute sei sein sechzehnter Geburtstag, und seine Eltern hätten ihn aus diesem Anlaß mit in das Café genommen. Auch er fand das Programm widerlich. Wir konnten uns nicht weiter unterhalten, da die Kapelle zu »Rosamunda« übergegangen war, diesem lärmenden, flotten Schlager, der während des Krieges ganz Europa überschwemmte. Der junge Klavierspieler sang von Rosamunda, die mit dem Nordwind kam. Wenn »Rosamunda« durch den Raum geschmettert wurde, konnte man nicht reden; man konnte nur tanzen. Also tanzten wir, bis die Musik zu Ende war. Als wir zu Oma an den Tisch zurückkehrten, hoffte ich, Oma würde meinen Tänzer einladen, für eine Weile Platz zu nehmen. Doch sie sagte, es sei Zeit zum Gehen. Der Junge verbeugte sich höflich vor ihr, winkte mir zu und verschwand. Er sagte mir nicht seinen Namen. Und ich sagte ihm nicht den meinen.

Wieder kam der Frühling, der dritte des Krieges, mein zweiter im Ghetto. Ich war jetzt fast sechzehn. Schwache Regungen des Lebens, das weit jenseits der Mauern aus dem Winterschlaf erwachte, eine frische Brise, die über die endlosen Dächer in mein Fenster wehte – all das weckte in mir die Sehnsucht nach dem weiten Land. Ich erstickte fast in der Enge meines Zimmers, in dem Gestank der schmutzigen Straßen. In meinen Träumen sah ich grüne, von einfallenden Sonnenstrahlen erhellte Wälder, ins Unendliche reichende, von Fruchtbarkeit strotzende Felder. Jedenfalls war es diesmal nicht nur in der Absicht, den Hungernden zu helfen, als ich im Mai zum Judenrat ging, um nach einer neuen Arbeit bei der Toporol zu fragen.

Nur Hanka ging mit mir. Wir hatten immer noch Unterricht, doch das vierte Jahr unserer »Schule« war fast vorbei, und so blieb viel Zeit für Wiederholungen des Stoffes; wir konnten es leicht einrichten, zwei Tage in der Woche zu arbeiten. Sofort wurden wir einer Gruppe zugeteilt, die auf dem Friedhof arbeitete. Der jüdische Friedhof war jetzt vom Ghetto abgeschnitten, und selbst Leute, die zu einer Beerdigung gingen, brauchten einen besonderen Passierschein für das Ghettotor. Wir bekamen unsere Passierscheine vom Judenrat und gingen noch am selben Morgen zur Arbeit.

Der Weg zum Friedhof war weit und führte durch den schlimmsten Teil des Ghettos, den ich kaum kannte. Nach wenigen Schritten wurde mir mein Brotbeutel von einem hungernden Kind aus der Hand gerissen, das nicht einmal davonlief, sondern das Brot auf der Stelle verschlang. Der noch nicht mit Gräbern belegte Teil des Friedhofsgeländes, den man der Toporol zum Anbau überlassen hatte, war doppelt so groß wie das Krankenhausgrundstück. Man erwartete von uns harte Arbeit, da die Gruppe klein war. Statt Zwiebeln und Gurken sollten wir jetzt Kartoffeln, Kohl und rote Rüben anbauen. Gruppenleiter war ein Mann mittleren Alters, völlig ohne Tadeks Witz und Charme. An jenem ersten Morgen zeigte er uns, wie man Kohl anpflanzt, und wir begannen sofort mit der Arbeit. Nach ein oder zwei Stunden hörte ich zu meinem Erstaunen Worte der Anerkennung von unserem groben, mürrischen Leiter. »Seht sie an«, sagte er zu den anderen und deutete auf meinen gekrümmten Rücken, »sie macht es richtig – und schnell. Macht es so wie sie.« Diese Worte machten mich stolz und glücklich. Nie zuvor hatte man mich für körperliche Arbeit gelobt. Mit größtem Eifer arbeitete ich weiter. Acht Stunden vergingen wie im Fluge.

In diesem Frühling war ich zu beschäftigt, um zu lesen, gründlich nachzudenken und mein Tagebuch ordentlich zu führen. Nach einem Tag harter körperlicher oder geistiger Arbeit sank ich todmüde ins Bett und fiel sofort in friedlichen Schlaf. Nur wenn mich besondere Tageserlebnisse bis tief in die Nacht wach hielten, griff ich nach meinem Tagebuch und schrieb.

20. Mai 1942

*Morgen wieder zur Arbeit. Eben vor einer Stunde holte mich Jadwiga in ihr Zimmer, um mit mir unter vier Augen zu reden. Ernsthaft. Von Frau zu Frau. Ich muß sagen, sie geht mir in letzter Zeit auf die Nerven. Entweder hat sie sich verändert, oder ich habe mich verändert – ich weiß es nicht. Früher war sie mein Idol. Alles, was sie tat und sagte, wie sie sich benahm und kleidete, wie sie über Dinge dachte – alles bewunderte ich. Ich wollte sein wie sie. Jetzt sehe ich, daß sie ihre Fehler hat wie alle anderen. Sie versucht, ihre Regeln im Haus durchzusetzen, sie ist eitel und eingebildet. Ich zweifle, ob sie wirklich so viel weiß, wie ich dachte. Bei manchen Sachen tut sie nur so, als kenne sie sich aus; sie würde aber nie zugeben, daß ich mehr weiß als sie. So komisch es klingen mag – sie ist eifersüchtig auf mich, meine eigene, zehn Jahre ältere Tante! Ich sah ihre wütenden Blicke, als Herr N., Stefans Freund, letzte Woche mit mir sprach. Schwachsinn – was könnte er an mir finden, ein alter Mann über Dreißig!*

*Jedenfalls saßen wir heute nachmittag zusammen auf ihrem Bett, und sie predigte über die Gefahren, denen ich aufgrund meiner Arbeit auf dem Friedhof ausgesetzt sei. Erste Gefahr: »Frankenstein« am Tor; er lechze nach weiteren toten Juden außer denen, die dort zu Grabe getragen werden. Was bedeute, daß ich ganz zufällig erschossen werden könne. Zweite Gefahr: die Schwarzmarktgeschäfte auf dem Friedhof; Juden träfen sich mit Nichtjuden, polnische und jüdische Polizisten jagten die Verkäufer, um Bestechungsgelder zu erpressen, schwerbewaffnete Deutsche jagten alle. Auch in so etwas könne ich zufällig verwickelt werden. Und als dritte Gefahr schließlich verkündete Jadwiga feierlich: Ein Mädchen wie ich, jung und hübsch, könne leicht in einem verlassenen Winkel des Friedhofs vergewaltigt werden. Als sie das aussprach, sagte ich aus schierer Bosheit etwas Dummes, dessen ich mich jetzt schäme. »Gut«, sagte ich, »ich hätte nichts dagegen, vergewaltigt zu werden, wenn der Bursche nur jung und hübsch ist.« Jadwiga ist nicht prüde, sie wies mich nicht zurecht wegen meines schamlosen Geredes. Im Gegenteil, sie erklärte mir eindringlich, was es für eine Frau bedeute, ihre Unschuld bei einer Vergewaltigung und nicht aus Liebe zu verlieren. Ich muß zugeben, daß sie wunderbar über diese Dinge sprach, und ich spürte, daß ich sie immer noch sehr gern hatte, trotz all ihrer Fehler. Ich küßte sie und versprach, vorsichtig zu sein. Morgen, nächste Woche und mein ganzes Leben.*

21. Mai 1942

*Wir wurden heute morgen gleich zum anderen Teil des Friedhofs geschickt und lasen dann den ganzen Tag Rüben. Nur Hanka und ich, weil wir »zuverlässige Arbeiterinnen« sind, »die man nicht beaufsichtigen muß« – das sagte der alte Mann. Wir arbeiteten auch ganz eifrig, zunächst bis Mittag. Dann machten wir Pause. Wir hatten nichts zu essen, weil wir unsere Brote unterwegs Kindern gegeben hatten – ehe man sie uns entreißen konnte. Schrecklich hungrig und müde streckten wir uns auf dem Boden aus und blickten zum Himmel. Es war ein schönes Gefühl; ich kam mir vor wie ein Stückchen Welt, das unter einer riesigen blauen*

*Kuppel tief im Erdreich verwurzelt ist. Kein Mensch war in der Nähe, kein Deutscher, kein Verkäufer, kein Sittlichkeitsverbrecher – und kein Laut war zu hören außer dem Zwitschern der Vögel. Den Duft der feuchten Erde einatmend, schliefen wir allmählich ein, als wir plötzlich Klagelaute hörten, die vom Friedhofseingang näher kamen. Wir sprangen auf und sahen, wie sich ein schrecklicher Leichenzug rasch über den nächsten Friedhofsweg bewegte. Zwei Pinkert*-Männer zogen einen bis zum Rand mit Leichen gefüllten Karren, der flüchtig mit einem einzigen Tuch bedeckt war. Ein alter Jude, vielleicht ein Rabbiner, folgte dem Karren, eintönig klagend und vor sich hin summend; viel zu schnell für sein Alter wankte er dahin. Rasch zogen sie vorüber und waren bald nicht mehr zu sehen.*

*Die Welt schien wieder schön und friedlich. Aber der Zug ging uns nicht aus dem Kopf. Wir konnten nicht weiterarbeiten, als sei nichts geschehen. Es drängte uns, die Stelle zu suchen, wo man die Leichen beerdigt hatte. Wir fanden sie bald. Es war nur ein großes, tiefes rechteckiges Loch in der Erde, halb gefüllt mit den nackten Körpern von Männern, Frauen und Kindern, schichtenweise hineingeworfen, einer auf dem anderen, nach oben, nach unten gekehrt, Arme und Beine durcheinander – kaum menschliche Körper, sondern Knochen, an denen verwesende Haut hing. Ein entsetzlicher Modergestank, wie wir ihn noch nie gerochen hatten, warf uns fast um. Wir rannten fort und sprachen nichts mehr während der gesamten Arbeitszeit. Ich werde das nie vergessen, so lange ich lebe.*

Tatsächlich habe ich nie dieses Grab vergessen, das offen auf weitere Leichen wartete.

Zu Beginn des Sommers gab es immer mehr alarmierende Gerüchte über die Zukunft des Warschauer

* Pinkert war der einzige Leichenbestatter des Ghettos.

Ghettos. Die Leute sprachen von Plänen der Nazis, alle Juden von der Hauptstadt abzuziehen und in östlich gelegene Arbeitslager zu transportieren. Diese Gerüchte kamen aus dem Judenrat und wurden ängstlich flüsternd weitergetragen. Manche taten dies als Greuelpropaganda ab oder versuchten sich einzureden, ein Leben in einem gutorganisierten Lager weit weg von Warschau könne besser sein, als im Ghetto dahinzusiechen. Meine Familie teilte diese Ansicht nicht. Stefan glaubte fest daran, daß die Nazis beschlossen hatten, die Juden zu vernichten, und man von ihnen keine Verbesserungen erwarten durfte. Wir konnten aber nichts tun, um das Kommende zu verhindern, und so ging unser Alltag einfach weiter seinen Gang.

Trotz der ständigen Bedrohung – oder vielleicht ebendeshalb – stürzten sich im Ghetto manche in besondere Vergnügungen. Ich kannte einige, die so lebten, und dachte mit gemischten Gefühlen an ihre Freuden.

30. Mai 1942

*Ich bin wütend auf Zula. In Renatas und Joannas Wohnung geht in letzter Zeit Nacht für Nacht etwas vor, und wir wollten beide schrecklich gern wissen, was. Renata wollte nichts sagen. Offenbar hat sie nichts damit zu tun; sie scheint viel zu sehr mit ihrer eigenen Romanze beschäftigt. Aber wir kennen Gerüchte von Leuten, die an Joannas nächtlichen Festen teilgenommen haben. Allerdings sind sie recht vage. Es würde mir nie einfallen, Joanna zu fragen oder mich um eine Einladung zu bemühen – sie ist schließlich älter und war nie meine Freundin. Gestern ist Zula, ohne mir ein Sterbenswörtchen gesagt zu haben, uneingeladen hingegangen und über Nacht dort geblieben. Heute morgen hat sie mir alles haarklein erzählt. Mit ihr waren dreizehn Leute da, Jungen und Mädchen, alle außer ihr um die Achtzehn. Renata war nicht da. Offenbar schläft sie in letzter Zeit nicht zu Hause. Wo dann? frage ich mich. Die Eltern haben nichts dagegen. Sie haben auch nichts gegen Joannas Gesellschaften. Sie hätten die ganze Nacht friedlich in ihrem Zimmer geschlafen, sagt Zula.*

*Joanna und ihre Gäste störte es nicht, daß Zula dabei war; sie schienen eher erfreut. Als sie kam, machten sie gerade Spiele. Dabei saß man sich auf den Knien und tauschte Küsse. Von Zeit zu Zeit tranken sie Wodka direkt aus der Flasche. Jemand reichte die Flasche an Zula weiter, und sie trank auch. Als die Flasche leer war, holte einer der Jungen eine neue, und man ließ sie wieder kreisen. Nach einer Weile fühlte sich Zula beschwipst; sie erinnert sich aber noch, daß sie tanzten, dann das Licht ausmachten und sich dicht nebeneinander auf den Boden legten. Sie schlief sofort ein, wachte jedoch nach einiger Zeit wieder auf und hörte, wie sich ein Paar neben ihr liebte. Sie glaubte, die anderen Paare würden in der Dunkelheit dasselbe tun, und fühlte sich schrecklich unbehaglich, so daß sie zu weinen begann. Ein Junge kam zu ihr herüber, um sie zu trösten, und wollte mit ihr schlafen. Sie war sehr erschrocken und lehnte ab. Der Junge schien aber nicht verletzt. Väterlich erklärte er Zula, bei dem Leben, das wir führen, sollten wir mit solchen Dingen nicht auf unsere wahre Liebe warten, denn so lange lebten wir vielleicht gar nicht.*

*Den ganzen Tag lang haben wir daran gedacht und darüber geredet, was der Junge gesagt hat. Vielleicht hat er recht. Vielleicht vergeuden wir den letzten Rest unseres Lebens, ohne uns der Liebe hinzugeben. Aber der bloße Gedanke, es betrunken und vor anderen Leuten zu machen, macht mich krank. Lieber sterbe ich unberührt. Zula sagt, ich hätte recht. Sie wirkt sehr betroffen nach dem, was sie letzte Nacht gesehen hat. Geschieht ihr recht. Sie hätte gleich gar nicht hingehen sollen.*

Unser »Schuljahr« ging zu Ende. Mitte Juni machten wir die »Prüfungen« unter der Aufsicht unserer Lehrer. Irena, meine Freundin von früher, die sich vor einem Jahr den Kursen der Jungen angeschlossen hatte, kam zur mir mit einer Nachricht von ihrer Gruppe. Die Jungen wollten die Mädchen meiner Gruppe kennenlernen und schlugen eine Examensfeier vor. Ich sagte, ich müsse erst meine Freundinnen fragen; also ging Irena ohne eindeutige Antwort und ließ mich mit sehr zwiespältigen Gefühlen zurück. Ich war davon überzeugt, daß man eigentlich in dieser Zeit nicht feiern durfte. Doch sehnte ich mich auch danach, mich mit den Jungen zu treffen, zu tanzen, zu lachen.

Am nächsten Morgen erzählte ich den Mädchen von der Einladung. Hanka und Renata lehnten sofort ab. Die übrigen fünf sagten nur allzu freudig zu. Ich mußte Irena die Antwort überbringen, konnte mich aber selbst noch immer nicht entschließen. Wie ich gerade darüber nachdachte und schon fast entschlossen war, nicht hinzugehen, tauchten zwei Jungen grinsend an meiner Tür auf. Zu meiner großen Überraschung war einer von ihnen der fremde Junge, mit dem ich vor drei Monaten in dem Café getanzt hatte. Er war nicht weniger überrascht als ich selbst und stellte sich diesmal vor. Er hieß Roman. Er und sein Freund Marian gehörten zu Irenas Lerngruppe. Sie kamen als Vertreter der Gruppe, um meine Antwort zu hören; lautete sie ja, wollten sie mich bitten, mein Grammophon für die Feier zur Verfügung zu stellen. Sie sollte in Romans Haus stattfinden. Ich war so aufgeregt und verwirrt, daß ich meine Zweifel ganz vergaß und »Ja, sicher« sagte. Eine Weile standen wir verlegen im Flur und besprachen die Einzelheiten des kommenden Ereignisses; dann plauderten wir über Belanglosigkeiten. Ich bemerkte, daß Roman ein kluger, witziger Bursche war und längst nicht so scheu, wie ich ihn bei unserer ersten Begegnung eingeschätzt hatte. Von der Sonne leicht gebräunt, mit offenem blauem Hemd, das zu seinen funkelnden Augen paßte, wirkte er jetzt sehr viel attraktiver als im Winter. Es war mir angenehm bewußt, daß auch ich sonnengebräunt war und meine sommerlich grüne Bluse ebenso zu meinen Augen paßte. Ich spürte, daß Roman und Marian es beide bemerkten.

Die nächsten Tage und Nächte lebte ich in Träumen und süßen Erwartungen. Ich sehnte mich danach, Roman wiederzusehen. Zur verabredeten Zeit kam Marian jedoch allein, um mich samt dem Grammophon zu der Feier zu bringen. Roman sei zu sehr mit den Vorbereitungen beschäftigt, sagte er. Ich gab mir Mühe, meine Enttäuschung zu verbergen. Auf der Straße hielt Marian eine Rikscha an; er war zu faul, das Grammophon zu Fuß ins »Kleine Ghetto« zu bringen. Ich war nie zuvor in einer Rikscha gefahren und fand es abstoßend, von einem armen Mann auf einem Fahrrad gezogen zu werden. Steif saß ich neben Marian, blickte von den Leuten auf der Straße weg und starb fast vor Scham.

Auch die Feier selbst war kein Erfolg. Das Zimmer, das Roman mit seinen Eltern teilte, war zwar groß genug, jedoch auch das einzige, das sie in der großen Wohnung hatten; also blieben die Eltern die ganze Zeit dabei. Meine Freundinnen benahmen sich wie dumme Gänse, die Jungen redeten meistens nur miteinander, und Roman beschäftigte sich fast den ganzen Nachmittag mit seinen Platten. Ich tanzte nur einmal mit ihm und genoß es weniger, als ich erwartet hatte. Wir aßen ein paar winzige belegte Brote und spülten sie mit Limonadeersatz hinunter. Dann war die Feier auch schon zu Ende. Als die anderen gingen, blieb ich noch, um Roman und seinen Eltern beim Aufräumen zu helfen. Dann half mir Roman, das Grammophon nach Hause zu tragen.

Er dachte nicht einmal daran, eine Rikscha zu

rufen. Zum erstenmal waren wir beide allein, abgesehen von der lärmenden Menge, die uns umwimmelte. Wir redeten und lachten auf dem ganzen Weg und kamen auf viele Dinge, die wir uns erzählen konnten. Als wir am Eingang unseres Hauses angelangt waren, drückte mir Roman fest die Hand und fragte, ob ich ihn gern wiedersehen würde. Seine klaren Augen blickten diesmal ernst.

Am nächsten Abend hörte ich ihn auf der Straße unter meinem offenen Fenster »Rosamunda« pfeifen. Ich lief hinunter, und wir gingen wieder spazieren. Die nächsten drei Wochen verbrachten wir unsere ganze freie Zeit zusammen, Tag für Tag. Ich arbeitete jetzt voll auf dem Friedhof. Auch Roman hatte Verpflichtungen; er verdiente sich etwas durch Mathematikstunden. So blieben uns nur die Abende. Für gewöhnlich schlenderten wir durch die Straßen; es gab keine schöne Gegend, die man hätte besuchen können. Manchmal kam Roman herauf und blieb in meinem Zimmer bis kurz vor Ablauf der Ausgehfrist. Mutter und Sophie waren immer bei uns, und beide freuten sich über Romans Besuche ebenso wie ich. Seine besondere Begabung, Geschichten zu erzählen, seine Lebendigkeit und sein mitreißender Humor brachten uns zu der Überzeugung, daß er später Schriftsteller oder Schauspieler oder beides werden würde.

Einmal lud mich Roman ins Kabarett ein. Es hieß »Sztuka« (»Kunst«) und war im letzten Winter in der Leszno eröffnet worden. Ich hatte mir all diese Monate gewünscht, es zu besuchen, und es machte mich überglücklich, hier neben Roman zu sitzen. Das Programm war gut. Stars der Vorkriegszeit sangen alte Lieder, doch daneben ging es um den Alltag im Ghetto. Bitter und scharf geißelten die Sketche und Couplets erbarmungslos Korruption und Gleichgültigkeit, zeigten sie die Schwäche unserer »schönen Stabilität«, brachten sie das Publikum zum Lachen und zum Weinen. Wir waren tief bewegt, als wir gingen.

Es tat gut, mit Roman zu reden, es tat gut, bei ihm zu sein. Wir mochten dieselben Dinge, lasen dieselben Bücher. Es war auch schön, zusammen zu schweigen. Ich wollte allein mit ihm sein und sehnte mich nachts nach ihm, wenn ich fürchtete, es könne ihm etwas Schreckliches geschehen. Ich war verliebt.

21. Juli 1942

*Man kann nirgendwo hin, es ist unmöglich, allein zu sein. Die Straßen stöhnen und schreien mit tausend Stimmen, sie stinken nach faulenden Fischen und sterbenden Menschen. Wohin wir gehen, wohin wir blikken – überall häßliches Elend. Also laufen wir weg und verstecken uns vor allem in der Wohnung. Hier sind wir jedenfalls sicher vor Geschrei und Gestank. Aber nicht vor anderen Menschen.*

*Wir haben diesen Nachmittag damit verbracht, auf Henryks Couch im Korridor zu sitzen. Eine Zeitlang war niemand in der Nähe, und Roman streichelte meine Wange, und ich streichelte seine, und wir rückten dicht zusammen. Aber dann öffnete Jadwiga plötzlich ihre Tür, ging zur Toilette, kam zurück. Dann ging Sophie hin und her. Dann kam Henryk von seinem Nachmittagsspaziergang nach Hause, zwinkerte uns zu und zog sich in die Küche zurück, um uns das Gefühl zu geben, ungestört zu sein. Ich hielt es kaum noch aus, und so bat ich Roman zu gehen. Meine Augen füllten sich mit Tränen, als ich es ihm sagte.*

*Als wir uns verabschiedeten, flüsterte mir Roman etwas Seltsames ins Ohr. Er sagte, wir könnten nur dann allein sein, wenn wir in ein Hotel gingen. Es gebe ein geheimes Hotel im Ghetto, sagte er, und er habe genug Geld, um ein Zimmer für eine Nacht zu nehmen. Wir könnten morgen hingehen, wenn ich wolle. Er sah mich nicht an, als er das sagte, und lief dann schnell weg.*

*Jetzt sitze ich am Fenster und denke über alles nach. Alle anderen schlafen tief. Ich wollte auch mit niemandem darüber reden. Nicht einmal mit Mutter. Was soll ich tun? Was soll ich ihm morgen sagen? Ein Hotelzimmer… Erbärmlich, entwürdigend, jedenfalls wenn man nach den französischen Romanen geht. Das Bild einer gefallenen Frau in Lumpen taucht auf. Aber es ist die einzige Möglichkeit für uns, allein zu sein. Für eine Weile, für eine Stunde, für eine ganze Nacht… Gott! Ich will es, ich sehne mich danach. Ja, ich werde morgen mit ihm gehen!*

Komm, milde, liebevolle Nacht! Komm gib
Mir meinen Romeo …

Am nächsten Tag, am 22. Juli 1942, begannen die Massendeportationen der Menschen aus dem Warschauer Ghetto.

# *Die Mauern werden enger*

*Die Anzahl der Deportierten betrug täglich 5000 bis 7000; manchmal waren es 13 000. [...]*

*Manche der Opfer, die sich aus Hunger in ihr Schicksal ergaben, meldeten sich freiwillig auf dem »Umschlagplatz«*, verlockt von der Aussicht auf Essen, das die Deutschen den Freiwilligen boten, und durch das Versprechen, nach ihrem Transport in »den Osten« könnten sie frei leben und arbeiten. [...]*

*Anfangs nahmen die Deutschen einige Gruppen von den Deportationen aus: Beschäftigte der Ghettofabriken, Mitglieder des Judenrats**, Angehörige der jüdischen Polizei, Krankenhauspersonal, jeweils samt den Familien. Tausende von Juden versuchten fieberhaft, Nachweise einer solchen Tätigkeit zu bekommen. Im Lauf der Zeit schützten selbst diese »sicheren« Kategorien nicht mehr vor der Deportation. [...]*

*Die Anzahl der Opfer, einschließlich der im Ghetto Ermordeten und der nach Treblinka Deportierten, er-*

* Für die Massendeportationen verwandelten die Nazis das Stationsdepot an der Stawki in Warschau in einen Sammelplatz, den »Umschlagplatz«. Die Opfer wurden dorthin geschleppt und in einen von einem hohen Zaun umgebenen Hof oder in ein verlassenes Gebäude gesteckt, bis die Güterwagen kamen, in denen man sie abtransportierte. Der »Umschlagplatz« wurde von SS-Leuten, Hilfstruppen und jüdischer Polizei bewacht.

** Der Judenrat wurde während der deutschen Besetzung auf Befehl der Nazis als eine Erweiterung des bereits in der Vorkriegszeit vorhandenen Judenrats etabliert. Er sollte sich um die Belange der Ghettogemeinschaft kümmern und die Befehle der deutschen Behörden ausführen.

*reichte insgesamt etwa 300 000, bei 370 000 Ghettobewohnern vor dem Juli 1942. [...]*

*Diese große »Aktion« vollzog sich vom 22. Juli bis zum 13. September 1942. [...]*

Encyclopaedia Judaica, *Band 16*

Während der ersten drei Tage der »Aktion« blieb ich in der Wohnung, Julians strikter Anweisung folgend, keinen Fuß auf die Straße zu setzen. Am Morgen des 22. Juli erschien Julian mit seinem Knüppel und seiner marineblauen Mütze vor unserer Tür. Er war äußerst nervös und sagte, in ein oder zwei Stunden beginne die Deportation. Solange es für die ersten täglichen Kontingente von zu Deportierenden Freiwillige und Bettler gebe, seien wir sicher, sofern wir zu Hause blieben; sonst könne man uns ergreifen und in einen Wagen zu den Bettlern stecken. Wir müßten alles tun, um zu vermeiden, in einen Zug nach Osten zu kommen, sagte er; die Bedingungen in den Arbeitslagern seien grauenhaft. Das brauchte er nicht zu betonen, denn wir in der Leszno hatten den Deutschen ohnedies nie getraut. Julian versprach, sich um Mutter, Sophie und mich zu kümmern und sich, sobald es ging, um einen Ausweg für uns zu bemühen. Zunächst mußte er aber an seine eigene Mutter denken. Er schlug vor, daß Stefan, Jadwiga und Henryk alles in ihren Kräften Stehende tun und jede mögliche Beziehung nutzen sollten, um eine Stelle in einer der deutschen Fabriken innerhalb oder außerhalb des Ghettos zu bekommen. Dafür sollten sie trotz der Gefahr aus dem Haus gehen.

Ich blieb zu Hause und quälte mich mit Gedanken darüber, was aus meiner Liebe werden sollte. Was auch immer geschah – ich wollte bei Roman sein. Nach einer Nachricht von ihm sehnte ich mich verzweifelter als nach dem sicheren Ort, den Julian für uns finden wollte. Doch es kam keine Nachricht.

Am vierten Tag konnte ich das Warten nicht mehr

ertragen. Taub gegen das Flehen meiner Mutter machte ich mich auf den Weg zum »Kleinen Ghetto«. Es war ein klarer, sonniger Hochsommertag. Zunächst wirkten die Straßen unheimlich ruhig, fast menschenleer. Ohne mich umzusehen, ging ich ganz schnell durch die Leszno, bis ich in das Gewirr der schmalen Gassen eintauchte, die zu Romans Wohnung führten. Dort fand ich mich auf einmal inmitten einer von panischer Angst erfaßten Menge. Auf einem kleinen Platz versuchte eine Anzahl Männer – jüdische Polizisten und zivile Helfer –, einen Schwarm schreiender Menschen in einem mit ihren Händen gebildeten Kreis zu halten. Andere Polizisten liefen die Seitengassen auf und ab, um weiterer Opfer habhaft zu werden, die sie dann heftig mit sich zerrten und gewaltsam in den Kreis stießen. Unmittelbar hinter einem großen Gebäude warteten zwei Lastwagen. Einige deutsche Soldaten standen, lässig an sie gelehnt, mit schußbereiten Gewehren da und sahen plaudernd und lachend zu, wie man die Leute zusammentrieb.

Plötzlich löste sich einer der Männer aus dem tödlichen Ring, packte mich am Arm und begann daran zu zerren, als wolle er mich in den Kreis zwingen. Aber er tat nur so. Ich erkannte ihn sofort: Es war Herr N., Stefans Freund. Er war beim Judenrat beschäftigt; offenbar hatte man ihm befohlen, aktiv an dieser Menschenjagd teilzunehmen. Sein Gesicht war weiß, von Angst und Schmerz verzerrt, und seine Hände zitterten. Mit gespielter Brutalität stieß er mich in einen Torgang und flüsterte mir eindringlich zu: »Lauf, Kind, lauf nach Hause, so schnell du kannst.« Er zeigte mir einen schmalen Gang zwischen zwei Gebäuden. Entsetzt rannte ich ohne ein weiteres Wort davon. Wie ich nach Hause kam, weiß ich nicht mehr.

Am nächsten Tag brachte mir ein kleiner Junge, den ich nicht kannte, einen Brief von Roman. »Meine süße Prinzessin«, stand da, »ich versuche alles, um in der Firma Schultz eine Stelle *für mich und für dich* zu finden. Wir *müssen* zusammenbleiben, was immer geschieht, wir *müssen* überleben. Verzweifle nicht, mein süßes kleines Mädchen, ich komme zu dir, so bald ich kann.« Es gab keine Möglichkeit zu antworten: Der kleine Junge war verschwunden, und die Post hatte ihren Dienst seit Beginn der »Aktion« eingestellt.

Wir warteten. Von Julian kam keine Nachricht, auch nicht von den Leuten, die versprochen hatten, etwas für Stefan, seine Frau und seinen Schwiegervater zu finden. Die »Aktion« lief bereits auf Hochtouren. Tag für Tag, auch samstags und sonntags, begann sie um acht Uhr morgens und endete um vier Uhr nachmittags. Wir lernten schnell, nach diesem Stundenplan zu leben: Wir gingen frühmorgens weg, um vor acht wieder im Haus zu sein, und dann wieder abends bis zum Ende der Ausgehfrist. Die Straßen, verlassen während der langen Stunden der täglichen Schrecken, belebten sich in dieser kurzen Zeit wieder. Die Leute schwärmten aus, um zu erfahren, ob ihre Verwandten und Freunde die »Aktion« des Tages überlebt hatten, um noch einmal zu versuchen, in die Fabriken zu kommen, um mit Freunden auf der »arischen« Seite zu telefonieren, um ein paar Bissen aufzutreiben. Alle Läden, Cafés und Restaurants waren seit Beginn der Deportationen geschlossen, alle Eingänge zum Ghetto von den Nazis hermetisch abgeriegelt. Die Lebensmittel wurden knapp. Doch an den Abenden wuselten geschäftige Händler durch die Straßen und verkauften zu Höchstpreisen Brot, Kartoffeln und Süßigkeiten.

Die Bettler auf den Bürgersteigen waren verschwunden, die Hilferufe verstummt. Die Elendesten der Elenden hatte man an den allerersten Tagen der »Aktion« weggefegt und in die Züge befördert. Die Waisenhäuser, Altersheime und Flüchtlingsunterkünfte des Ghettos hatte man allmählich auch »gesäubert«. Jetzt begannen die Nazis systematische Durchsuchungen von Haus zu Haus, eifrig unterstützt von ukrainischen und lettischen Truppen sowie von der jüdischen Polizei. Häuser wurden umstellt, ihre Ausgänge blockiert, die Bewohner in die Hinterhöfe getrieben und auf ihre Papiere kontrolliert. Nur wer einen Ausweis hatte und damit seine Nützlichkeit für die Deutschen nachwies, wurde von der Deportation ausgenommen. Alle anderen mußten sich in Reihen aufstellen und zum »Umschlagplatz« marschieren. Währenddessen wurden ihre Wohnungen durchsucht; fand man einen Versteckten, wurde er in der Regel auf der Stelle erschossen.

Anfang August erfuhren wir, daß das »Kleine Ghetto« nicht mehr existierte; seine Bewohner hatte man deportiert oder weiter nach Norden gedrängt. Wir wußten, daß Julian und Oma Wiera nichts geschehen war; sie waren umgezogen. Doch von Roman kam keine Nachricht. Die Hoffnung, ihn wiederzusehen, schwand dahin. Wir warteten jetzt ständig darauf, selbst an die Reihe zu kommen, ohne große Hoffnung, vorher einen Ausweis zu erhalten. Und als es tatsächlich geschah, am 13. August, waren wir sechs noch immer ohne die begehrten Dokumente.

Das Haus Leszno 15 wurde am frühen Morgen umstellt und abgeriegelt. In unserer Wohnung im fünften Stock hörten wir den Tumult der in den Hof stürmenden Truppen, einen ohrenbetäubenden Pfiff und dann den lauten deutschen Ruf: »Alle Juden raus, schnell, schnell, alle Juden herunter!«, in polnisch wiederholt. Darauf folgten trappelnde Geräusche im Treppenhaus, hinunter ins Verderben. Dann Schreie, Brüllen, Pfiffe, Klagen im Hof. Schließlich fielen zwei Schüsse. Es war entsetzlich.

Wir blieben in unserer Wohnung, wartend, lauschend. Wir hatten schon vor langer Zeit beschlossen, nicht zu gehorchen, nicht auf Befehl hinunterzugehen. Sofort erschossen zu werden schien uns weit besser als ein langes, langsames Sterben unter Schmerzen und Demütigungen. Folgten wir der Aufforderung, hatten wir keinerlei Möglichkeit davonzukommen; folgten wir nicht, hatten wir wenigsten eine geringe Überlebensaussicht. Also saßen wir still und lauschten.

Bald hörten wir das Poltern schwerer Stiefel auf der Treppe; Schlösser wurden erbrochen, Türen aufgerissen. Die Jäger durchkämmten die Wohnungen. Wir hörten sie immer näher kommen, zum dritten Stock, zum vierten Stock. Schon vernahmen wir ihre Stimmen, hörten polnische und lettische Worte. Der vierte Stock hielt sie lange auf; offenbar plünderten sie ausgiebig. Jetzt hatten wir nur noch Minuten. Wir warteten.

Dann verkündete plötzlich ein anhaltender schriller Pfiff und ein deutscher Befehl auf dem Hof das Ende der Jagd, und die Jäger zogen sich zurück.

Wir waren verschont geblieben.

Bis zum Ende des Tages harrten wir in der Wohnung aus, unfähig, uns zu bewegen, nachzudenken oder zu entscheiden, was wir jetzt tun sollten. Wir lauschten weiter angespannt, doch überall herrschte Totenstille. Das Haus schien leer. Gegen Abend wagte sich Stefan hinaus, um zu sehen, was vor sich ging. Bald kam er mit Neuigkeiten zurück. Zwei Nachbarn, die in deutschen Fabriken beschäftigt waren, hatten bei der Rückkehr von der Arbeit ihre Wohnungen ausgeplündert vorgefunden; ihre Familien waren verschwunden. Laut einem Anschlag am Tor hatten die Bewohner unseres Hauses und der meisten anderen Häuser in der Leszno am folgenden Tag ihre Wohnungen zu verlassen. Wer von der Deportation ausgenommen war, mußte weiter nach Norden ziehen; alle anderen hatten sich auf dem »Umschlagplatz« zu melden. Zuwiderhandelnde würden erschossen, drohte der Anschlag. Die zu räumenden Häuser waren am Schluß genauestens aufgelistet.

Nach einer schlaflosen Nacht beschloß meine Familie, vorerst zu Onkel Leo zu ziehen, der in einem nahe gelegenen Haus in der Leszno wohnte, das in dem Anschlag nicht erwähnt war. Wir packten alles zusammen, was wir tragen konnten, und wollten eben das Haus verlassen, als Julian auftauchte, um zu erfahren, ob wir die Hetzjagd überlebt hatten. Er weinte fast, als er uns am Leben fand, und versprach erneut, sich sehr bald um Mutter, Sophie und mich zu kümmern. Etwas ruhiger verließen wir die Wohnung.

Onkel Leo, bei dem wir an diesem Morgen einfielen, war weder erfreut noch entsetzt, uns sechs mit unserer Habe vor seiner Tür zu sehen. Er nahm unser Kommen einfach hin. Er war ein ungewöhnlicher Mann. Wie die meisten meiner Onkel war er Arzt. Doch im Gegensatz zu allen anderen in unserer Verwandtschaft hatte er eine politische Vergangenheit. Vor dem Krieg war er in einige linksgerichtete Aktivitäten verwickelt gewesen, und er galt als Mitglied einer internationalen Organisation, die verfolgte Kommunisten unterstützte. Jetzt war er über Fünfzig, beleibt und fast kahl, doch immer noch von großem Charme. Mit seiner Frau, deren Schwester und zwei erwachsenen Nichten lebte er in seiner eigenen Vorkriegswohnung im Ghetto. Seit Beginn der »Aktion« hatte sich der Haushalt verdreifacht; es gehörten jetzt zwei Pianisten dazu, Schüler von Onkel Leos Frau, ferner die Freunde der beiden Nichten, meine Tante Maryla mit ihrer Mutter und ein junges Paar mit einem kleinen Sohn. Jetzt kamen auch wir noch hinzu. In einem der vier Räume legten wir unsere Bündel auf den Boden und begannen wieder einmal eine neue Art des Lebens.

Onkel Leo war die Energie in Person und ging sofort daran, Verbindung zu Leuten aufzunehmen, die seiner Familie und seinen Freunden irgendwie zu einer sicheren Zuflucht verhelfen konnten. Er fürchtete, sein Haus würde sehr bald umstellt und geräumt.

Als Arzt, der im Krankenhaus arbeitete, besaß er selbst einen »guten« Ausweis. Seine Frau war aus demselben Grund »sicher«. Doch sonst hatte niemand im Haushalt eine solche Sicherheit. So versuchte Onkel Leo in zahlreichen Telefonaten verzweifelt, mit Freunden, Bekannten, einflußreichen Patienten innerhalb und außerhalb des Ghettos Absprachen zu treffen. In wachsender Spannung wartete die kleine Schar der von ihm Abhängigen auf Ergebnisse. Im Verlauf unseres ersten Tages dort konnten sich die Glücklichsten dann nacheinander auf den Weg machen.

Wir verbrachten eine zweite schlaflose Nacht auf dem Boden. Bei Sonnenaufgang erwachten die Wände zum Leben; schwarze Punkte gerieten in Bewegung – Wanzen. Für den Fall einer Durchsuchung befahl Onkel Leo an diesem Morgen allen, den Tag in dem Versteck zu verbringen, das schon vor langer Zeit sorgsam hergerichtet worden war. Es war ein winziger fensterloser Raum neben der Küche, der vor dem Krieg als Bedienstetenschlafzimmer gedient hatte. Die Tür zur Küche war außen genau wie die Küchenwände mit Fliesen belegt und hatte keinen Griff; von innen verschlossen, war sie so von der Küchenseite her gänzlich unsichtbar. Sie war mit zwei schmalen Bänken ausgestattet, die etwa zehn Leute aufnehmen konnten; es gab Wasserkrüge, Stapel trockener Kekse und zwei Eimer. Kleine, durch die Außenwand getriebene Löcher sorgten für gerade so viel Licht und Luft, daß man einander sehen konnte und nicht erstickte. Wir waren in dem Raum zu dreizehnt, einschließlich des dreimonatigen Babys, das etwas Alkohol bekam, damit es die meiste Zeit ruhig schlief. Dichtgedrängt verbrachten wir so acht Stunden, kaum atmend, wenig redend, in dumpfer Angst und Langeweile. Wir lauschten angestrengt, um mitzubekommen, was draußen vor sich ging. Ab und zu hörten wir bedrohliche Geräusche von der Straße. Am späten Nachmittag erlöste uns Onkel Leo, der sich nicht mit uns versteckt hatte. Wir erfuhren von ihm, daß während des Tages mehrere Häuser umstellt und geräumt worden waren. Unser Haus war verschont geblieben – noch. Inzwischen war es Onkel Leo gelungen, für weitere sechs von uns etwas zu erreichen. Eine Stunde später nahmen wir blutenden Herzens Abschied von Stefan, Jadwiga und Henryk, die endlich Stellen in der Fabrik von Schultz & Co. bekommen hatten. Sie verschwanden hastig. Dann tauchte ein geheimnisvoller Mann in langen Stiefeln und Lederjacke auf, um Maryla, ihre Mutter und Onkel Leos Schwägerin auf die »arische« Seite zu führen; er sah nicht jüdisch aus. Auch sie gingen rasch. Onkel Leo und seine Frau wollten im Krankenhaus bleiben, das für sie sicherer schien. So blieben Mutter, Sophie und ich nur mit dem jungen Paar und dem Baby in der Wohnung. Der junge Vater führte verzweifelte Telefongespräche mit seinen Freunden auf der »arischen« Seite, um für die drei ein Versteck zu finden. Unsere Zukunft lag immer noch in Julians Hand.

Wir hörten von ihm am nächsten Morgen. Er rief an und sagte, er habe endlich etwas für uns gefunden und werde uns anderntags an einen sicheren Ort bringen. Inzwischen sollten wir die Leszno sofort verlassen und in den nördlichen Teil des Ghettos gehen. Er schlug Großtante Bellas Wohnung in der Nowolipie vor; von dort werde er uns am nächsten Abend abholen, und dann brauchten wir uns keine Sorgen mehr zu machen.

Jetzt hatten wir ein klares Ziel: einige Tage zu überleben. Es war jedoch zu spät, um Onkel Leos Wohnung noch an diesem Morgen zu verlassen. Früher als gewöhnlich hörten wir die deutschen Fahrzeuge in die Leszno kommen. Mit der jungen Familie eilten wir in unser Versteck und blieben dort bis zum späten Nachmittag. Wir wagten uns erst heraus, als alle Geräusche auf der Straße endlich erstorben waren.

Es war ein brennendheißer, bleierner Nachmittag. Die Welt jenseits der Fenster schien unheimlich still. Hastig rafften wir einiges von unserer Habe und etwas Dosennahrung zusammen und verließen die Wohnung. Als wir eben das Haupttor erreichten, hörten wir plötzlich in der Nähe die allzu vertrauten Geräusche harter Stimmen und bremsender Fahrzeuge. Es war zu spät, wieder nach oben zu rennen, es war zu spät, um nachzudenken. Impulsiv drehten wir uns um und hasteten in den Hof. Die Stimmen, die schweren Schritte näherten sich bereits dem Tor. In wenigen Sekunden würden uns die Jäger mitten auf dem sonnenbeschienenen Hof entdecken. Da sah ich an dessen Ende einen baufälligen Zaun. Ohne nachzudenken, raste ich auf ihn zu, Mutter und Sophie mit mir ziehend. Mit aller Kraft stieß ich gegen die losen Planken, und sie gaben nach. Gerade noch rechtzeitig gelangten wir auf die andere Seite des Zauns. Wir befanden uns auf einem ruhigen Stück Grünland, das mir verblüffend bekannt vorkam: Es war das Gelände des zerstörten Heiliggeist-Krankenhauses, wo ich ein Jahr zuvor gearbeitet hatte. Einer plötzlichen Eingebung folgend lief ich zu den Resten der Fundamente des Gebäudes. Ich kannte es noch gut. Im Schutt verborgen war ein schmaler Eingang, der zu einem unzerstörten unterirdischen Gang hinunterführte. In dessen Dunkelheit getaucht, hörten wir deutlich die Geräusche der Hetzjagd an dem Ort, von dem wir soeben geflohen waren. Langsam und geräuschlos bewegten wir uns durch den stockdunklen Gang, bis wir sein Ende erreichten; der Ausgang war von Schutt versperrt. Wir blieben stehen. Mit klopfendem Herzen und angestrengt lauschend verharrten wir in der Dunkelheit. Wir hörten Pfiffe, Rufe, Schreie, gedämpft durch Steinhaufen und Trümmer. Die Zeit war fast stehengeblieben, die ganze Welt hörte auf zu existieren; es gab nur noch die wütenden Jäger unter der sengenden Sonne und uns drei, in der Dunkelheit versunken. Die Zeit schleppte sich dahin.

Plötzlich hörten wir Schritte über unseren Köpfen. Zwei Männer waren da, sprachen laut. Wir begriffen sofort: Sie durchsuchten das Gelände. Starr vor Schreck klammerten wir uns an die Trümmer. Ich fühlte mein Herz tief in der Kehle flattern. Die Schritte kamen näher, kamen herunter. Die Jäger hatten den unterirdischen Gang betreten. Dann blieben sie stehen, schienen zu zögern. »Jemand da?« Der laute, harte Ruf, vom Echo verstärkt, war wie ein tödlicher Schuß. Ein scharfer Lichtstrahl wanderte über die feuchten Wände des Gangs, kam näher und näher, erreichte uns aber nicht – noch nicht. Das Herz blieb mir in der Kehle stecken. Der Tod, der Tod näherte sich. Dann ein hartes, bestimmtes »Niemand!«. Das Licht verschwand, die Schritte erstarben. Stille. Dunkelheit. Furcht.

Fast erstarrt an die Wand des Gangs gedrückt, wagten wir viele Stunden nicht, unser Versteck zu verlassen. Als wir es endlich taten, hatten die tiefe Nacht und das Ausgehverbot die Welt bereits in Schatten gehüllt. Um diese Zeit blieb uns nichts anderes übrig, als in Onkel Leos Wohnung zurückzugehen. Wir fanden die Tür offen, die Möbel umgeworfen, den Boden übersät von Glasscherben und den Federn aufgeschlitzter Kissen. Wir liefen in die Küche. Niemand war da. Die Tür des Verstecks von gestern stand weit offen; auch hier war niemand. Der leere Kinderwagen steckte unter dem Spülbecken in der Küche. Die nasse Windel des Kindes lag auf dem Tisch. Der Schnuller des Kindes lag auf dem Boden.

Früh am nächsten Morgen machten wir uns auf

zur Nowolipie. Als wir das Haus betraten, jagte mir der Gedanke durch den Kopf, Großtante Bella könne längst deportiert oder erschossen sein. Zu meiner großen Erleichterung jedoch war sie da. Sie war blaß und ungewohnt schlank, aber lebhaft und ungebrochen. Warmherzig und frohgemut wie stets begrüßte sie uns. »Ich kämpfe noch immer gegen Hitler, wie ihr seht«, sagte sie, uns nacheinander küssend. »Allerdings macht es derzeit nicht viel Spaß, wenn man Graupen statt Kaviar bekommt.«

Der Tag zog sich endlos dahin. In dem kleinen Zimmer war es schrecklich heiß und muffig, dabei totenstill. Wir lauschten angestrengt; die Ereignisse des letzten Tages und der letzten Nacht wurden wieder lebendig. Ich versuchte, das Datum herauszufinden. Großtante Bella, die ein Tagebuch geführt hatte, half mir: Es war Dienstag, der 18. August – es war mein Geburtstag, wahrscheinlich der letzte. Ich war sechzehn.

Julian kam, wie versprochen, um uns kurz vor Ablauf der Ausgehfrist wegzubringen. Er bedauerte, nichts für Bella tun zu können, doch sie winkte ab; sie sei die ganze Zeit allein zurechtgekommen und brauche keine Hilfe. Wir gaben ihr unsere letzten drei Dosen und ließen die alte Frau voller Gewissensbisse zurück.

Unser neues »Heim« lag nur fünf Minuten von Großtante Bellas Wohnung entfernt, weiter nördlich, in der Nowolipki 18. Julian erklärte, das Ghetto sei jetzt auf einzelne Häuserblocks reduziert, in denen nur jene Juden wohnten, die von der Deportation ausgenommen waren: Fabrikarbeiter, einzelne Mitarbeiter des Judenrats, Krankenhauspersonal und die jüdische Polizei. Diese Leute bekamen besondere Karten, die sie dazu berechtigten, im Ghetto zu leben. Die Frauen der von der Deportation ausgenommenen Männer durften ebenfalls bleiben, nicht aber ihre Kinder und ihre Eltern. Etwas prahlerisch verkündete Julian, er habe einen einflußreichen Bekannten und eine große Geldsumme aufgeboten, um zwei solche Karten für seine beiden »Ehefrauen« zu bekommen – die eine war Oma Wiera, die andere meine Mutter. Oma war die »Ehefrau«, die mit ihm im Krankenhaus leben sollte, während Mutter die Frau eines Polizisten spielen und ohne ihren »Ehemann« im Polizeiblock wohnen sollte. Für Sophie und mich gab es selbstverständlich keine Karten. Trotzdem blieben wir bei Mutter; andere Möglichkeiten gab es nicht.

An dieses neue »Heim« und die nun folgenden Tage erinnere ich mich nur verschwommen. Vier oder fünf Familien von Ärzten, die bei der jüdischen Polizei arbeiteten, waren in dieselbe schäbige Wohnung gepfercht, samt ihrem Bettzeug, ihrem Kochgeschirr und ihren Koffern; sie waren grob, streitsüchtig und leicht reizbar. Mangels Unterstützung durch einen Mann wurden wir sofort in das schlechteste Zimmer gesteckt, durch das der Weg zur Toilette führte. Das bedrückte uns indes nicht besonders. Nach dem Schrecken der vergangenen Tage und Nächte fühlten wir uns irgendwie erleichtert. Ein seltsamer Mechanismus machte uns glauben, wir seien hier sicher – jedenfalls für die nächste Zeit. Derselbe Mechanismus machte uns gleichgültig gegenüber dem, was außerhalb des Polizeiblocks geschah, gegenüber dem Schicksal von Zehntausenden von Menschen, die täglich zum »Umschlagplatz« und dann in die Züge getrieben wurden. Jeden Tag hörten wir von Augenzeugen haarsträubende Berichte über den »Umschlagplatz«: von Polizisten, die ihren Dienst verrichteten, oder von Leuten, denen man für Geld oder aus Mitleid zur Flucht verholfen hatte.

Zu diesem Zeitpunkt, denke ich, waren die Nachrichten von den Gaskammern, die statt der Arbeitsbaracken auf die Deportierten in Treblinka warteten, bereits von den wenigen, die entkommen konnten, im Ghetto verbreitet worden. Doch es dauerte ziemlich lange, bis wir davon hörten. Wir dachten kaum daran, was unseren zahlreichen Freunden und Verwandten geschehen sein mochte. Seitdem wir nicht mehr in der Leszno wohnten, hatten wir jede Verbindung mit ihnen verloren. Selbst meine Liebe verblaßte allmählich, versank in der Vergessenheit, wurde zu einer Art Traumvorstellung. Doch ich strengte weiter meine Augen an, um Roman unter den Fremden zu entdecken, die in den Höfen und Gängen zwischen den Häusern des Polizeiblocks kauerten.

Seit dem Tag, an dem wir uns von Stefan, Jadwiga und Henryk verabschiedet hatten, war ich das eigentliche Haupt der Familie. Ohne ihren Bruder fühlte sich Mutter unsicher und hilflos. Nun mußte ich mich um die Bedürfnisse unseres Alltags kümmern, mußte sehen, wie wir uns einrichteten, mußte Lebensmittel auftreiben, kochen. Auch hatte ich Mutter und Sophie zu sagen, was zu tun sei, und alle möglichen Entscheidungen für sie zu treffen. Sie akzeptierten dankbar meine Führungsrolle. Sophie, meine tapfere kleine Adjutantin, war zu jeder Hilfe bereit. Stets blieb sie ruhig und gelassen, stellte selten Fragen; sie verstand.

Alle Häuserblocks des geschrumpften Ghettos hatte man mit Zäunen und Stacheldraht umgeben, um jeglichen Kontakt zu unterbinden. Der Block, in dem die Arbeiter von Schultz & Co. wohnten, war ganz nahe bei unserem Haus; doch trennte ihn ein hoher Holzzaun von den Polizeiwohnungen. Auf irgendeine Weise kamen wir mit Stefan in Verbindung und konnten ein Treffen vereinbaren – zu einem bestimmten Zeitpunkt an einer bestimmten Stelle beiderseits des Zauns. Zwischen zwei Holzplanken war eine Lücke, durch die wir uns sehen und miteinander reden konnten. Der frühe Abend war mild und ruhig. Zum Glück war niemand in der Nähe. Stefan kam mit Jadwiga und Henryk, und wir wechselten uns auf beiden Seiten vor der Lücke ab, so daß wir uns alle sahen und jeder mit jedem ein paar Worte sprechen konnte. Stefan sagte, er glaube weder an ihre noch an unsere Sicherheit; wir sollten uns mit Tante Maria in Verbindung setzen und sie bitten, so bald wie möglich ein Versteck für uns auf der »arischen« Seite zu finden. Jadwiga erzählte, sie müßten sehr hart arbeiten; zehn Stunden täglich nähten sie Unterwäsche für deutsche Soldaten. Von ihr erfuhr ich, daß Hanka und ihre Mutter lebten und wohlauf waren; sie arbeiteten in derselben Fabrik. Mit einem plötzlichen Funken Hoffnung fragte ich nach Roman. Nein, Jadwiga hatte ihn nicht gesehen. Doch Tausende arbeiteten in der Fabrik und wohnten in dem Block, sagte sie; es sei unmöglich, sie alle zu sehen.

Henryk war der letzte, der mit uns sprach. Er flehte uns an, ihn durch die Zaunlücke zu küssen. Er preßte seine Wange in die Öffnung, und wir küßten sie nacheinander. Dann taten wir dasselbe, und er küßte uns alle auf die Wange. Ich geriet ganz außer Fassung – wenn ich auch nicht wußte, daß wir uns zum letztenmal von Henryk verabschiedeten.

In der Frühe des 6. September, eines Sonntags, wurden wir plötzlich von unseren Mitbewohnern geweckt, die wie wahnsinnig auf und ab liefen und ihre Habe zusammensuchten. Ein neuer Anschlag, der an diesem Morgen um vier Uhr an die Wände des Polizeiblocks gehängt worden war, forderte dessen Bewohner auf, vor zehn Uhr morgens ihre Wohnungen zu räumen und einstweilen weiter nördlich zu ziehen, in die Wołyńska. Die Wohnungen mußten offen bleiben. Jeder, der nach zehn Uhr im Block gefunden werde, werde erschossen.

Uns blieben weniger als vier Stunden. Es gab Gerüchte, wir müßten nur zu einer neuen Registrierung in die Wołyńska; aber auch das schlimme Wort »Selektion« war zu hören. Welches der Gerüchte stimmen mochte – für mich und Sophie bedeutete beides eine tödliche Gefahr. Wir waren »wilde«* Bewohner des Polizeiblocks, ohne die erforderliche Karte und damit ohne Lebensrecht. Sollten wir mit Mutter gehen oder im Block bleiben? Oder sollten wir zusammen zurückbleiben und ein Versteck suchen? Aber dies würde bedeuten, daß Mutter versäumte, wieder registriert zu werden und die für uns so lebenswichtige neue Karte zu bekommen. Mutter war völlig verzweifelt, und ich mußte entscheiden, was zu tun sei. Alle unsere Nachbarn nahmen ihre »wilden« Kinder mit. Niemand wollte sich von seiner Familie trennen, wir am wenigsten. Ich entschloß mich schnell: Sophie und ich würden mit Mutter gehen. Was immer auch geschehen mochte: Wir blieben zusammen.

Dann stellte sich die Frage, was wir mitnehmen sollten. So arm wir jetzt waren, hatten wir immerhin Kleider, Bettzeug und einige Andenken, die Julian neulich aus Onkel Leos Wohnung hatte holen können. Wir beschlossen, nur wenig mitzunehmen, wohl wissend, wie hinderlich uns diese Dinge werden konnten, wenn wir uns verstecken oder weglaufen mußten. Da damit zu rechnen war, daß die Wohnung später durchsucht wurde, bestand Mutter darauf, ihre kostbarsten Andenken zu verbrennen, die sie stets in einem Köfferchen aufbewahrt hatte. Sie konnte das aber nicht selbst tun. Ich ging in die Küche, machte Feuer im Ofen und verbrannte nacheinander den Inhalt des Koffers. Dazu gehörten alte Fotos, einige Gedichte, die Mutter in jungen Jahren geschrieben hatte, Vaters Liebesbriefe, ein Bund getrockneter Mimosen. Ich wußte, daß sie ihn von Vater bekommen hatte, als er ihr seine Liebe erklärte. Er fing sofort Feuer und wurde rasch von den Flammen verzehrt. Ich konnte die Tränen nicht zurückhalten.

* In der Ghettosprache war jeder »wild«, der nach der ersten Deportation ohne Erlaubnis auf dem verkleinerten Ghettogebiet wohnte – ein Mensch ohne »Lebensnummer«.

Es schien vernünftig, etwas zum Essen mitzunehmen. Doch wir besaßen nur ein paar rohe Kartoffeln, die ich tags zuvor von einem jüdischen Arbeiter gekauft hatte, der außerhalb des Ghettos beschäftigt war. Ich beschloß, sie nicht mitzunehmen. Es war Ballast, und falls wir zurückkämen, würde dies in Bälde geschehen.

Auf den Straßen drängten sich Tausende; mit ihren Babies, ihren Bündeln und ihren schweren Taschen schoben sie sich nach Norden. Offenkundig mußten alle Blocks des Ghettos geräumt werden, waren alle Bewohner angewiesen, sich an diesem Morgen auf engstem Raum zusammenzufinden. Leute aus Fabriken und den Blöcken des Judenrats tauchten jetzt unter uns auf. Ich hörte jemanden sagen: »Die jüdische Polizei, geschieht ihnen recht!« Blicke trafen mich; ich war ganz verstört. Doch meine Blicke suchten Roman in der Menge.

Die Wołyńska, die ich noch nie gesehen hatte, war eine der ärmsten, schäbigsten, schmutzigsten Straßen Warschaus. Die Häuser waren schrecklich verwahrlost. Ihre früheren Bewohner mußten vor langer Zeit deportiert worden sein. Alle Wohnungstüren standen offen und enthüllten gräßliche Bilder der Verwüstung und des Unrats. Die Neuankömmlinge wurden von jüdischen Polizisten hineingetrieben und sanken nebeneinander auf den Boden. Wir betraten eine der elenden Wohnungen und setzten uns, den Rücken zum Glück gegen die Wand. Ständig strömten die Menschen herein. Frauen stöhnten laut, Kinder weinten. In Sekunden war der Raum überfüllt. Von einem Polizisten, der sich um seine eigene Familie neben uns kümmerte, hörten wir, daß unser Aufenthalt in der Wołyńska einige Stunden oder auch einige Tage dauern könne. Niemand wußte genau, worum es hier ging. Plötzlich fiel uns ein, daß wir nichts zu essen hatten. Es war neun Uhr, eine Stunde vor dem Ausgehverbot. Trotz Mutters Flehen entschloß ich mich, in die Nowolipki zurückzugehen und die Kartoffeln zu holen. Eine der Familien, mit denen wir die Wohnung in der Nowolipki geteilt hatten, saß jetzt neben uns – Dr. Koenig mit seiner Frau und seinen beiden Söhnen. Der ältere Sohn, Adam, ein aufgeweckter Bursche von dreizehn Jahren, erbot sich, mich zu begleiten, was seine Mutter fast in Hysterie versetzte. Wir schlüpften hinaus und schoben uns gegen die Menge, die immer noch nach Norden wogte. Vor der Ecke angekommen, sahen wir lettische und ukrainische Soldaten durch die Nowolipki marschieren. Wir traten zurück und verbargen uns instinktiv im Eingang des nächsten Hauses. Dort war es totenstill; alle Bewohner schienen verschwunden. Ich wollte in die Wołyńska zurücklaufen, doch Adam packte mich am Arm und zog mich die Treppe hinauf. Die Wohnungstüren waren, wie befohlen, unverschlossen. Wir stürzten in die erste Wohnung. Ehe mir klar wurde, was wir bei fremden Leuten wollten, stöberte Adam schon herum und suchte nach Eßbarem. Bald entdeckte er sechs Dosen Ölsardinen, die auf einem Schrank versteckt waren. Er packte zwei in meine Tasche und behielt vier für sich – schon waren wir wieder draußen. Knapp vor zehn kehrten wir sicher in die Wołyńska zurück. Meine Gefühle schwankten zwischen Scham und Stolz.

Wir verbrachten den Tag auf dem Boden hockend, zwischen andere Familien gezwängt; man konnte kaum auf den Hof, wo der einzige holzgezimmerte Abort ständig von einer ungeduldigen Menge umlagert war. Nichts geschah. Wir warteten weiter. Julian war jetzt bei uns. Er erzählte, daß Großmutter tags zuvor auf die »arische« Seite gekommen war. In der Obhut ihrer jüngeren Schwiegertochter Halina schien sie jetzt vergleichsweise sicher. Julian hatte ihre Registrierungskarte für jemand anderen behalten. Seine neue »Gattin«, eine gutaussehende junge Frau, kuschelte sich schmachtend an ihn. Doch Julian schien kaum darauf zu achten; er wirkte bedrückt, abwesend. Ich merkte, daß er leicht betrunken war.

Als die Nacht kam, wagten wir es, eine meiner Dosen zu öffnen, und aßen die Sardinen mit den Fingern. Unsere Nachbarn wärmten Graupen auf einem Kocher, den sie vorsorglich mitgebracht hatten. Langsam, ganz langsam ging die dumpfe, angstdurchzitterte Nacht vorüber.

Am Morgen hörten wir, die Registrierung solle am Mittag auf dem nahen Platz stattfinden. Einige, welche die Registrierung vom Vortag überstanden hatten, berichteten, Tausende seien direkt von diesem Platz zum »Umschlagplatz« geschickt worden, nicht nur die ohne die alten Karten, Kinder und Alte vor allem, sondern auch Hunderte von Arbeitern, die in deutschen Fabriken beschäftigt waren. Entsetzt, mit letzter Hoffnung hätten die Leute versucht, in den wenigen verbleibenden Stunden ihre Kinder zu retten. Julian, der aus seiner Erstarrung erwacht war, suchte fieberhaft nach einem Freund, einem jungen Polizisten, dessen Frau eine Woche zuvor auf der Straße erschossen worden war. Er hoffte, der Witwer habe die Karte seiner Frau behalten. Endlich fand er ihn und fragte, ob er mich als seine Frau zur Registrierung mitnehmen könne. Doch der Polizist hatte das schon einer anderen Frau versprochen. Mir schien das ohnehin sinnlos: Selbst wenn die Möglichkeit bestanden hätte, wäre ich nicht mit diesem Mann gegangen; ich wollte Sophie nicht verlassen.

Die »Aktion« begann etwa um elf. Auf einen ohrenbetäubenden Pfiff folgte ein lauter deutscher Befehl, der alle zum Verlassen der Häuser aufforderte. Erschrocken und ergeben tauchten die Menschen auf den Straßen auf, ihre alten Karten bereithaltend, ihre Habe zurücklassend. In einem Anfall von Verzweiflung beschwor Julian Sophie und mich zu bleiben, wo wir waren, und schob Mutter und die junge Frau zur Tür; die drei verschwanden in der Menge.

Jetzt waren wir allein, Sophie und ich, in der verlassenen Wohnung, dem leeren Haus, inmitten zerstreuter Habseligkeiten. Totenstille hatte plötzlich den Lärm der letzten Stunden abgelöst. Wir wankten von Wohnung zu Wohnung in der Hoffnung, andere Menschen zu finden, Kinder vielleicht oder zurückgelassene alte Leute. Doch sie waren alle gegangen. Oder sie versteckten sich. Die schlichte Tatsache, daß wir jetzt jeden Moment entdeckt und erschossen werden konnten, berührte mich seltsamerweise überhaupt nicht. All meine Gedanken, Gefühle und Vorstellungen richteten sich auf den Platz, auf Mutter.

»Wenn Mama nicht zurückkommt, möchte ich nicht weiterleben«, sagte Sophie plötzlich. Genau das hatte ich auch gedacht. Wir waren jetzt wieder in der Wohnung, in der wir den letzten Tag und die letzte Nacht verbracht hatten. Ich ging in die Küche und starrte auf den Ofen. Doch es war nur ein einfacher Kohlenofen – Gas schien für dieses elende Stadtviertel offenbar zu luxuriös. Mein Blick fiel kurz auf ein langes, rostiges Messer, und ich zitterte vor Schrekken. Nein, nie, nicht so! Auf dem Küchentisch sah ich einen Kocher mit einer leeren Pfanne darauf. Daneben stand eine große Flasche, halb gefüllt mit purpurrotem denaturiertem Spiritus. Die Aufschrift »Gift!« und der schwarze Schädel darunter schienen mir zu verheißen: Das ist es, was du brauchst! Sophie stand neben mir und starrte mit weitaufgerissenen Augen auf die Flasche. Sie wußte, was ich dachte, und stimmte wortlos zu. Ich fand zwei schmutzige Becher, wusch sie gründlich unter dem Hahn und stellte sie neben die Flasche auf den Tisch. Dann holten wir zwei wacklige Hocker, setzten uns an den Tisch und warteten stumm. Mir war keineswegs klar, daß wir nicht nur überleben, sondern auch erblinden konnten, wenn wir die purpurrote Flüssigkeit tranken. Einige Zeit verging. Ich schlief schon beinahe, als ich Sophie sagen hörte: »Ich bin schrecklich hungrig.« Plötzlich spürte ich, daß ich gleichfalls großen Hunger hatte. Unsere zweite und letzte Dose enthielt vier fette Sardinen. Wir aßen beide eine und schlürften etwas Öl aus der Dose; den Rest ließen wir für Mutter – falls sie zurückkäme. Es gab immer noch Hoffnung ... Während wir weiter warteten, schliefen wir ein.

Der Lärm der zurückströmenden Menge ließ uns hochfahren. Mutter war die erste, die in die Wohnung stürzte. Gleichzeitig weinend und lachend wiederholte sie unablässig, nie wieder werde sie sich von uns trennen. An ihrer Brust hing an einem Stück Schnur eine große, orangefarbene Karte mit einer schwarzen, vierstelligen Zahl und einem Siegel darauf. Alle, die von der Registrierung zurückströmten, trugen die gleiche Karte. Sie berechtigte sie dazu, von der Wołyńska in ihre früheren Wohnungen zurückzukehren. Dennoch standen die meisten unter einem schlimmen Schock. Während der Registrierung hatte man Hunderte, sogar Leute mit alten Karten, herausgeholt und zum »Umschlagplatz« getrieben, hauptsächlich Kinder und alte Menschen. Selbst jüdische Polizisten und ihre Familien blieben jetzt nicht mehr verschont. Viele unserer Gefährten hatten ihre Kinder oder ihre Eltern verloren.

Wir waren wieder verschont geblieben.

Jetzt standen wir vor einer weiteren Gefahr – der Rückkehr in den Block. Bald wurde uns befohlen, die Wołyńska zu verlassen und uns in dem weiten Hof vor dem Gebäude des Judenrats zu sammeln. Julian war nicht bei uns; Mutter hatte ihn kurz nach der Registrierung aus den Augen verloren. Wir machten uns mit den anderen auf, Sophie und ich an Mutter geklammert, als einzige ohne die lebensrettenden Nummern. Ohne die orangefarbenen Vierecke auf der Brust kamen wir uns wie ausgestoßen vor. Sophie, die zu klein war, um sich als Erwachsene auszugeben, war besonders gefährdet.

Im gleißenden Licht der untergehenden Sonne hetzten die deutschen Offiziere und Soldaten, mit Gewehren und Peitschen bewaffnet, durch den Hof und zwangen die ungeordnete Menschenansammlung in eine korrekte Marschordnung. Schreiend, pfeifend, peitschend trieben sie die Menschen zu dichten Reihen von jeweils fünf Personen zusammen. Mit zwei anderen wurden wir sofort zu einer Fünferreihe gepreßt und hatten uns der Kolonne anzuschließen. Die nächsten fünf folgten rasch: Die Nazimaschinerie lief reibungslos und schnell. Die Menschen blickten verängstigt, atmeten nur laut und wagten nicht zu reden.

»Seht, hier sind zwei wilde Mädchen unter uns!« schrie plötzlich eine scharfe, hysterische Stimme hinter mir. Ich drehte mich erschrocken um. Eine gutgekleidete, intelligent wirkende Frau in den Vierzigern starrte mich entrüstet aus der Reihe hinter uns an. »Sie haben kein Recht!« fuhr sie Mutter an. »Unschuldige Menschen können an ihrer Stelle sterben!«

»Aber sie sind doch auch unschuldig...«, flüsterte Mutter verzweifelt.

Ein lauter deutscher Befehl trieb uns zum Marschieren und unterbrach den Streit. Die Kolonne bebte und bewegte sich, von einem Haufen Deutscher aus einiger Entfernung scharf beobachtet. Als wir in ihre Nähe kamen, schrie die Frau hinter uns: »Herr Offizier! Herr Offizier!«

»Halt!« Der Uniformierte hielt mit dem Gewehr unsere Reihe auf; ich fühlte den Kolben fest gegen meine nummernlose Brust gepreßt. »Wer schreit da?«

»Herr Offizier!« rief die Frau wieder.

»Ruhe!« Wütend schlug er ihr mit der Peitsche ins Gesicht. Sie heulte vor Schmerz auf und verstummte. »Vorwärts!« brüllte der Deutsche, sein Gewehr zurückziehend. »Schnell, schnell!« Er sah uns nicht einmal an. Wir marschierten weiter; wir mußten fast rennen, um die Reihen vor uns zu erreichen.

Als wir endlich in der Nowolipki anlangten, verschwanden die Deutschen. Die Reihen gerannen zu kleinen Klumpen verstörter Menschen, die sich zu ihren Höhlen schleppten. Niemand war da, als wir die Wohnung betraten. Wir waren die ersten, wenn nicht die einzigen Davongekommenen. Die Spuren der Durchsuchung und der Plünderung nahmen wir als selbstverständlich hin. Alle unsere Kleider waren verschwunden, doch die Kartoffeln waren noch da. Betäubt, keiner Gedanken und Gefühle mächtig, begann ich sie automatisch zu schälen. Dann formte sich in meinem Gehirn eine einzige Frage, hämmernd, nagend, quälend. Hatte die Frau recht? Könnte jemand an meiner Stelle sterben?

Ein Fremder erschien an der Tür, ein starker, großer Mann mit einem mächtigen Sack auf den Schultern. Er fragte nach den Riders, einem Paar, mit dem wir die Wohnung geteilt hatten. Die beiden waren nicht zurückgekommen. Als er das gehört hatte, blieb der Fremde eine Weile unschlüssig stehen. Dann nahm er seine Last ab und legte sie auf den Boden. »Öffnen Sie das sofort, Fräulein«, sagte er zu mir und verschwand ohne ein Wort der Erklärung. Mit zitternden Händen öffnete ich den Sack. Ein kleines Mädchen, in tiefem Schlaf zusammengerollt, kam zum Vorschein – die zweijährige Tochter unserer Mitbewohner. Die Eltern hatten wohl geglaubt, der Mann könne ihr Leben besser retten als sie selbst. Vielleicht hatten sie ihn dafür bezahlt, vielleicht hatte er aus reinem Mitleid so gehandelt. Jedenfalls hatte er es geschafft; er hatte sein Leben riskiert und das Kind aus dem Todeshof zurückgebracht.

Man hatte das Mädchen offenbar betäubt. Mutter nahm es auf den Schoß und versuchte es aufzuwekken. Sie küßte das blasse kleine Gesicht, strich sanft über das blondgelockte Haar. Wärme wogte in mein erkaltetes Herz: Liebe zu diesem hilflosen Häuflein Mensch, Liebe zu Mutter.

Das Kind erwachte schließlich aus seinem Betäubungsschlaf und begann zu weinen. Mit wiederkehrender Energie nahm ich es Mutter ab und begann ihm warmes Wasser einzuflößen, gesüßt mit dem einzigen Stück Zucker, das ich finden konnte. Es half. Das Mädchen hörte auf zu weinen und begann gierig zu saugen. Es kuschelte sich an mich, weich und warm. In diesem Augenblick wünschte ich, es immer bei mir zu behalten. Ich wollte für die Kleine sorgen, sie beschützen vor der Kälte, vor Schmerzen, vor dem Tod.

Dr. Rider und seine Frau kehrten in dieser Nacht heil zurück. Man hatte sie einfach länger auf dem Hof behalten. Sie forderten ihren kleinen Schatz zurück, vergossen Tränen der Erleichterung. Von Adam und seiner Familie hörten wir erst am nächsten Tag; sie tauchten alle wieder auf, unversehrt, aber zutiefst verschreckt. Während der Registrierung hatte man Adam und seinen jüngeren Bruder von ihren Eltern getrennt und zum »Umschlagplatz« getrieben. Verzweifelt beschlossen die Eltern, ihnen dorthin zu folgen, und boten ihr ganzes Geschick und all ihr Geld auf, um die Jungen zu retten und mit ihnen zu entkommen. Die anderen Familien, mit denen wir die Wohnung geteilt hatten, kehrten nie zurück.

Julian kam davon. Offensichtlich betrunken tauchte er bei uns auf. Es war ein regnerischer Morgen, und wir zitterten vor Kälte; alle unsere warmen Kleider waren gestohlen. Nach einigen wenigen Worten ging Julian für eine Weile weg; dann kam er zurück, beladen mit Mänteln, warmen Kleidern und Wolljacken. Er sagte nicht, woher sie kamen, und wir stellten keine Fragen. Ein gelbes Wollkleid, das ich sofort anzog, kam mir irgendwie bekannt vor, als hätte ich schon jemanden darin gesehen.

So war die Frage der Bekleidung schnell gelöst, nicht aber die der Ernährung. Da die Registrierung immer noch fortgesetzt wurde und jeder Verkehr zwischen dem Ghetto und der »arischen« Seite eingestellt war, war es unmöglich geworden, irgend etwas zu kaufen. Ein paar Tage lebten wir von Kartoffeln, doch sie wurden immer weniger. Dann überredete mich Adam zu einem waghalsigen Unternehmen. Er hatte sich schnell von dem Schock seiner jüngsten Erfahrungen erholt und war wieder der alte freche, schneidige Bursche. Er wisse, wo wir etwas zum Essen finden könnten, sagte er, und ich ging ohne Zögern mit. Hinauf und hinunter kletternd, durch ein Labyrinth von Speichern und Treppenhäusern, gelangten wir wieder in ein Geisterhaus. Die unverschlossenen Wohnungen waren alle verlassen, doch man hatte sie offenkundig noch nicht ausgeraubt. Es sah aus, als seien die Bewohner vor einigen Tagen überstürzt verschwunden. In der ersten Wohnung, die wir betraten, fanden wir noch halbvolle Suppenschalen und gebrochene Brotscheiben auf dem Küchentisch. Suppe und Brot waren von grünlichem Schimmel überzogen. Nebenan mußte eine Bridgepartie abrupt abgebrochen worden sein. Vier Blatt Karten und ein unvollständig bekritzelter Block lagen auf dem Tisch. Eine offene Weinflasche und vier leere Gläser ergänzten das Bild. Zitternd vor Gier und Erregung griff ich nach der Flasche und trank direkt daraus. In dem Wein waren sonderbare weiche Stückchen. Ich schüttete den Rest in ein Glas, um zu sehen, was es war: tote Fliegen.

Wir forschten weiter und entdeckten in einer anderen Wohnung einen Stapel Bücher. Gute Bücher: Freud, Mann, Zweig. Ich hob einige auf und nahm sie mit. Am nächsten Tag kam ich wieder und holte mehr. Ich war es bald gewohnt, in den Wohnungen Verstorbener zu stöbern, und konnte sogar Gefallen daran finden. Ich wußte, daß in meine Seele Gift gedrungen war, und scherte mich den Teufel darum.

*Die »Registrierung« dauerte vom 6. bis zum 12. September. 54 000 Menschen wurden deportiert, mehr als 2600 wurden erschossen oder nahmen sich das Leben.**

*In Band 16 der* Encyclopaedia Judaica *heißt es:*

*Nach den Deportationen wurde das Ghettogebiet erneut drastisch verkleinert; einige Fabriken und Gebäudegruppen blieben außerhalb der neuen Mauern und wurden mit Stacheldraht umgeben, damit niemand dort Schutz finden sollte. Die Deutschen beschränkten auch die Anzahl der noch geduldeten Ghettobewohner auf höchstens 35 000 Personen. [...] Die Führer der Untergrundbewegung berieten die neue Situation. Bei ihrem ersten Treffen beschlossen sie, die Jüdische Kampforganisation zu gründen und aktiv gegen weitere Deportationen vorzugehen. Einigen wenigen Mitgliedern des Untergrunds gelang die Flucht aus Treblinka; sie brachten dem Ghetto die Nachricht von dem tatsächlichen Schicksal, das die Deportierten erwartete, nämlich die physische Vernichtung. [...]*

*Etwa 30 000 bis 35 000 Juden, die meisten von ihnen Fabrikarbeiter mit ihren Familien, blieben legal im Ghetto und wurden innerhalb oder außerhalb beschäftigt. [...] Daneben gab es 20 000 bis 30 000 Juden, die »illegal« im Ghetto lebten.*

*In dieser Zeit wurden die Vorbereitungen für einen bewaffneten Widerstand verstärkt. [...]*

Ende September wurde der Polizeiblock von der Nowolipki in die Zamenhofa verlegt. Vom Fenster unserer neuen Bleibe, einer Vierzimmerwohnung, sah ich den Hof des Judenratsgebäudes und links davon das

* Archiwum Ringelbluma: Ghetto Warszawskie, lipiec 1942 – styczeń 1943, P. W. N. Warszawa 1980, S. 294 f.

schwerbewachte Tor des Restghettos. Die Riders und die Koenigs zogen mit uns, außerdem ein Ehepaar in mittleren Jahren mit einem erwachsenen Sohn und einem jungen Dienstmädchen. Diesmal entschied Mutter selbst, daß wir den kleinsten Raum – einen Teil des Flurs – beanspruchen sollten, um jeden Streit mit unseren Mitbewohnern zu vermeiden. Ich fand eine alte Decke und hing sie in den Flur, um uns etwas abzuschirmen.

Die »Aktion« ruhte eine Zeitlang, und das Leben begann sich wieder gegen den Tod zu behaupten. Aus meinem Fenster sah ich, wie frühmorgens die Scharen der außerhalb des Ghettos beschäftigten Juden auf dem Weg zur Arbeit durch das Tor strömten, wie sie in der Abenddämmerung zurückkehrten. Trotz der überaus strengen Kontrolle konnten sie meistens ein paar Lebensmittel durch die Tore schmuggeln; später am Abend verkauften sie dann die Sachen in den Hinterhöfen. Das Leben pulsierte jetzt nur noch in diesen hinteren Höfen und Gängen; es war viel zu gefährlich, durch die wenigen Straßen innerhalb der Mauern zu gehen.

Ganz allmählich erholten wir uns von der Erstarrung, die der Terror der Registrierungstage bewirkt hatte, und als unser Denken und Fühlen reger wurden, zählten wir unsere Verluste. Der erste war Henryk. Am Tag der eigentlichen Registrierung war er aus den Reihen der Fabrikarbeiter herausgeholt worden. Er kam nie zurück. Stefan und Jadwiga waren dabei, als es geschah. Ohnmächtig sahen sie mit an, wie Menschen für die Deportation »selektiert« und zum »Umschlagplatz« geschleppt wurden. Sie konnten nichts tun. Sie überstanden die Registrierung, verließen aber bald die Fabrik und zogen sich als »Wilde« in eine verlassene Dachkammer im Polizeiblock zurück. Sie hielten es für besser, sich zu verstecken, als in der Fabrik zu bleiben, wo sie jeglichem Zugriff ausgesetzt waren.

Es gab keine Möglichkeit herauszufinden, ob Großtante Bella noch am Leben war. In die Nowolipie durften wir schon lange nicht mehr. Das im August geräumte Gebiet war abgesperrt und nicht mehr bewohnt. Eine besondere Nazieinheit, die SS-Werterfassungsstelle, war damit beauftragt, den von den Deportierten hinterlassenen Besitz zu sammeln und ins Reich zu schicken. Zu den schwersten und schmutzigsten Arbeiten wurden Juden herangezogen.

Eines Tages im Oktober kam ein Fremder und wollte zu Mutter. Er hatte den Deutschen helfen müssen, ein Haus in der Nowolipie zu räumen, und dabei eine alte Frau gefunden, die auf dem Boden lag, fast verhungert, aber noch bei Bewußtsein. Nur ein SS-Mann war in der Nähe. Der Fremde bat ihn, der alten Frau helfen zu dürfen. Der Deutsche war gerade guter Laune und erlaubte dem Helfer, sich um die »alte Hexe« zu kümmern. Es war Großtante Bella.

Der Mann brachte sie ins Ghettokrankenhaus. Sie bat ihn, Mutter ausfindig zu machen und zu ihr zu schicken. Sie wußte nicht, wo Mutter war; doch der Fremde machte sich die Mühe, unsere neue Anschrift beim Judenrat zu erfahren. Und jetzt war er hier.

Mutter hastete sofort ins Krankenhaus. Sie lehnte es ab, mich mitzunehmen. Tief erschüttert kehrte sie zurück. Was sie im Krankenhaus gesehen hatte, war ein menschliches Wrack: von gelber Haut überzogene Knochen, das einst schöne Gesicht eingefallen und von Wucherungen bedeckt, der Blick schon von einem tödlichen Schleier getrübt. Aber noch war Großtante Bella bei Bewußtsein. Mit versagender Stimme bemühte sie sich verzweifelt, Mutter ihre Geschichte zu erzählen.

Sie war die ganze Zeit über in ihrer Wohnung geblieben. Aufgrund eines sonderbaren Zufalls war niemand gekommen, um sie zu töten. Nach und nach hatte sie ihren mageren Vorrat an Reis und Graupen verzehrt und sich dann auf die Suche nach Nahrung gemacht. Doch die Straßen waren bereits verlassen. Später wurde sie zu schwach zum Gehen. Sie versuchte, ihre eigenen, in Stücke geschnittenen Kleider zu kochen, konnte sich jedoch nicht überwinden, sie zu essen. So lebte sie von Wasser aus dem Wasserhahn. Wie lange? Vier, fünf Wochen vielleicht – sie wußte es nicht.

»So verliert die reizende Bella ihren Kampf gegen Herrn Hitler« – das waren die letzten Worte, die Mutter von ihr hörte. Sie starb drei Tage später. Mutter tat alles, was sie konnte, um ihr ein würdiges Begräbnis zu sichern. Sie wurde in einem Einzelgrab bestattet, und ein Holzbrett mit ihrem Namen kam in die Erde.

Der Winter näherte sich rasch. Kurze Tage und lange Nächte kamen, brachten Kälte, Elend und Angst. Niemand glaubte, daß die Gefahr tatsächlich vorbei sei. Wir erwarteten zu jeder Zeit, daß die »Aktion« fortgesetzt würde, und es war uns jetzt eindeutig bewußt, daß die Deportation den Tod in den Gaskammern bedeutete. Irgendwo in der weiten Welt erreichte der Krieg seinen Höhepunkt. Der Kampf um Stalingrad, der seit dem Sommer dauerte, machte einen Sieg der Nazis immer unwahrscheinlicher. Doch für uns, in unserer Stadt, in unserer Straße, waren die Deutschen immer noch die unangefochtenen Herren.

An den Abenden trafen sich die Nachbarn wieder, um die jüngsten Ereignisse zu besprechen. Stefan und Jadwiga kamen aus ihrer Dachkammer herunter. Gemeinsam zermarterten wir uns das Gehirn über Möglichkeiten des Entrinnens.

Meine Tage waren nun mit Lesen und der Suche nach Nahrung ausgefüllt. Dank dem Judenrat hatten jetzt die »legitimen« Blockbewohner, die mit der lebensrettenden Nummer, Anspruch auf kostenlose tägliche Suppenrationen. Mit Mutters Nummer und einer Schüssel stellte ich mich Tag für Tag im Hinterhof nach dieser Suppe an. Angereichert mit Graupen, Kartoffeln oder was wir sonst auftreiben oder kaufen konnten, war dies für uns die wichtigste, wenn nicht einzige tägliche Mahlzeit. Spät in der Nacht machte ich mich häufig auf die Suche nach Brot. In einer entlegenen Gasse gab es eine geheime Bäckerei. Der waghalsige Bäcker, der von Schmugglern mit Mehl beliefert wurde, arbeitete nur nachts; das noch heiße Brot verkaufte er vor der Dämmerung.

Mein Weg zum Bäcker führte durch ein Labyrinth von Kellern und unterirdischen Gängen. Adam kam immer mit mir. Ich hätte nicht gewagt, allein zu gehen. Selbst mit ihm an meiner Seite bekam ich eine Gänsehaut, wenn wir in die tiefen Schatten dieser Unterwelt tauchten. Sehr langsam vorrückend, oft auf Händen und Knien, trafen wir oft auf sonderbare Gegenstände, die uns den Weg versperrten. Einmal stieß ich gegen etwas Weiches, Feuchtes, das nur ein Stapel faulenden Strohs sein mochte. Ein andermal trat ich auf eine tote Katze. Gelegentlich mußten wir eine Barrikade aus alten Kisten oder im Weg stehende Möbel überklettern. Jedes Rascheln in der Nähe ließ mich erschauern. Manchmal waren es Ratten, die durch die Dunkelheit huschten, manchmal andere Menschen auf Nahrungssuche. Die Rückkehr war meistens nicht so furchterregend. Der warme Duft des Brotes machte mich sicherer. Ich mußte mich beherrschen, um nicht an der herrlichen Kruste zu knabbern.

Unsere Brotexpeditionen waren ein wenig leichter, nachdem es Adam gelungen war, von einem Nachbarn eine Taschenlampe zu stehlen. In ihrem schwachen Licht sah ich einmal einen Zettel an der Kellerwand. »Brüder«, stand darauf, »sterbt nicht schweigend. Widersteht dem Naziterror. Laßt uns kämpfen.« Er war unterzeichnet: »ŹŹW«.* Der Appell bewegte mich tief.

Am 29. Oktober hörten wir Schüsse in der Nähe und erfuhren bald, daß der jüdische Polizeichef, Jakob Lejkin, in der Gęsia erschossen worden war. Man flüsterte, es sei ein Vergeltungsakt einer jüdischen Untergrundorganisation. Jemand sagte, ein ganz junges Mädchen habe bei der Planung mitgewirkt. All das machte mich unruhig.

In diesen dunklen Tagen der vorübergehenden »Stabilität« war ich mit niemandem eng befreundet, konnte ich mit niemandem in meinem Alter sprechen. Nach langer Pause führte ich nun wieder Tagebuch.

2. November 1942

*Sie sagen: »Laßt uns kämpfen.« Ja, klar, das wäre das einzige, obwohl wir kaum überleben würden. Aber was können wir sonst tun? Es gibt etwas, das »Würde« heißt und das ziemlich in Vergessenheit geraten ist. Ja, ich wäre sofort bereit, mich ihnen anzuschließen. Aber wer sind sie, wo kann ich sie finden? Ich habe versucht, die Leute hinter diesen drei Buchstaben aufzuspüren. Was ich sehe, sind Leute wie Dr. K. und Dr. R., anständige Menschen, die sich unter Todesängsten bemühen, ihre Frauen und Kinder zu retten. Dann den jungen F. im Zimmer gegenüber, der den ganzen Tag halbnackt herumlungert. Alles, was ihn interessiert, ist der dürre Hintern des Dienstmädchens, in den er dauernd kneift, um es zum Kreischen zu bringen. Er muß verrückt sein.*

*Dann meine beiden Onkel. Zunächst Stefan. Selbstverständlich sprach ich mit ihm. Über den Aufruf und so weiter. Er sagte, bei unserer Lage könne der bloße*

* ŹŹW: Żydowski Źwiazek Wojskowy (Jüdische Militärunion), wenig später in die ŻOB (Żydowska Organizacja Bojowa, Jüdische Kampforganisation) eingegliedert, die für den Aufstand im Warschauer Ghetto verantwortlich war.

*Gedanke, es mit der deutschen Armee aufnehmen zu wollen, die ganz Europa erobert hat, nur einem kranken Gehirn entsprungen sein. Man könne den Nazis nur widerstehen, sagte er, indem man verhindere, daß sie uns töten. Deshalb werde er sich bemühen, uns alle von hier in ein gutes Versteck auf der »arischen« Seite zu bringen.*

*Ja, und dann Julian. Ich wollte auch mit ihm sprechen, habe es aber aufgegeben. Er war wieder betrunken, als er gestern ankam. Er sei jetzt bei einer Ambulanz und sehr beschäftigt, sagte er. Ich haßte es, wie er mich ansah, als er meinte, ich würde ja langsam erwachsen. Er bat mich, eine Flasche reinen Spiritus für ihn aufzubewahren, denn man könne derzeit kaum noch seinen Nachbarn trauen, sagte er. Ich verschloß die Flasche in diesem riesigen Schrank, der blödsinnigerweise unser halbes Zimmer blockiert; flüchtig dachte ich dabei an Adam und seine Findigkeit.*

*Es ist schwer, es mir auch nur selbst einzugestehen: Ich bin soweit, daß ich Julian verachte. Das ist scheußlich, ich weiß. Immerhin ist er der Bruder meines geliebten Vaters, und er sieht ihm so ähnlich, er hat uns das Leben gerettet, und er hilft uns immer noch. Vielleicht hasse ich ihn gerade deshalb, weil wir so abhängig von ihm sind.*

*Wenn nur Vater da wäre… Wir wären so viel sicherer bei ihm, es ginge uns so viel besser. Gewiß wüßte er genau, was zu tun wäre und wie man dem Schlimmsten trotzen könnte. Ich weiß, daß Mutter das gleiche denkt. Ich weiß, daß sie sich schrecklich nach ihm sehnt und oft weint. Letzte Nacht hörte ich sie flüstern: »Warum hast du mich verlassen?« Sie muß im Schlaf geredet haben.*

*Aber vielleicht ist es besser, daß Vater nicht da ist. Sicher würde er nicht als jüdischer Polizist auftreten. Falls doch, könnte ich es kaum ertragen. Außerdem ist er dort, wo er jetzt ist – wo auch immer –, bestimmt sicherer. Je weniger von unseren Lieben in dieser Lage um uns sind, desto besser. Liebe ist in diesen Tagen etwas Schreckliches. Ich glaube, ich kann wirklich froh sein, keinen Mann und kein Kind zu haben. Kein Kind zu haben vor allem…*

Keine Freunde, keine Möglichkeit, weiter zu lernen, das bittere Bewußtsein, untätig zu sein, während sich im Untergrund der Widerstand regte – das alles begann mich zu bekümmern.

12. November 1942

*Sophie kam soeben singend aus dem Hinterhof. Sie hat vor kurzem Freunde gefunden und verbringt den größten Teil des Tages mit ihnen. Schön für sie. Sie haben ihr ein hebräisches Lied beigebracht, das sie jetzt mit ihrer klaren Stimme ständig singt. Ich las gerade Thomas Manns* Zauberberg; *man muß sich dabei sehr konzentrieren. Ich fauchte sie an, still zu sein, und machte mich darüber lustig, daß sie etwas sang, was sie kaum verstehen konnte. Sophie war gekränkt und sagte, sie wisse ganz gut, worum es in dem Lied gehe; ihre Freunde hätten ihr den Text Wort für Wort übersetzt. Es gehe um jüdische Jungen und Mädchen, die nicht in Demütigung leben wollten und ihre Geburtsländer verließen, um in der Wüste Palästinas eine neue Heimat aufzubauen.*

*Jetzt kann ich nicht mehr lesen. Ich muß dauernd an Menschen denken, die mit ihrem Leben etwas anzufangen wissen: Menschen, die sich entschließen, gegen eine gigantische Militärmacht zu kämpfen; die alles aufbieten, um irgendwo in der Ferne ein besseres Leben aufzubauen; oder Menschen, die sich ebenso in ihren eigenen Ländern einsetzen und sich gegen soziale Ungerechtigkeit wehren. Ich gehöre nicht zu ihnen. Ich gehöre nirgendwohin. Habe ich für etwas gelebt? Gibt es irgendeinen Grund, weshalb ich weiter um mein Leben rennen soll?*

Eines Tages, allein und in düsterer Stimmung, erinnerte ich mich an die Flasche Spiritus, die mir Julian anvertraut hatte. Ich hatte noch nie starken Alkohol probiert, aber oft gehört, daß er gegen Trübsinn helfe. So kroch ich in den Schrank und schloß die Schranktür hinter mir, damit mich niemand ertappte. Drinnen entkorkte ich die Flasche und nippte an dem puren Spiritus. Mir war, als hätte ich Feuer geschluckt. Mein ganzer Körper brannte von innen her. Ich begann mich in meinem Gefängnis herumzuwerfen; nach Atem ringend stieß ich gegen die hintere Holzwand. Plötzlich gab sie nach, und ich befand mich in einer dunklen Kammer. Rasch erkannte ich, was das war: ein Versteck für zehn, vielleicht fünfzehn Leute, wenn sie eng zusammenrückten, perfekt verborgen hinter diesem riesigen Eichenschrank, der uns viel Platz wegnahm, aber zu schwer war, um entfernt zu werden. Anders als Onkel Leos Versteck stand dieses hier leer, doch war ich überzeugt davon, daß sich jemand angestrengt bemüht hatte, den Platz möglichst sicher zu machen. Wo waren diese Menschen jetzt? Was war mit ihnen geschehen? Hatte man sie ergriffen, ehe sie das Versteck erreichen konnten, oder wurden sie darin entdeckt und herausgezerrt? Jedenfalls hatten wir es jetzt geerbt und konnten uns etwas sicherer fühlen, falls wir wieder in Gefahr gerieten. Noch ganz benebelt von dem Spiritus kroch ich aus dem Schrank und beeilte mich, den anderen die gute Nachricht zu überbringen.

Zur »Werterfassung« brauchten die Deutschen jetzt mehr Helfer in den verlassenen Häusern, und die unbeschäftigten Frauen der Fabrikarbeiter, Polizisten und Judenratsmitglieder hatten gelegentlich Zwangsarbeit zu leisten. Mitte November erhielt Mutter die schriftliche Aufforderung, sich am folgenden Tag um sieben Uhr morgens im Hof des Judenratsgebäudes einzufinden. Doch Mutter lag mit einer

Grippe im Bett. Sich nicht zur festgesetzten Zeit am festgesetzten Ort zu melden konnte katastrophale Folgen haben – sie konnte ihre lebenswichtige Nummer verlieren. Mir wurde klar, daß ich leicht an ihrer Stelle gehen konnte: Sie kontrollierten die Nummern, nicht die Gesichter; Menschen waren unwesentlich – nur das orangefarbene Rechteck zählte. Also meldete ich mich am nächsten Morgen mit der Nummer meiner Mutter um den Hals in dem Hof. Es war bitter kalt, und die versammelten Frauen drängten sich frierend und ängstlich zusammen. Junge Mädchen waren ebenso dabei wie Frauen über Fünfzig – ganz gewiß nicht alles »Ehefrauen«, da war ich mir sicher. Eine kam mir irgendwie bekannt vor. Ich brauchte eine Weile, um mich zu erinnern, daß ich sie vor der »Aktion« auf der Straße gesehen hatte. Grell bemalt ging sie in der Dämmerung dauernd die Leszno auf und ab. Sie war eine Prostituierte. Ich hatte mich immer gefragt, wen diese Frau angezogen haben mochte – ohne Reiz, vulgär, nicht einmal jung. Jetzt, ohne Schminke, wirkte sie überhaupt nicht vulgär, sondern abgehärmt und gebrochen. Ich empfand tiefes Mitleid für sie.

Man befahl uns, Reihen zu bilden und zu marschieren. Von zwei jüdischen Polizisten und einer einzigen deutschen Wache eskortiert, zogen wir durchs Ghettotor und gelangten in das verlassene Gebiet außerhalb des Restghettos. Bald standen wir vor einer Reihe großer, stattlicher Häuser. Zu zweit wurden wir jetzt in die Wohnungen geschickt, um die Böden zu schrubben und die Fenster zu putzen. Ich kam in eine riesige Wohnung mit sechs Zimmern, zusammen mit der Prostituierten. Sie war nett und freundlich. Wir teilten uns die Arbeit gerecht; sie nahm die drei Räume hinten, ich die drei vorne.

Sämtliches Mobiliar der Wohnung hatte man bereits entfernt. Sie stand leer, bereit für neue Bewohner. In einem der vorderen Zimmer fand ich jedoch eine Menge Porzellangeschirr und Kristallwaren, die offenbar aus anderen Wohnungen stammten und zum Transport nach Deutschland bestimmt waren.

Bodenschrubben und Fensterputzen waren nicht gerade meine Lieblingsbeschäftigung, zumal ich langsam und ungeschickt arbeitete. Auch dachte ich mit Abscheu an die Leute, für die ich schuftete, Deutsche vielleicht oder diese erbärmliche Sorte von Polen, die nur zu gern die Wohnungen ermordeter Juden übernahmen. So versuchte ich auch gar nicht, besser oder schneller zu arbeiten. Ich war mir selbst überlassen und konnte meinen Gedanken nachhängen, eine seltene Gelegenheit, die ich geradezu genoß. Ab und zu kam ein Polizist und blickte sich flüchtig um; er tat nicht einmal so, als interessiere ihn das, was ich machte.

In dem Zimmer, wo das Porzellangeschirr und die Kristallwaren standen, machte ich Pause. Ich setzte mich auf den Boden, um mir die Sammlung genau anzusehen. Da waren exquisite Tafel- und Kaffeeservices aus feinstem, verschwenderisch von Hand bemaltem Porzellan, zerbrechliche Kristallgläser, kostbare Vasen und Figurinen, manche sehr alt, manche von seltener Schönheit. Ich freute mich schon immer über schöne Dinge und ging gern mit ihnen um. Jetzt konnte ich mich damit vergnügen, diese kostbaren Dinge in die Hand zu nehmen und liebevoll zu streicheln. Gleichzeitig dachte ich an jene, die diese Tassen und Vasen einst besessen und sich an ihnen erfreut hatten – und die jetzt tot waren. Bald würden neue Besitzer, wahrscheinlich Nazioffiziere und ihre Familien, ihre eigenen Tische mit diesen Kostbarkeiten schmücken, würden von diesen eleganten Tellern in ganz Europa gestohlenes Essen verschlingen, würden edlen französischen Wein aus diesen wohlgeformten Gläsern schlürfen... Unter fast körperlichen Schmerzen begann ich, so schnell ich konnte, die kostbarsten Tassen, Teller und Figurinen zu zerstören, indem ich sie heftig gegeneinander schlug. Es war mein erster Akt des Widerstands. Und mein letzter.

Mutter erholte sich bald von ihrer Grippe, doch als die nächste Aufforderung vom Judenrat kam, ging ich wieder an ihrer Stelle zur Arbeit. Und so ging es weiter. Ich wollte nicht, daß sie diese schmutzige Arbeit tat, daß sie von den dummen Bemerkungen grobschlächtiger Polizisten gedemütigt wurde, daß deutsche Wachen sie bei der Rückkehr ins Ghetto durchsuchten und herumstießen. Ich haßte das alles selbst, doch da ich viel jünger war, glaubte ich mich dieser Belastung eher gewachsen. Also meldete ich mich jedesmal zur Arbeit, wenn man Mutter dazu aufforderte.

Für gewöhnlich mußte ich leere Wohnungen putzen. Die meisten starrten vor Unrat, erinnerten an das elende Leben und den plötzlichen Aufbruch der früheren Bewohner in den Tod. Ich wühlte mich tief hinein in den unbeschreiblichen Schmutz der Lumpen und Betten von Bettlern, in deren erbärmliche Existenz, die an einem strahlenden Tag des letzten Sommers ein so abruptes Ende gefunden hatte.

Mit mir arbeiteten nicht nur Frauen. Einmal wurde ich mit einem jungen Mann zusammen einem Wohnblock zugeteilt. Wir erkannten uns sofort wieder. Es war Natan, ein Freund Romans; die beiden hatten zusammen gelernt, und er kannte mich noch gut von der Feier, die unmittelbar vor der »Aktion« stattgefunden hatte. Erregt durch das glückliche Zusammentreffen vergaßen wir die ganze Schinderei, setzten uns auf einen Haufen muffiger Federn, die wir aus der Wohnung schaffen und im Hof verbrennen sollten, und begannen ernsthaft miteinander zu reden. Ohne zu zeigen, wie viel mir an der Antwort lag, fragte ich Natan nach Roman. Nein, Natan hatte seit Juli nichts von ihm gesehen oder gehört. Rasch wechselten wir das Thema. Wir hatten so viel gemeinsam. Wie ich wohnte Natan »wild« im Polizeiblock. Er hatte während der »Aktion« seine Eltern und zwei kleine Schwestern verloren. Wie ich meldete er sich für jemand anderen zur Zwangsarbeit, aber er ließ sich dafür etwas zu essen geben. Auch er war begierig, sich der Untergrundbewegung anzuschließen; doch da er nirgendwohin gehörte, hatte er keine Ahnung, wie er das tun könne – genau wie ich. Er sehnte sich ebenfalls danach, wieder etwas zu lernen. Auf diesem Haufen Schmutz schlossen wir Freundschaft. Der öde Dezembertag wurde etwas weniger öde; der grauenhafte Ort, unsere schlimme Arbeit verloren für eine Weile ihre Schrecken. Es war wunderbar, einen Freund zu haben, Gedanken und Gefühle mit ihm zu teilen. Als der Arbeitstag endete, trennten wir uns, entschlossen, unsere Kräfte zu vereinen und unserem Leben einen Sinn zu geben.

Einige Tage später tauchte ein weiterer Freund auf. Ich stand eben für die Suppenration an, als jemand sanft meine Schulter berührte. Ein junger, ungewöhnlich hübscher Polizist grinste mich unter seiner marineblauen Mütze an. Ich traute kaum meinen Augen: Diesen Jungen hatte ich vor geraumer Zeit gekannt; er gehörte zu derselben kleinen Gruppe von Kindern, in der ich lange vor dem Krieg gelernt hatte. Ja, ich erinnerte mich an den kleinen Danny, das Gespött der anderen Kinder. Er war ein gescheites Bürschchen, jedoch schrecklich verwöhnt von seinen wohlhabenden Eltern. Stets kam er in entzückenden dunklen Samtanzügen an, die mit seinen blonden, mädchenhaften Locken kontrastierten; bei den geringsten Anlässen brach er in Tränen aus. Einmal pinkelte er während der Stunde in die Hose und bebte vor Schluchzen, während sich die anderen vor Lachen ausschütteten. Wie um alles in der Welt war er zu dieser Mütze und zu diesem Knüppel gekommen?

Ich erfuhr seine Geschichte am selben Abend, als

er mich zu einem langen Gespräch besuchte. Wie Natan hatte er beide Eltern in den frühen Tagen der »Aktion« verloren. Mit anderen hatte man sie zusammengetrieben und weggebracht. Daniel war zu der Zeit nicht zu Hause, sondern zu Besuch bei einem Freund; so wurde er gerettet. Anfangs fühlte er sich völlig verloren, doch der Vater seines Freundes, ein einflußreiches Mitglied des Judenrats, nahm sich seiner an und half ihm, zur jüdischen Polizei zu kommen. Daniel war ein wenig jünger als ich, aber groß und stark; mit noch nicht einmal sechzehn Jahren hatte er die Kennzeichen seiner Stellung erhalten und war angewiesen worden, neben Deutschen und Letten an der »Aktion« teilzunehmen. »Es war ein lausiges Geschäft«, sagte er mit abgewandtem Blick. »Aber nach einer Weile lernte ich mich zu behaupten. Man kann sich gegen die schlimmsten Dinge behaupten, wenn man etwas Grips und Schneid hat«, sagte er vage und mit dem Anflug eines prahlerischen Grinsens.

Ungläubig, verstört hörte ich ihm zu. Diese letzte Bemerkung, so dunkel sie war, ließ mein gefrorenes Herz ein wenig auftauen. Es gab tatsächlich einige wenige anständige Polizisten, die ihr eigenes Leben riskierten, um anderen die Flucht zu ermöglichen. Ich wußte, daß Julian alles tat, was er konnte, selbst für Fremde. Auch Daniel mochte einer dieser wenigen sein. Ich lächelte zurück und stellte keine Fragen; und als Daniel meinte, wir sollten uns bald wiedersehen, hatte ich nichts dagegen.

Er kam ein paar Tage später wieder, um mit mir auszugehen. Es klang absurd: »Ausgehen« konnte ich in diesen Tagen höchstens in Hinterhöfe und Keller. Geheimnisvoll und feierlich verkündete Daniel, daß er mir an diesem Abend eine Menge Spaß verschaffen wolle, daß ich etwas genießen solle, das man mir vorenthalten habe. Ehe wir gingen, überreichte er mir mit der gleichen Feierlichkeit ein kleines Geschenk. Es war ein silbernes Medaillon von seltener Schönheit, mit Rückseitengravur, vorn mit Türkisen und Rubinen besetzt – ein altes, sehr kostbares Stück Handarbeit. Bezaubert und verwirrt, war ich zunächst unschlüssig, ob ich es annehmen solle. Ich vermutete, es habe einst Daniels Mutter gehört, und meinte, nicht die richtige Erbin zu sein. Daniel lachte und sagte, sicher habe das Medaillon einer Mutter gehört, irgendeiner Mutter – aber nicht seiner Mutter. Er erklärte, er habe es einfach während der »Aktion« in einem verlassenen Haus gefunden und es an sich genommen, um es dem ersten hübschen Mädchen zu schenken, das er treffen würde. Ich sei die Richtige dafür, sagte er. Ich spürte ein unwiderstehliches Verlangen, das Geschenk anzunehmen. Auch dachte ich daran, daß das kostbare Medaillon bald den Hals der Frau eines Nazis geschmückt hätte, hätte Daniel es nicht gefunden und gewagt, es in die Tasche zu stecken. So schwanden meine Gewissensbisse, und ich hing mir das Medaillon um den Hals. Ich fühlte mich jedoch recht unbehaglich, als wir uns durch die Seitengassen auf den Weg zu dem geheimnisvollen Ort des Vergnügens machten.

Er erwies sich als ein kleiner Keller, dessen Eingang hinter einem hohen Haufen Holz verborgen lag. Kein Laut war von außen zu hören, doch als wir eintraten, schlug uns sofort lebhaftes Stimmengewirr entgegen. Der von einigen Kerzen erleuchtete Keller war voller Männer, die meisten mit marineblauen Mützen; Frauen waren nur wenige da. Alle Gäste saßen essend und trinkend an einem langen, rohen Tisch. An einem anderen Tisch, der als Bar diente, konnte man Getränke und Speisen zu phantastischen Preisen kaufen – Wodka, Bratenstücke, hartgekochte Eier, frisches Brot. Der halbe Tisch war mit großen Backblechen bedeckt, auf denen köstlich aussehende Kuchen lagen.

Der starke Duft der Speisen drang mir in die Nase

und machte mich schwindlig. Ich war wie betäubt, wurde beinahe ohnmächtig. Seit dem Sommer hatte ich gehungert, hatte ich mich Tag und Nacht heißhungrig und schwach gefühlt. Daniel hielt mich an den Schultern fest und verhinderte, daß ich zusammenbrach. Ich erholte mich rasch. Jetzt sprach er mit einer vierschrötigen, stiernackigen Frau, die an der Bar bediente. Er gab ihr einen kleinen Stapel Banknoten. Dafür bekamen wir gewaltige Stücke warmen Apfelkuchens, in Zeitungspapier gewickelt. Daniel staunte mich an, als ich gierig zubiß. Er schien mit sich zufrieden und lud mich zu einem Glas Wodka ein; ich lehnte strikt ab. Leicht enttäuscht bestellte er einen für sich. Von warmer Köstlichkeit erfüllt, sah ich zu, wie er mit seinem Glas spielte. Er nahm seine Mütze ab; jetzt, da sein blondes lockiges Haar im Kerzenlicht glänzte, sah er aus wie ein Kind, wie der verwöhnte kleine Junge, den ich von früher kannte. Sein unschuldiges Gesicht verzog sich in heimlichem Abscheu. Ich war mir sicher, daß er schon den Geruch von Wodka haßte. Er stürzte ihn mit einem einzigen Schluck hinunter, nur um anzugeben, um mich mit seiner Männlichkeit zu beeindrucken.

Ich aß meinen Kuchen und sah mich verschüchtert um. Von den groben Scherzen der derben Männer, die ungehemmt aßen und tranken, und dem schrillen Lachen der betrunkenen Frauen wurde mir ganz elend. Nein, wir gehörten nicht hierher, weder ich noch Daniel. Ich sehnte mich nach frischer Luft, wollte diesen widerwärtigen Ort des gierigen Genusses sofort verlassen. Auf dem Rückweg war ich schweigsam. Ich überlegte, ob ich Daniel wiedersehen wollte. Zwar noch ein Kind, aber schon mit Macht ausgestattet und kaum stark genug, der Versuchung zu widerstehen, war er offenbar dabei, ins Böse abzugleiten. Er hatte keine Eltern, keinen Bruder, keine Schwester, die ihm hätten helfen können. Plötzlich war mir, als sei es meine Pflicht, ihm meine helfende Hand entgegenzustrecken. Wie, wußte ich noch nicht; ich mußte darüber nachdenken. Als wir uns trennten, bat ich Daniel, zunächst nicht mehr zu mir zu kommen; er solle warten, bis ich mich bei ihm meldete. Er stimmte zu und sagte, er habe in der nächsten Woche jeden Abend Dienst am Ghettotor. Sicher würde ich ihn von meinem Fenster aus sehen, meinte er; er würde sich freuen, wenn ich herunterkäme und ein wenig mit ihm plauderte.

Wenige Tage später erfuhr ich von Natan erfreuliche Neuigkeiten. Er hatte einen Lehrer getroffen, der sich erbot, uns zu unterrichten, zunächst nur in Mathematik und Physik; doch er versprach, auch humanistische Fächer zu lehren, wenn einige Schüler hinzukämen. Ich dachte sofort an Daniel. Er war der Richtige, mit seiner Aufgewecktheit und seiner Begabung. Es würde großartig sein, mit ihm zu lernen. Außerdem würde es ihn von seinem schrecklichen Dienst ablenken.

Ich konnte es an diesem Abend kaum erwarten, ihn am Ghettotor zu sehen. Dauernd spähte ich aus dem Fenster. Endlich entdeckte ich seine schlanke Gestalt neben der plumpen Figur eines deutschen Wächters. Die beiden waren damit beschäftigt, einen langen Zug von Arbeitern zu kontrollieren, die von der »arischen« Seite ins Ghetto zurückkehrten. Ich hastete vom dritten Stock hinunter und ging schnell auf das Tor zu, als mich ein schreckliches Schauspiel erstarren ließ. Daniel hatte einen hageren älteren Arbeiter gepackt. Er zerrte ihm den schäbigen Mantel herunter, fand einen gebauschten Beutel am Mantelfutter befestigt, riß ihn mit einem Ruck heraus und verstreute den Inhalt auf dem Straßenpflaster. Fast verrückt vor Schrecken wankte der Mann umher und wollte etwas erklären oder um Gnade bitten. Der deutsche Wächter, der mit anderen Arbeitern beschäftigt war, nahm keine Notiz. Daniel beugte sich über die verstreuten Sachen und stöberte darin herum. Beinahe weinend zog der arme Mann eine Banknote aus der Tasche.

Schockiert und voller Abscheu prallte ich zurück. Ich wollte unbemerkt weglaufen. Hätte Daniel gesehen, daß ich dieses abstoßende Geschehen miterlebt hatte, hätte ich mich noch mehr geschämt. Doch es war zu spät. Er richtete sich auf, um die Banknote zu nehmen, und plötzlich trafen sich unsere Augen. Er schreckte zusammen, und für den Bruchteil einer Sekunde stand Entsetzen in seinem Blick. Dann verzog sich sein Gesicht jäh zu einem gespenstischen Grinsen. Er packte seinen Knüppel und begann mit aller Kraft, den gebrechlichen alten Mann auf den Kopf, ins Gesicht zu schlagen. Dann streckte er ihn auf das Pflaster nieder und trat mit seinen schweren Stiefeln auf den hilflos am Boden Liegenden ein. Ich rannte davon. Ich habe nie mehr etwas von Daniel gesehen oder gehört. Das Medaillon jedoch behielt ich; ich habe es noch heute.

Der Dezember zog vorüber. Zusammen mit einem anderen Mädchen und meinem Freund Natan besuchte ich abends Kurse. Der Lehrer, ein Mann mittleren Alters, war zermürbt und verängstigt. Er lebte in der Nähe »wild« in einem dunklen kleinen Raum, den er mit einer dreiköpfigen Familie teilte. Wir saßen in diesem Raum und versuchten uns auf Logarithmen zu konzentrieren, während die drei mit leeren Blicken auf uns starrten. Trotz unseres anfänglichen Eifers brachten wir wenig zustande. Der Hunger setzte uns allen zu, und täglich stand die Wiederaufnahme der »Aktion« zu befürchten. Haarsträubende Gerüchte über das drohende Ende des Warschauer Ghettos verdichteten sich von Tag zu Tag.

Meine Familie war entschlossen, das Ghetto zu verlassen und sich auf der »arischen« Seite zu verstecken. Seit Oktober bemühte sich Tante Maria mit Hilfe einiger Freunde verzweifelt, eine Unterkunft für uns zu finden. Sie hätte alles getan, um unser Leben zu retten, wäre gern gestorben, wenn uns das geholfen hätte; doch sie konnte uns nicht beherbergen, weil sie selbst kein Dach über dem Kopf hatte. Bis zum Kriegsausbruch hatte sie bei meinen Großeltern gelebt; jetzt wohnte sie mit ihrer Schwester und ihrem Schwager in einem einzigen Raum.

Nach langer Unterbrechung kamen wir mit Tante Maria wieder in Verbindung. Sie besuchte an bestimmten Tagen ihre andere Schwester, eine Hebamme, die ein eigenes Telefon hatte. Bei ihr wartete Tante Maria, bis wir uns telefonisch meldeten. Es war nicht leicht, im Ghetto ein Telefon zu finden. Für gewöhnlich telefonierte Mutter aus dem Dienstzimmer der Ambulanz, wenn Julian Dienst hatte.

In der zweiten Januarwoche erhielten wir eine gute Nachricht. Eine Familie hatte sich bereit erklärt, Mutter, Sophie und mich aufzunehmen. Und eine allein lebende Frau war damit einverstanden, Stefan und Jadwiga zu beherbergen. Unsere künftigen Gastgeber nahmen es auch auf sich, uns gefälschte Ausweise zu verschaffen, die uns eine »arische« Abstammung bescheinigten. Dafür brauchten sie viel Geld und besondere Fotos, die unsere jüdischen Züge vertuschten.

So konnten wir das Ghetto noch nicht verlassen. Tante Maria mußte zuerst weitere Bilder und Silber verkaufen, um die notwendige Summe aufzubringen; wir hatten uns um die Fotos zu kümmern. Das war kein Problem. In unserem Block gab es einen geschickten Fotografen, der davon lebte, Fotos zu fälschen. Einige Tage später brütete ich über einem Bild, das ein Mädchen mit kurzer Nase und glattem Haar zeigte.

17. Januar 1943

*Hier bin ich, eine christliche Jungfrau, die hoffnungsvoll in die Zukunft blickt. Sinnlos, sich etwas vorzuma-*

*chen: So sehe ich nicht aus. Dieses Foto könnte man selbst meinen schlimmsten Feinden unbedenklich zeigen – aber nicht mein wirkliches Gesicht. Ich werde hinter einer verschlossenen Tür leben, nicht hinaus können, niemanden sehen außer den Fremden, die ihr Leben riskieren, indem sie uns beherbergen. Und während ich dort lebe, sicher und stumpfsinnig, werden meine Freunde und Nachbarn hinter diesen Mauern nach und nach sterben. Und vielleicht kämpfen, ehe sie sterben. Ich weiß, ich sollte bleiben und ihr Los teilen. Seltsamerweise scheint Julian ebenso zu empfinden. Er kam heute morgen, um mit uns die Einzelheiten unserer Flucht zu besprechen. Er hat alles geplant. Wir werden das Ghetto mit den Arbeitern der Nachtschicht verlassen. Wir werden nie zurückkehren. Julian sagte, er selbst werde nie auf die »arische« Seite fliehen; sein Platz sei hier bei den anderen Juden. Er wirkte traurig und verbittert, er war nicht betrunken. Ich dachte, er könne vielleicht doch am Untergrundkampf beteiligt sein. Irgendwie scheute ich mich jedoch, ihn danach zu fragen.*

*Als er uns verlassen hatte, ging ich zum Zahnarzt. Es war mein letzter Termin. Hoffentlich brauche ich bis zum Ende des Krieges keinen Zahnarzt mehr; sonst kann ich alle Zähne verlieren und vor Schmerzen sterben, da ich nicht ausgehen darf. Mein gegenwärtiger Zahnarzt ist mir von Anfang an auf die Nerven gegangen. Ich kann es nicht ertragen, wenn seine Frau und seine Schwiegermutter ständig in meinen offenen Mund starren, obwohl ich das einsehe; schließlich haben sie zur Zeit keine andere Unterhaltung. Ich werfe ihm auch nicht vor, daß ich jedesmal schreckliche Schmerzen habe – er kann nichts dafür, er hat keine richtigen Instrumente, keine Betäubungsmittel. Was ich ihm aber wirklich übelnehme, ist sein Gerede, während er an meinem schmerzenden Zahn herumfummelt. Er jammert ständig über die schlechte Ernährung, die unsichere Lage und so weiter. Er stellt dum-*

*me, rhetorische Fragen wie: »Können wir überleben? Werden wir überleben?« Und jedesmal wenn er mit mir fertig ist und ich wieder sprechen kann, feuert er seine letzte und wichtigste Frage ab: »Was sagt dein Onkel?« Dann wartet er gespannt auf meine Antwort. Das hat er jedesmal getan, wenn ich bei ihm war. Was um alles in der Welt kann ich ihm sagen? Glaubt er, Julian sei der Allmächtige? Ein jüdischer Polizist ist nur ein jüdischer Polizist; er weiß in diesen Tagen auch nicht mehr als andere Juden, denke ich. Wie mir also der verdammte Zahnarzt heute morgen wieder seine dumme Frage stellte und voll Furcht und Hoffnung auf mich starrte, spürte ich den unwiderstehlichen Drang, etwas Häßliches zu sagen.*

*»Onkel Julian sagt«, verkündete ich, »daß morgen die neue ›Aktion‹ beginnt.« Es war ein grausamer, schändlicher Scherz. Jetzt tut es mir schrecklich leid, daß ich das gesagt habe.*

*Die zweite Deportationswelle begann am 18. Januar 1943. Die Nazis drangen in das Ghetto ein, umstellten viele Gebäude und deportierten die Bewohner nach Treblinka. Sie liquidierten das Krankenhaus, erschossen die Patienten und deportierten das Personal. Zu den Deportierten gehörten viele Fabrikarbeiter, die außerhalb des Ghettos gearbeitet hatten. Die Untergrundorganisationen, obwohl unzureichend ausgerüstet und kaum vorbereitet, leisteten dennoch bewaffneten Widerstand, der sich in viertägigen Straßenkämpfen entlud. [...]*

*Als Folge wurde die zweite Deportationswelle nach vier Tagen ausgesetzt; so konnten die Deutschen nicht mehr als 6000 Personen nach Treblinka schicken. Etwa 1000 weitere Personen wurden im Ghetto selbst ermordet.*

Encyclopaedia Judaica, *Band 16*

Wir verbrachten vier Tage im Versteck hinter dem Eichenschrank. Zu fünfzehnt waren wir in der kahlen, stockfinsteren Kammer zusammengepfercht. Drei kleine Kinder waren bei uns, die jederzeit hätten schreien und uns verraten können; sie taten es nicht. Am ersten Morgen drang man in unsere Wohnung und durchsuchte sie. Wir hörten schwere Schritte und barsche Stimmen aus unserem eigenen Zimmer. Jemand spähte in den Schrank und sagte auf deutsch, er sei leer. Dann verschwanden die Jäger. Ein weiteres Mal waren wir verschont geblieben.

Einige Zeit später hörten wir Schüsse und detonierende Handgranaten. Als der erste Tag der erneuten »Aktion« zu Ende ging und wir in der Dämmerung unser Versteck verließen, erfuhren wir, daß an diesem Morgen eine Handvoll Juden die deutschen Truppen angegriffen hatte. Ein Deutscher und jüdische Kämpfer waren in unserer Straße getötet worden. Den Deutschen hatte man schon weggeschafft, doch als ich mich hinauswagte, lagen immer noch die Leichen eines Mädchens und eines Jungen auf dem Bürgersteig direkt vor unserem Tor. Ich spürte den unbezwinglichen Drang, ihre Gesichter zu sehen. Im schwachen Dämmerlicht erkannte ich, wie jung die beiden waren. Das dunkle Haar des Mädchens breitete sich über den Schnee, der von ihrem Blut gefleckt war. Ich kannte sie. Ich wußte viel über sie. Sie hieß Halinka; wie ich war sie die Tochter eines Arztes, ein Jahr jünger als ich. Im Ghetto hatte sie sich einer Gruppe jüngerer Spójnia-Leute angeschlossen. Meine Freundinnen und auch ich hatten viel über sie geklatscht, in einer verworrenen Mischung aus Empörung und Neid – schon bevor sie fünfzehn war, hatte sie einen Liebhaber gehabt. Dieser Liebhaber, ein hübscher dunkler Junge von achtzehn Jahren, lag jetzt tot neben ihr im Schnee. Mein Herz verkrampfte sich. In hilflosem Schmerz weinte ich um sie und haßte mich, die tugendhafte Jungfrau, die sich feige verbarg, während andere kämpften und starben.

Spät in der Nacht kehrte ein Nachbar zurück, der während des Tages gefangengenommen und zum »Umschlagplatz« geschleppt worden war. Er erzählte uns, daß er sein Entkommen Julian verdanke. Mit dem Sanitätsauto an diesem Ort des Todes hin und her fahrend, hatte mein Onkel, wo er konnte, Männer und Frauen aus der Menge gegriffen, sie in sein Fahrzeug gesteckt und zu den Blocks zurückgefahren. Julian sei ein wahrer Held, sagte der Mann. Als ich das hörte, faßte ich einen schnellen Entschluß. Ich war mir sicher, Julian falsch eingeschätzt zu haben; gewiß konnte ich bei ihm die richtige Auskunft erhalten. Ich wollte ihn sofort sehen und mit ihm sprechen. Doch zuvor mußte ich Natan finden; wir hatten uns vor langer Zeit versprochen, gemeinsam zu gehen, falls sich die Möglichkeit ergab, sich den Widerstandskämpfern anzuschließen.

Mitten in der Nacht verließ ich unser »Heim« und rannte zu der Wohnung, die Natan mit Fremden teilte. Die Tür stand offen, die Wohnung lag verlassen. Die üblichen Zeichen von Gewalt und Plünderung erzählten mir die tragische Geschichte meines Freundes. Nie würde ich Natan wiedersehen, nie wieder hören, daß er mich liebte, nie würde ich soweit kommen, seine Gefühle zu erwidern. In blinder Verzweiflung, die Gefahr der Dunkelheit vergessend, stürzte ich mich in das unterirdische Labyrinth und machte mich auf den Weg zum Krankenhaus.

Ungewohnt still stand das Gebäude in der Dunkelheit, doch im Anbau des Erdgeschosses, der den Dienstraum der Sanitätsstation beherbergte, sah ich schwaches Licht durch die Ritzen des verdunkelten Fensters dringen. Ich betete darum, Julian möge da sein. Geräuschlos betrat ich den winzigen Vorraum. Dort war niemand, doch ich hörte Julians Stimme hinter der hölzernen Trennwand. Regungslos blieb ich stehen; ich wollte nicht mit Julian sprechen, wenn noch jemand dabei war. So wartete ich. Ich wollte nicht lauschen, hörte aber doch, wie mein Onkel sich mit einem anderen Mann unterhielt, seinem Assistenzpfleger und Fahrer, wie ich wußte. Ganz darauf konzentriert, was ich Julian sagen wollte, nahm ich von ihrer Unterhaltung keine Notiz. Plötzlich merkte ich zu meiner Verblüffung, daß sie Geld zählten. Kaum traute ich meinen Ohren – doch es stimmte: Sie zählten Geld, viel, viel Geld. Erst war ich verwirrt, dann entsetzt, und schließlich hatte ich verstanden oder glaubte ich vielmehr, verstanden zu haben. Mit angehaltenem Atem stahl ich mich sacht hinaus und rannte zu unserem Block zurück.

An die folgenden drei Tage im Versteck erinnere ich mich nur schwach – jedenfalls waren sie ein Alptraum von Elend, Angst und Verzweiflung. Die gedämpften Geräusche von Schüssen und Explosionen auf den Straßen bedeuteten, daß die Kämpfe andauerten. Gleichzeitig schritt die »Aktion« fort. An den Abenden, wenn wir aus unserem Loch krochen, hörten wir erschreckende Berichte über den eben vergangenen Tag. Das Ghettokrankenhaus hatte aufgehört zu existieren; seine Patienten hatte man sofort ermordet, die Ärzte und anderes Personal von der Arbeit oder von zu Hause weggeholt.

Zufällig hörte ich vom Schicksal meines Zahnarztes. Jemand hatte aus einem Versteck in derselben Wohnung den Vorfall beobachtet und erzählte, der Zahnarzt sei mit seiner Frau und seiner Schwiegermutter aus der kleinen Wohnung geholt worden. Er habe nicht einmal überrascht gewirkt, als die Nazis und ein jüdischer Polizist in sein Zimmer eindrangen. Als man ihn zum Gehen aufforderte, habe er den beiden Frauen ruhig in den Mantel geholfen, seinen eigenen Mantel vom Ständer genommen und nach seinen Galoschen gegriffen, weil es draußen heftig schneite. Während er mühsam die Galoschen anzog, habe ihm einer der Deutschen einen schmerzhaften Tritt versetzt und unter höhnischem Gelächter gedröhnt: »Laß das, du Idiot! Du wirst deine Galoschen nicht mehr brauchen.«

Mit seinem Sanitätsauto um den »Umschlagplatz« fahrend, überlebte Julian die »Aktion«. Als sich die Deutschen am fünften Tag aus dem Ghetto zurückzogen, die Straßenkämpfe aufhörten und die Überlebenden aus ihren Löchern krochen, tat er alles, was er konnte, um unser Entkommen zu sichern. Ich konnte ihm nicht ins Gesicht sehen, als er kam, um uns Anweisungen zu geben. Es war das letztemal, daß ich Julian sah. Er blieb im Ghetto bis zu dessen Zerstörung im darauffolgenden Frühjahr und starb in den Trümmern. Niemals werde ich wissen, ob er in den Reihen der Jüdischen Kampforganisation gekämpft hat. Auch werde ich nie erfahren, wie das mit dem Geld war, das ihm manche offenbar für seine Hilfe zahlten. Handelte er aus Habgier oder nahm er das Geld auf Anweisung seiner Organisation, die es dringend für Munition und Waffen brauchte? Ich weiß es nicht; und so verurteile ich Julian nicht. Möge er in Frieden ruhen.

Mutter, Sophie und ich verließen das Warschauer Ghetto am 25. Januar 1943. Gegen Abend zogen wir alle Kleider an, die wir besaßen, und füllten die Taschen mit unseren kärglichen Habseligkeiten; ich steckte mein Tagebuch und das Foto von Roman ein. Es kam nicht in Frage, Gepäck mitzutragen; wir mußten so tun, als gingen wir zur Arbeit. So schlossen wir uns den Arbeitern an, die sich im Hof des Judenratsgebäudes versammelt hatten, und meldeten uns bei dem Diensthabenden, der Julian versprochen hatte, uns aus dem Ghetto zu schleusen. Wir mußten uns an die Spitze des Zuges stellen, und bald marschierten wir zum Ghettotor hinaus, gefolgt von den Arbeitern. Jetzt waren wir außerhalb der Mauern. Totenstill bewegte sich der Zug durch das verlassene Gebiet, welches das Ghetto von der »arischen« Seite trennte.

Mit einemmal wurde mir bewußt, daß wir schon dort waren – auf der anderen Seite. Die in die Schatten des Winterabends getauchten, so schmerzhaft vertrauten Straßen der Altstadt wirkten unnatürlich ruhig. Die wenigen Passanten huschten hastig vorbei, dicht an den Gebäuden entlang, ohne sich umzuschauen; sie blickten nur kurz und verstohlen auf die Reihen der armseligen Gestalten mit dem blauen Stern, die sich mühsam neben dem verbotenen Bürgersteig über das Straßenpflaster schleppten.

Bis auf den heutigen Tag steht an der Ecke Koźla/ Senatorska in Warschau eine massige runde Anschlagsäule. Als wir uns dieser Säule näherten, wandte sich unser Anführer zu uns um und raunte uns zu, die Armbinden abzustreifen und an die Anschlagsäule zu fassen. Im Schutz der weiterziehenden Kolonne umkreisten wir dann nacheinander die Säule, hasteten die Senatorska hinunter und schlüpften durch das offene Tor des Hauses Nummer 10. In dem Schatten, der uns dort gnädig umfing, schloß mich eine kleine, geduckte Gestalt liebevoll in die Arme. »Gelobt sei Jesus Christus«, flüsterte Tante Maria schluchzend. »Heilige Muttergottes, steh uns bei!«

# *Jenseits der Mauern*

BEKANNTMACHUNG

Betr.: *Todesstrafe für Hilfeleistung gegenüber Juden, die ohne Genehmigung die jüdischen Wohngebiete verlassen haben*

*Zahlreiche Juden haben in jüngster Zeit ohne Genehmigung die ihnen zugewiesenen jüdischen Wohngebiete verlassen und halten sich weiterhin im Distrikt Warschau auf.*

*Ich erkläre hiermit, daß gemäß Verordnung Nr. 3 des Generalgouverneurs betreffend Wohnsitzbeschränkungen im Generalgouvernement vom 15. Oktober 1941 (VBlGG S. 595) nicht nur Juden, die auf diese Weise die ihnen zugewiesenen Wohngebiete verlassen haben, mit dem Tode bestraft werden, sondern alle Personen, die wissentlich solche Juden beherbergen. Dies betrifft nicht nur Unterkunft und Beköstigung, sondern auch jede andere Form der Hilfeleistung, z. B. die Beförderung von Juden in Fahrzeugen aller Art, den käuflichen Erwerb jüdischer Waren usw.*

*Ich fordere hiermit die Bevölkerung des Distrikts Warschau auf, jeden Juden, der sich ohne Genehmigung außerhalb eines jüdischen Wohngebietes aufhält, unverzüglich der nächsten Polizeiwache oder dem nächsten Polizeikommissariat zu melden. [...]*

*Warschau, den 6. September 1942*

DER SS- UND POLIZEIFÜHRER
*Distrikt Warschau*
*gez. von Sammern-Frankenegg*

Hand in Hand mit Sophie, fast blind vor Tränen, folgte ich Tante Maria und Mutter durch die Krakowskie Przedmieście zu unserer neuen Bleibe. Es war dunkel und bitter kalt; gefrierender Regen begann zu fallen, der Wind peitschte mir ins Gesicht – das beste Wetter für eine Flucht. Den Kopf tief in den Mantelkragen gesteckt, fühlten wir uns fast sicher. Kein Blick traf uns. Auch polnische Polizisten auf ihrem Reviergang und selbst die wenigen Deutschen, die den Elementen trotzten, schienen von dem Wetter zu sehr beeinträchtigt, um von den vier vermummten Gestalten Notiz zu nehmen, die schutzsuchend durch die Dunkelheit stolperten. Der warme Duft frischgebackenen Brotes, der unterwegs aus einem Tor wehte, ließ mich fast ohnmächtig werden. Die letzten acht Tage hatten wir nichts gegessen außer einer allnächtlichen Handvoll Graupen, hastig gekocht und verschlungen. Plötzlich kam mir der Gedanke, am Ende unseres Weges könne uns nicht nur ein Dach, sondern auch eine ordentliche Mahlzeit erwarten. Ich lächelte bei dieser Vorstellung.

Von der Nowy Świat bogen wir rechts in die Świętokrzyska und erreichten bald die Marszałkowska. Dort, an der Ecke der beiden Straßen, ganz nahe bei dem Haus, wo ich meine Kindheit verlebt hatte, stand das Haus, zu dem wir wollten: ein herrschaftliches sechsstöckiges Wohngebäude für Wohlhabende, sehr ähnlich unserem Haus in der Sienna. Glücklicherweise war niemand am Eingang, doch das großzügige marmorne Treppenhaus prangte, bei sorgfältig verdunkelten Fenstern, in strahlender Helligkeit. Dies war unsere kürzeste, aber gefährlichste Etappe: Wir mußten die Treppe hinauf und unbemerkt in die Wohnung schlüpfen. Unsere Sicherheit und auch die unserer Gastgeber hingen davon ab. Wieder hatten wir Glück: Ohne einer Menschenseele zu begegnen, gelangten wir nach oben und klingelten an der Wohnung im zweiten Stock.

Die schwere Wohnungstür öffnete sich sofort. »Willkommen, willkommen, liebe Damen.« Ein großgewachsener alter Herr mit grauem Kinnbärtchen und Schnurrbart begrüßte uns herzlich. »Kommen Sie, kommen Sie schnell in die Wärme.« Seine kleinen Augen blitzten freundlich; die Stimme klang, als empfange er lieben, langerwarteten Besuch. Seine abgetragene Jacke gab ihm etwas Anheimelndes. Er trippelte aufgeregt umher, half uns aus unseren schäbigen Mänteln und plauderte fröhlich mit seinem Hund, einem Scheusal namens Miki, das herumsprang und bellte, seitdem wir den Flur betreten hatten.

Eine pummelige alte Dame in dickem Morgenrock kam aus dem angrenzenden Zimmer, um uns gleichfalls zu begrüßen. Sie schüttelte uns herzlich die Hand, streichelte Sophie sanft über das lange Haar und sagte: »Wie müde Sie alle aussehen.« Sie bat uns, sie einfach »Oma« und ihren Mann »Opa« zu nennen. Sie führte uns durch eine Anzahl weiter, antik möblierter Räume zu einem Zimmer, das für uns bestimmt war. Es war ein langer, schmaler Raum mit drei Betten, drei Stühlen und einem Tisch. Ein dicker, von Wand zu Wand reichender Teppich dämpfte die Schritte, das große Fenster war von einem schweren Vorhang dicht verhüllt. Es war warm und behaglich.

Oma zog sich diskret zurück, und für eine Weile waren wir allein mit Tante Maria, die wegen der Ausgangssperre sehr bald nach Hause mußte. Endlich konnten wir uns richtig ansehen und einander umarmen. Tante Maria gab uns saubere Kleider zum Wechseln und nahm unsere Lumpen mit, um sie zu waschen und ordentlich zu entlausen. Nachdem sie versprochen hatte, früh am nächsten Morgen wiederzukommen, brach sie auf. Wir blieben wie betäubt mitten in dem Zimmer zurück, unsicher, was wir jetzt tun sollten, benommen von Wärme, Stille und Hunger. Wir hatten nichts auszupacken, nichts aufzuräumen; wir wagten nicht, uns auf die antiken Stühle zu setzen, bevor wir uns gründlich gewaschen hätten, und schon gar nicht, uns auf dem verwirrend frischen weißen Bett auszustrecken.

Wir blieben indessen nicht lange allein mit unserer Verschüchterung. Bald hörten wir ein hartes Klopfen an der Tür, und sie flog auf, ehe wir antworten konnten. Eine lebhafte, ansehnliche, stattliche Dame Ende Vierzig, gut gekleidet und sorgfältig geschminkt, trat energisch ein und beherrschte die Lage sofort. Sie stellte sich als Frau Serbin vor, die verwitwete Tochter der »Großeltern« Sokolnicki, unsere Wirtin. Wir seien zu müde, meinte sie, um jetzt die übrigen Mitglieder ihres Haushalts zu begrüßen und die Einzelheiten unseres Aufenthalts in ihrem Haus zu besprechen. Das könne bis morgen warten. Statt dessen sollten wir ein Bad nehmen, etwas essen und schlafen gehen. Wir stimmten ihrem Vorschlag freudig zu.

In dem blitzenden Badezimmer, in der Wanne voll warmen Wassers, eingehüllt in den lange vermißten Duft echter Seife, versank ich in seliges Vergessen. Die Welt, in der ich mich mit einemmal befand, hatte keine Verbindung zu meiner jüngsten Vergangenheit und schien auch nicht auf eine verläßlichere Zukunft hinzuweisen. Doch jetzt, in diesem kurzen, zeitlosen Augenblick, zählten weder Vergangenheit noch Zukunft. War ich bereits tot? War dies die Glückseligkeit des Jenseits?

Frau Serbins heftiges Pochen an der Badezimmertür holte mich in die Realität zurück und rettete mich vor einem tragischen Ende in der Wanne. Sie verkündete, das Abendessen in unserem Zimmer sei bereit. Noch heute erinnere ich mich an den Geschmack dieser herrlichen Nudeln mit Weißkäse und Zucker – ich verschlang sie viel zu schnell, wollte den Hunger auf einmal überwältigen. Als ich später in der Dunkelheit im Bett lag, konnte ich nicht einschlafen: Das Bett war zu rein, zu weich. An solchen Luxus war ich nicht gewöhnt. Heftige Hustenanfälle, wie sie mich seit kurzem plagten, vertrieben jede Schläfrigkeit. Ein Schwall bitterer Gedanken schwemmte die letzten Spuren Seligkeit fort. Ich war an einem unbekannten Ort, stand vor einer unbekannten Zukunft unter Fremden. Die grausame, jedoch vertraute Welt, in die ich bisher gehört hatte, blieb hinter den Mauern zurück. Ich hatte sie verlassen, auf der Jagd nach Sicherheit, nach dem Luxus eines duftenden Bades und eines weichen Bettes. Ich hatte mich von meinem Volk getrennt, es seinem schrecklichen Schicksal überlassen. Überströmt von Tränen des Leids und der Scham kroch ich in den trüben Nachtstunden aus dem Bett und streckte mich auf dem Teppich aus. Dort, frierend und unglücklich, schlief ich endlich ein.

Während der folgenden Tage übten wir uns in der Kunst des Überlebens im Versteck. Schritt für Schritt erwarben wir die Kenntnisse und Fertigkeiten, die zahlende Gäste einer großen, gutsituierten polnischen Familie brauchten und die auch vorausgesetzt wurden. Schritt für Schritt näherten wir uns jedem Mitglied der Familie, lernten seine Tugenden und Untugenden kennen, seine Gewohnheiten, seine Schwächen. Wir lernten die Regeln, deren Beachtung man von uns erwartete.

Mit Oma und Opa Sokolnicki kamen wir leicht zurecht. Sie waren beide warmherzige, verständnisvolle Menschen, äußerst kultiviert und taktvoll. Opa Sokolnicki, aus altem ostpolnischem Adel, war Architekt gewesen. Vor der Russischen Revolution hatte er in Sankt Petersburg studiert und gearbeitet. Seine Entwürfe wurden hoch geschätzt und trugen ihm sogar eine Auszeichnung durch den Zaren persönlich ein. In Sankt Petersburg begegnete er auch seiner späteren Frau, Tochter eines polnischen Adligen.

Maria Bulat – Tante Maria

*Folgende Doppelseite*

*Links oben:* Die Mutter im Jahr 1941
*Links unten:* Stefan im Sommer 1939
*Rechts oben:* Sophie als Elfjährige, bald nach ihrem Unfall 1941
*Rechts unten:* Jadwiga im Jahr 1941

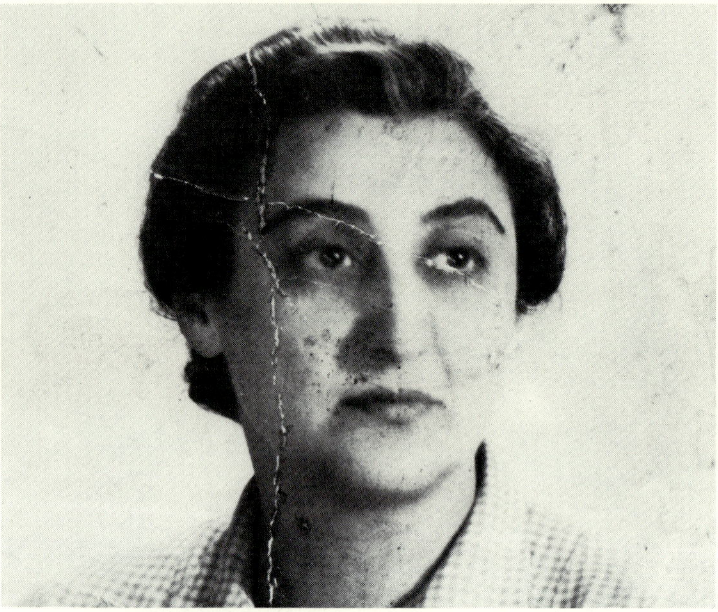

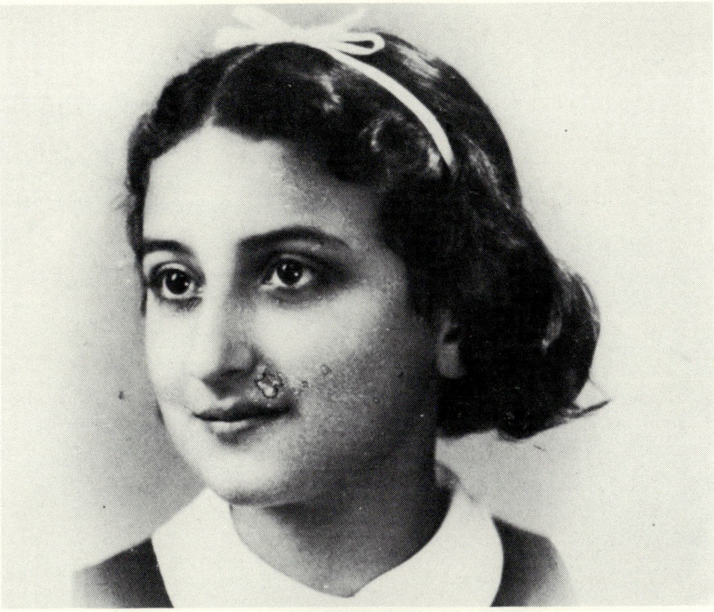
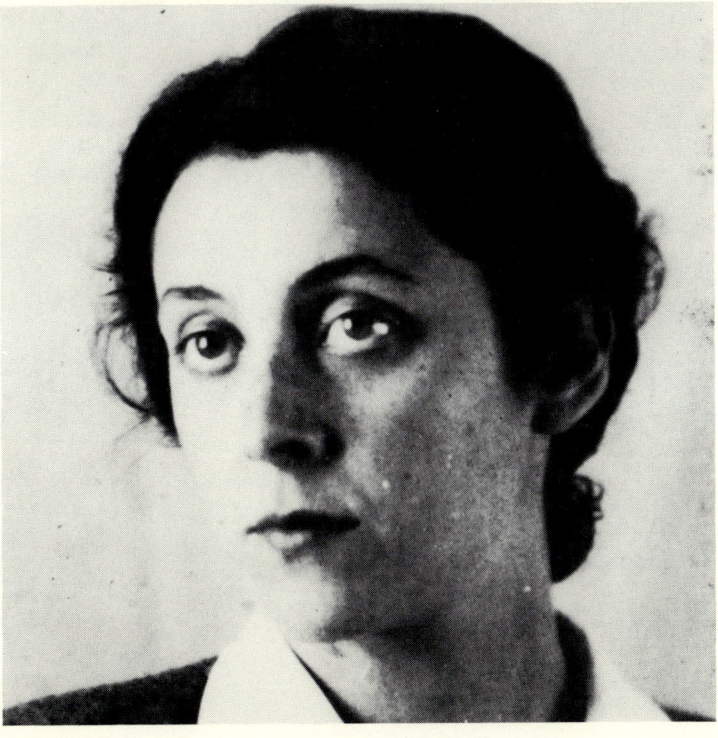

*Links oben:* Die Straße zwischen »Kleinem Ghetto« und dem eigentlichen Ghetto mit der hölzernen Fußgängerbrücke; hier war Sophie von einem deutschen Lastwagen niedergefahren worden (Foto: Institute of Jewish Affairs)
*Links unten:* Mitglieder der jüdischen Polizei des Warschauer Ghettos, angetreten zum Appell (Foto: Yad-Vashem-Archiv, Jerusalem)
*Oben:* Die Mauer des Warschauer Ghettos; die Straßenbahn fährt auf der »arischen« Seite (Foto: Institute of Jewish Affairs)

Kartoffelausgabe im Warschauer Ghetto (Foto: Yad-Vashem-Archiv, Jerusalem)

*Oben:* Jüdische Kinder mit ihrer Mutter, verwahrlost, hungernd, entkräftet – ein alltäglicher Anblick im Ghetto (Foto: Yad-Vashem-Archiv, Jerusalem)
*Unten:* Ein greiser Ghettobewohner ist vor einem Ladengeschäft zusammengebrochen (Foto: Yad-Vashem-Archiv, Jerusalem)

*Oben:* Sophie und Janina kurz nach Kriegsende
*Unten:* Aufräumarbeiten in den Ghettotrümmern 1946; in der Bildmitte die Autorin

Ihre drei Kinder wurden in Rußland geboren, jedoch zu guten Katholiken und polnischen Patrioten erzogen. Bald nach Ausrufung der Revolution floh die Familie aus Rußland, siedelte sich in Warschau an und lebte von nun an hier. Kurz vor Kriegsausbruch hatte sich Opa Sokolnicki nach einer langen und erfolgreichen Berufslaufbahn, die zwei Länder und zwei Kulturen umspannte, zur Ruhe gesetzt.

Die älteste Tochter der Sokolnickis, Klara, war ein zartes Fräulein mittleren Alters, scheu und still, eine Art kleine graue Maus. Sie und ihre Mutter teilten sich die Hauptaufgaben und sorgten für den täglichen Bedarf des ganzen Haushalts. Mutter wie Tochter widmeten ihre Freizeit dem Gebet. Tatsächlich erinnerte mich Klara an eine Nonne, und ich fragte mich oft, weshalb sie nicht ein Klosterleben gewählt hatte, anstatt sich für ihre anstrengende Familie aufzuopfern. Sie war eine sanfte, liebe Person, stets bereit, jedermann zu helfen – auch uns.

Von dem jüngsten Sokolnicki, Andrzej, wußten wir sehr wenig. Er kam und ging, ohne jemals jemandem zu sagen, was er vorhatte. Während unseres Aufenthalts in der Marszałkowska sahen wir ihn nur zwei- oder dreimal. Wir fanden nie heraus, welche Unternehmungen ihn von zu Hause fernhielten oder welchem Beruf er nachging. Ich fühlte mich recht angezogen von diesem schlanken, blassen Mann Mitte Dreißig – er begegnete uns mit dem Charme eines echten Prinzen, der sich wahrhaftigen Prinzessinnen nähert. Ich hörte gern sein Lachen im anderen Zimmer und liebte die alten russischen Lieder, die er manchmal allein in seinem Zimmer sang. Ein geheimnisvoller Hauch umgab Andrzej, und ich wünschte, er würde mit mir reden und mir seine Geheimnisse enthüllen. Doch er schien meistens beschäftigt. Auch zu Hause blieb er für sich. Einige Zeit später erfuhr ich zu meiner Überraschung, daß es Andrzej gewesen war, der als erster von uns gehört und seine Schwester gedrängt hatte, uns aufzunehmen.

Die wichtigste Person des Haushalts, sein Haupt und Vorstand, war ganz ohne Frage die mittlere Tochter der Sokolnickis, Frau Serbin. Ihren Vornamen erfuhr ich nie. Die Eltern nannten sie einfach »die Tochter«. Klara begegnete ihr mit tiefem Respekt, ja geradezu mit Ehrfurcht und sagte nur »die Schwester«. Der Grund dafür war nicht ganz klar. Ich glaube, daß alle Mitglieder der Familie von Frau Serbins finanzieller Unterstützung abhängig waren; doch es ließ sich schwer erraten, woher diese Witwe, nicht mehr jung und ohne Beruf, die Mittel nahm, um so viele Verwandte zu unterstützen.

Frau Serbin war ganz anders als ihre Eltern, ihre Schwester und ihr Bruder, sogar als ihre eigene Tochter. Man konnte in der Tat kaum glauben, daß sie ihre engsten Blutsverwandten waren. Lebhaft und resolut, den Freuden des Lebens zugetan, zeigte sie nichts von der Güte und der Einfühlsamkeit der anderen Familienmitglieder. Statt deren feiner Art entfaltete sie Schwung und Energie. Während ihre Mutter und ihre Schwester zu Hause arbeiteten und beteten, verbrachte sie die meiste Zeit des Tages beim Friseur, beim Schneider oder mit Freunden im Café. Von Anfang an fühlten wir uns in Frau Serbins Gegenwart unbehaglich. Unsere Abhängigkeit von ihr erschien uns demütigend.

Auch die dritte und die vierte Generation der Familie lebten in der Wohnung – Frau Serbins einzige Tochter Musia, deren Mann, Herr Bach, und ihr zweijähriges Töchterchen Kizia. Die Bachs waren ein mürrisches junges Paar; immer wirkten sie gequält. Sie arbeiteten zu hart und verdienten zu wenig. Der Mann konnte mit seinem Gehalt als kleiner Angestellter kaum seine Familie ernähren; Musia besuchte Kurse im Untergrund und versuchte, dies mit ihren Pflichten als Ehefrau und Mutter zu vereinbaren.

Ein weiterer zahlender Gast befand sich im Haushalt. Wir erfuhren dies erst am Morgen nach unserer Ankunft, als die Tür aufflog und meine geliebte, bisher ferne Tante Maryla im Nachthemd hereinstürzte, um uns endlich zu umarmen. Sie hatten uns ihre Anwesenheit bis zum Morgen verschwiegen, weil sie fürchteten, wir könnten vor Aufregung zusammenbrechen, erschöpft, wie wir am ersten Abend waren.

Das letzte Mitglied des Haushalts, abgesehen von dem Scheusal Miki, war »die Frau«. Wir trafen sie nie und sollten sie auch nicht treffen. Es war die Putzfrau und Küchenhilfe; sie kam frühmorgens und ging vor dem Abendessen. Sie mag der ehrenwerteste und großherzigste Mensch der Welt gewesen sein; doch eine eherne Hausregel besagte, daß die drei Damen Lubowicki – das waren Mutter, Sophie und ich – ihr Gesicht unter keinerlei Umständen jemand anderem als den Mitgliedern der Familie Sokolnicki zeigen sollten. Also mußten wir die meiste Zeit des Tages im Zimmer bleiben und durften nicht einmal die Tür öffnen, wenn »die Frau« in der Nähe war. Wir mußten früh aufstehen, um vor allen anderen auf die Toilette und ins Bad zu gehen; dann hatten wir uns einzuschließen, bis es dunkel wurde. Etwa um sechs klopfte Oma dann sacht an die Tür, zum ersehnten Zeichen, daß »die Frau« gegangen war und wir sicher zum »kleinsten Raum« gehen konnten.

Den Namen Lubowicki bekamen wir in der ersten Woche nach unserer Ankunft auf der »arischen« Seite, zusammen mit nagelneuen »Kennkarten«, die unsere »arischen« Gesichter zeigten und schwarz auf weiß dokumentierten, daß wir in einer Siedlung bei Lida geboren und getauft waren; Lida war eine kleine Stadt in dem jetzt von den Russen besetzten Ostpolen. Den Namen für unsere gefälschten Dokumente hatte Opa Sokolnicki ausgesucht; er klang flott und sehr polnisch. Wir brauchten all das, um als Hausbewohner registriert zu werden, falls jemand bemerken sollte, daß neben den Familienmitgliedern weitere Personen in der Wohnung lebten. Darüber hinaus konnte Frau Serbin ohne unsere Anmeldebestätigung auch keine weiteren Rationen bekommen. Keineswegs konnten uns unsere einfachen Papiere retten, wenn wir von den Nazis oder der marineblauen Polizei* ergriffen wurden. Einige auf der »arischen« Seite versteckte Juden hatten das Glück, echte Geburts- und Taufurkunden von inzwischen Verstorbenen zu besitzen. Diese waren sehr viel teurer, und wir konnten sie uns nicht leisten. Ausgehen wollten wir ohnedies nicht: Bei unserem »typisch jüdischen« Aussehen hätten uns selbst die besten Dokumente nicht gerettet. Maryla, der Opa Sokolnicki eine Kennkarte derselben schlichten Art besorgte, war in einer besseren Lage: Sie sah »besser aus«, war nicht so dunkel, nicht so »typisch« wie wir. Daher konnte sie manchmal – sehr selten – ausgehen, sich freier im Haus bewegen, mit »der Frau« reden, wenn sie wollte, jederzeit auf die Toilette gehen. Sie teilte auch die Mahlzeiten mit der Familie an dem langen Tisch im Speisezimmer; unser Essen brachten Oma Sokolnicki oder Klara in unser Zimmer, dreimal am Tag.

Vom ersten Abend an wußte ich, daß wir nicht mehr hungern müßten; doch gleichzeitig argwöhnte ich, wir würden auch nicht richtig satt werden. Ich hatte recht. Die gewiß schmackhaften, liebevoll angerichteten Portionen hätten kaum für ein Baby gereicht. Oma und Klara wußten das beide sehr gut und blickten immer beschämt drein, wenn sie unser Essen brachten. Es war nicht ihre Schuld – wir wußten wohl, daß sie uns gern ein ganzes Lamm aufgetragen

* Die marineblaue Polizei wurde während der deutschen Besetzung um einen Kern von Veteranen der polnischen Vorkriegspolizei aufgebaut und durch Polen deutscher Abstammung sowie polnische Kollaborateure verstärkt.

hätten, wenn es nach ihnen gegangen wäre. Doch Frau Serbin hatte sie in der Hand – sie verschloß die Speisekammer und behielt den Schlüssel in der Tasche, wenn sie morgens die Tagesration ausgegeben hatte. Maryla sagte, die Familie und sie würden kaum besser behandelt. Doch einmal konnte sie einen kurzen Blick in Frau Serbins eigenes Zimmer werfen und entdeckte die Hausherrin zufällig an ihrem Frisiertisch. Auf diesem standen kalter Braten, Käse und Kaviar.

Zwei Gäste durften wir immerhin empfangen. Tante Maria besuchte uns zweimal in der Woche; sie bildete unsere wichtigste Verbindung zur Außenwelt und zu unseren Lieben. Auch Stefan und Jadwiga waren schon auf der »arischen« Seite und lebten dort versteckt. Ihre Wirtin war die geschiedene Frau Herrn Richters, des ehemaligen Chauffeurs meines Großvaters. Zina Richter haßte ihren früheren Mann und blieb unserer Familie wahrhaft zugetan. Eifrig und uneigennützig nahm sie sich Stefans und Jadwigas an. Ab und an ging Tante Maria zu ihnen, brachte ihnen, was sie brauchten, auch Nachrichten von uns. Dann kam sie zweimal wöchentlich zu uns, und auch wir bekamen alles, was wir nötig hatten, und erfuhren alles über Stefan und Jadwiga. Zwischen zwei Verstecken pendelnd, Wertsachen verkaufend und große Summen Geld beschaffend, die monatlich an die jeweiligen Wohnungsbesitzer zu bezahlen waren, führte Tante Maria ein anstrengendes und gefährliches Leben. Sie war früher nie eine so tatkräftige und kühne Frau gewesen. Still und von Natur aus zaghaft, führte sie jetzt, als Mittfünfzigerin, einen unauffälligen Kampf um das Leben von fünf Menschen, die sie liebte; plötzlich war sie zur Heldin geworden. Ihr Haar ergraute, Kummer und Schlaflosigkeit zeichneten ihr Gesicht. Ihre Besuche waren für uns die Höhepunkte der Woche, die einzigen Ereignisse, auf die wir in Freude und Verzweiflung warteten –

abgesehen vom Ende des Krieges, das niemals näher zu kommen schien.

Der zweite Besucher aus der Außenwelt war Herr Staś Chmielewski; er brachte jedesmal eine Brise frischer Luft und einen Funken jugendlicher Hoffnung mit. Wir hatten ihn früher nicht gekannt; noch aus der Vorkriegszeit war er jedoch mit Maryla oder eher mit ihrem fernen Bruder befreundet. Viel später begriff ich, daß es eine ganz bestimmte Freundschaft war, die Staś und den wesentlich älteren Karol verband. Wie auch immer: Staś' Zuneigung nicht nur zu Karols nächsten Angehörigen, sondern auch zu dessen weiteren Verwandten, ja zu Juden überhaupt – denn Karol war Jude – erwies sich als umfassend und erstaunlich beständig; sie überdauerte Karol selbst. Als Maryla und ihre alte Mutter während der ersten »Aktion« aus dem Ghetto entkamen, nahm Staś die beiden wie ein liebender Sohn und Bruder ganz in seine Obhut. Die alte Frau brachte er bei seiner eigenen Mutter unter, und als guter Bekannter von Andrzej Sokolnicki und dessen Familie bewog er die Sokolnickis, Maryla unter ihrem Dach aufzunehmen. Im darauffolgenden Winter dann erwies er uns auf Bitten von Tante Maria denselben Dienst, obwohl er uns nicht einmal persönlich kannte.

Von seinem ersten Besuch an verstanden wir uns glänzend mit Staś; es war, als hätten wir ihn schon seit Urzeiten gekannt. Er war ein unbekümmerter, fröhlicher, lebhafter Geselle, furchtlos in allem, was er für uns und viele andere tat. Ohne Bindung außer der an seine Mutter, die ganz gut allein zurechtkam, konnte er sich Risiken leisten; das behauptete er jedenfalls bei unserer ersten Begegnung, als Mutter ihm dafür danken wollte, daß er uns geholfen hatte.

Anfangs war ich von Staś bezaubert. Vom normalen Leben abgeschnitten, ohne Verbindung zu Gleichaltrigen, hätte ich für jeden schwärmen können, der hübsch, jung und männlich war. Staś erfüllte alle diese Voraussetzungen. Er war zweiunddreißig, groß und stark, hatte blaue Augen, blondes Haar (das ich besonders mochte) und das offene Gesicht eines Burschen vom Lande. Er war nach der Mode der Kriegszeit gekleidet: lange Stiefel, Kniehosen, Tweedjacke, ein lustiges Hütchen mit grüner Feder. Mein Vater oder mein Onkel hätten sich nie so angezogen – doch mich störte das keineswegs. Ich war so angetan von meinem neuen Bekannten, daß ich mir einredete, Staś sehe Roman ähnlich. In Wirklichkeit hatten die beiden außer den blauen Augen und dem blonden Haar nichts gemeinsam.

Staś machte sich aber nichts aus mir. Das zeigte sich nach einiger Zeit, und ich war etwas enttäuscht. Ich glaubte, das dauernde Leben im Haus habe mir jede Attraktivität genommen. Ich gestand meiner Mutter meine Sorge, doch sie sagte, ich hätte unrecht. Leicht errötend erklärte sie mir behutsam, Staś zähle zu jener bestimmten Sorte von Männern, die sich nicht zu Frauen hingezogen fühlten. Ich verstand ihre Worte falsch und bekam Mitleid mit Staś, weil ich dachte, er sei impotent.

Unser Leben, gesichert durch die verschlossene Tür, gedämpft durch den schweren Vorhang und den weichen Teppich, verlief ereignislos, vom morgendlichen Waschen bis zum abendlichen Baden, von Mahlzeit zu Mahlzeit, vom einen Besuch unserer beiden Schutzengel bis zum nächsten. Die Zwischenzeit verbrachten wir im Gespräch oder mit Lektüre. Opa Sokolnicki übernahm es, uns mit Büchern zu versorgen, die er in einer Bibliothek auslieh. Er hatte einen vorzüglichen literarischen Geschmack und ein gutes Gespür dafür, was uns von unserer Not ablenken könne. Ihm verdanke ich meine Bekanntschaft mit der russischen Literatur. Während unserer vier Monate in der Marszałkowska gelang es mir, das meiste von Leo Tolstoj und Tschechow zu lesen, mich in Puschkin und Turgenjew zu verlieben und sogar einen ersten Eindruck von sowjetischen Schriftstellern zu bekommen, so von Scholochow und Alexej Tolstoj, den auch Opa schätzte.

Meine Untätigkeit und Nutzlosigkeit, die Leere meiner Tage bedrückten mich tief. Von Zeit zu Zeit schlug ich Oma Sokolnicki vor, ihr bei manchen Hausarbeiten zu helfen, doch sie lehnte jedesmal sanft ab: Ich sollte tagsüber mein Zimmer nicht verlassen, und abends, wenn »die Frau« gegangen war, war das Tagewerk getan. Die durch ihre doppelten Verpflichtungen bedrückte Musia stürzte mitunter ganz abgekämpft in unser Zimmer und flehte uns an, die kleine Kizia für ein oder zwei Stunden zu betreuen. Ich liebte diese kurzen Spannen, in denen das zarte, hilflose Kind auf mich angewiesen war, das ich füttern und an mich drücken konnte, bei dem ich spürte, daß es mich ohne jeden Hintergedanken mochte. Doch gleichzeitig zitterte ich bei dem Gedanken, was mit diesem Kind geschehen konnte, wenn man unsere Gegenwart unter demselben Dach entdeckte.

Wenn ich des Lesens überdrüssig war, dachte ich oft stundenlang an Vater, Roman, an meine Freundinnen und Freunde. Einmal brachte mir Tante Maria eine gute Neuigkeit. Zufällig hatte sie auf der Straße Hankas Mutter getroffen. Alle Sicherheitsvorkehrungen vergessend, gingen die beiden Frauen die Straße hinauf und hinunter und tauschten Nachrichten aus. Frau K. und Hanka waren knapp vor der zweiten »Aktion« aus dem Ghetto geflüchtet. Mit Hilfe ihrer Freunde hatten sie einigermaßen sichere Dokumente bekommen und eine relativ gute Unterkunft gefunden. Sie brauchten sich nicht zu verstekken, denn beide sahen sie aus wie schlichte Bauersfrauen. Frau K. fand eine Stellung und verdiente etwas Geld; Hanka ging wieder in eine geheime Lerngruppe.

Ich war überwältigt von der Neuigkeit, glücklich und neidisch zugleich; schließlich konnte ich nicht hinaus und eine Lerngruppe besuchen. Doch Tante Maria hatte noch mehr zu berichten. Frau K. stand mit einer Frau in Verbindung, die vor dem Krieg Zulas Kindermädchen gewesen war. Zula war allein aus dem Ghetto geflohen – ihre Mutter hatte man bei der ersten »Aktion« aufgegriffen. Sie ging direkt zu ihrer alten Kinderfrau, die sie mit offenen Armen aufnahm und sich liebevoll um sie kümmerte. Doch Zula wollte nicht still zu Hause sitzen; sie war zu lebhaft, zu unternehmungslustig, um sich in der Enge einzurichten. Nach einer Woche schlug sie die Warnungen und Mahnungen ihrer Beschützerin in den Wind und lief auf die Straße, um die frische Luft zu atmen und die Leute in der Sonne spazierengehen zu sehen. Zu Tode erschrocken folgte ihr die alte Frau in einiger Entfernung. Zula war nicht das Mädchen, das unbemerkt bleiben konnte. Ihr feuerrotes Haar, ihr schönes blasses Gesicht erregten überall Aufsehen. Ihre jüdische Abstammung konnte kaum verborgen bleiben. Nach kurzer Zeit wurde sie von drei Deutschen entdeckt, die durch die Straße schlenderten. Sie hielten sie an, sprachen eine Weile mit ihr und zogen sie dann in einen Torweg. Splitternackt kam Zula aus ihm hervor. Brüllend vor Lachen stoppten die Deutschen eine vorbeikommende Tram, beförderten das nackte Mädchen auf die vordere Plattform, sprangen ihm nach und winkten dem Fahrer, seine Fahrt fortzusetzen. Benommen und hilflos sah die alte Frau den weißen Körper und den roten Kopf im Verkehrsgewühl verschwinden. Zula kam nie zurück.

Irgendwo hinter dem vorhangbewehrten Fenster verlor der Winter seine Macht; die erstarkende Sonne und die Regenschauer des ersten Frühlings drängten ihn langsam zurück. Niedergeschlagen und matt, von einer unerklärlichen Krankheit gequält, verbrachte ich die meiste Zeit im Bett. Mutter und Tante Maria rangen die Hände; sie wußten nicht, was sie mit mir machen sollten. Einen Arzt zu rufen kam nicht in Frage; außerdem schien es klar, daß ich keinen Arzt, sondern frische Luft und Freiheit brauchte.

Seit Ausbruch des Krieges hatte Tante Maria Fühlung behalten mit Halina, meiner »arischen« Tante, die stets großen Anteil an unserem Schicksal nahm und ihre Hilfe anbot. Als Halina von meinem Elend hörte, lud sie mich zu einem Besuch bei sich ein. Halina lebte sehr gefährlich: Sie stand nicht nur in enger Verbindung zu ihrem jüdischen Mann Władek, der zwar auf der »arischen« Seite, aber nicht zu Hause wohnte und mit der Widerstandsbewegung zu tun hatte, sondern verbarg auch Oma Wiera in ihrer Einzimmerwohnung und unternahm allerlei unerlaubte Transaktionen, um ihrem Mann, ihrer Schwiegermutter und ihrem kleinen Sohn zu helfen. So konnte sie mich nur für ein paar Tage einladen. Doch das bedeutete so viel für mich: Hinauszukommen, durch die Straßen zu gehen, eine andere Umgebung und andere Leute zu erleben schien äußerst verlockend. Das Vorhaben mußte aber zuerst mit unseren Gastgebern erörtert werden. Frau Serbin lehnte das Ganze strikt ab. Sie erklärte – nicht ohne Berechtigung –, mein Gehen und Kommen würde uns alle gefährden und den Regeln zuwiderlaufen, auf die wir uns verpflichtet hätten. Zu meiner großen Überraschung sprach sich der ganze übrige Haushalt für mein Wagnis aus. Opa Sokolnicki, Klara, Musia und selbst ihr schweigsamer Ehemann überzeugten Frau Serbin schließlich davon, daß gegen mein Weggehen nichts einzuwenden sei. Im Gegensatz zu meiner Mutter und Sophie, sagten sie, sähe ich nicht so auffällig jüdisch aus – mein Haar sei weniger dunkel, meine Augen hell, meine Nase mittelgroß. Um sicherzugehen, brachte mir Oma Sokolnicki einen alten Hut, der mein gewelltes Haar bedeckte. Frau Serbin, immer noch murrend, gab mir ihre eigene Sonnenbrille; meine Augen seien zwar hell, meinte sie, aber mit ihrem traurigen, verträumten Ausdruck noch immer typisch jüdisch.

An einem Freitagabend verließ ich endlich unser komfortables Gefängnis. Tante Maria begleitete mich; die Todesangst war ihr ins Gesicht geschrieben. Der ganze Haushalt verabschiedete uns an der Tür; Oma Sokolnicki segnete mich sogar und schlug das Kreuz über mir. Dann befanden wir uns im Freien. Die Tage waren schon länger, und es war noch hell. Die Luft war frisch und würzig. Ich war seit drei Monaten nicht mehr draußen gewesen und fühlte mich zuerst ganz wirr. Wir gingen durch die Hauptstraßen, und ich sah mich aufgeregt um, während Tante Maria gebeugt neben mir hertrottete und ängstlich flüsterte: »Sieh nicht die Leute an, um Gottes willen!« Plötzlich entdeckte ich mich selbst in einem großen Spiegel, der in einem Schaufenster stand. War ich das wirklich? Was ich sah, war eine geschlechtslose Gestalt in einem schäbigen, viel zu langen, gräulich braunen Wintermantel, mit gewaltiger dunkler Brille, die das halbe Gesicht verbarg – es schien eher einer Biene als einem Menschen zu gehören. Angewidert fuhr ich zurück und ging verstört weiter; im stillen verfluchte ich nicht die Nazis, sondern die, die es für sicherer hielten, ein Monster aus mir zu machen.

Wider Erwarten schien das Leben bei Halina ruhig zu verlaufen. Sie war eine strahlende Frau, sah gut aus und hatte eine warmherzige, mutige Art. Aus einer Arbeiterfamilie stammend, hatte sie bald gelernt, mit den Sorgen des Alltags umzugehen, und kämpfte tapfer gegen die Schrecken der Kriegszeit. Als sie mich in meiner Verkleidung sah, brach sie in Lachen aus; doch gleichzeitig traten ihr die Tränen in die Augen. Sie umarmte mich herzlich und ließ mich im Flur meine Tarnung ablegen, damit Oma Wiera durch meine Erscheinung nicht erschreckt würde.

Ich fand Oma viel älter und dünner als vor sechs Monaten. Die ständige Angst um ihre vier Söhne, von denen Julian ihr die größte Sorge zu bereiten schien, hatte ihren Zustand nachhaltig verschlechtert.

Das Wochenende verlief ruhig und glücklich. Ich freute mich über meinen Vetter Jurek, der jetzt ein reizender, aufgeweckter Junge von sechs Jahren war. Er schloß sich mir sofort an und brachte mir dauernd Süßigkeiten aus dem Schrank seiner Mutter, für mich eine unerhörte Wonne. Endlich einmal fühlte ich mich nicht hungrig. Am Sonntag abend brachte mich Halina in die Marszałkowska zurück. Sie verbot mir, den Hut und die Brille zu tragen, und ermutigte mich, entspannt durch die Stadt zu gehen. Ich fühlte mich viel besser so.

Mein nächster Besuch bei Halina war auf Sonntag, den 17. April festgesetzt. Diesmal ging ich allein, in einem neuen Frühjahrsmantel; Staś hatte ihn mir von dem Stand mitgebracht, den er auf dem Markt betrieb. Der Abend war warm und klar; ich fühlte mich wieder jung und schön. Doch etwas hatte sich verändert in Halinas Heim, seit ich vor einem Monat dort gewesen war. Oma Wiera war nicht mehr da. Halina hatte sie zu Freunden in einen Außenbezirk der Stadt bringen müssen, da in der Nachbarschaft Gerüchte umliefen, ihre Schwiegermutter sehe leicht jüdisch aus. Dies hielt Halina jedoch nicht von dem Risiko ab, mich bei sich zu empfangen. Am Sonntag morgen nahm sie mich mit in ein Café in der Stadt, in dem wir Onkel Władek trafen. Er war für mich fast ein Fremder, doch ich fand es schön, wieder mit einem Onkel zu sprechen. Es sollte das letztemal sein, daß ich Władek sah. Einige Monate später wurde er mit vielen anderen polnischen Untergrundkämpfern von einem Nazitrupp erschossen. Wie mein Vater und Józef starb er, nicht weil er Jude war, sondern weil er als Pole gegen die Deutschen kämpfte.

Für den Sonntag nachmittag hatte Halina Freunde eingeladen: einen Rechtsanwalt mittleren Alters, der sichtlich in sie verliebt war, eine fröhliche junge Frau und einen scheuen Vetter, der in einer Fabrik arbeitete. Halina versuchte nicht zu verbergen, wer ich war, sondern stellte mich ohne Umschweife als ihre Nichte vor. Sie hatte ein Essen gekocht, und wir tranken eine Menge Wodka. Ich fühlte mich wie ein richtiger Gast, auf der gleichen Stufe mit den anderen.

Am nächsten Morgen wurde ich durch den Knall einer schweren Explosion geweckt. Es war der Tag nach Palmsonntag, und eine Weile grübelte ich noch im Halbschlaf, weshalb wohl jemand die Auferstehung sechs Tage zu früh ankündigte.* Doch bald erkannte ich, daß sich etwas anderes ereignete. Heftiges Maschinengewehrfeuer war zu hören. Halina hastete im Morgenrock hinaus, um zu sehen, was draußen vorging. Betroffen kehrte sie zurück. Leute auf den Straßen wußten es bereits: Ein Kampf tobte hinter den Ghettomauern.

Der Lärm schwerer Gefechte war den ganzen Tag über zu hören. Abends, als ich Halina verließ und in die Marszałkowska zurückging, standen Rauchwolken am Himmel. Der durchdringende Brandgeruch ließ mich an die Belagerung Warschaus zurückdenken. Damals war ich in Gefahr, litt mit den anderen. Jetzt, in schmählicher Sicherheit, besah ich mir den hoffnungslosen Kampf der Meinen von fern. Als ich nach Hause kam, waren die Großeltern Sokolnicki, Klara und die Bachs alle im Wohnzimmer versammelt und beteten. Ihre Gesichter waren ernst.

Die nächsten Tage, von ständigen Explosionen

* Nach einer polnischen Sitte läßt man am Ostermorgen Feuerwerkskörper explodieren.

und Maschinengewehrgarben hallend, brachten weitere verwirrende Nachrichten. Niemand wußte genau, wie alles begonnen hatte, doch der Ghettoaufstand wurde bald zur Gewißheit. Es war klar, daß er nicht lange dauern konnte, daß das übermächtige deutsche Militär den kühnen Ausbruch einer Handvoll Verzweifelter in ein oder zwei Tagen ersticken würde. Doch der Kampf dauerte an. Das Ghetto stand in Flammen, das Ghetto kämpfte.

Es dauerte mehrere Tage, bis die Sokolnickis den ersten Schock überwanden und sich, immer noch ernst und erschüttert, wieder ihrem Alltag zuwandten. Opa ging in die Bibliothek, Oma wischte wieder Staub und bügelte; dabei flüsterte sie ihre christlichen Gebete für die Seelen der jüdischen Kämpfer. Nach und nach kamen Ostern und das Osteressen ins Gespräch; daneben erzählte man sich schreckliche Geschichten von den Menschen, die man in den Flammen hatte sterben sehen, Frauen mit Kindern im Arm, die aus den Fenstern brennender Häuser sprangen, ganze Gruppen von Kämpfern, die man aus den Deckungen gezerrt und sofort erschossen hatte.

Unsere Tage waren leer, unsere Nächte schlaflos. Spät in der Nacht, wenn alle anderen Bewohner schliefen, stahlen Mutter, Sophie und ich uns in das dunkle Wohnzimmer, öffneten die Balkontür und starrten zum Himmel hinaus. Er war glühend rot von dem Feuer, das im nördlichen Teil der Innenstadt wütete. Gelegentlich zerriß das scharfe Bellen eines Maschinengewehrs die Stille der verlassenen Straßen. Ein plötzlicher Stoß des Nordwinds übersäte die Gehsteige mit verkohlten Splittern.

Am Karfreitag bat mich Frau Serbin, in der Küche zu helfen. »Die Frau« hatte Urlaub, und es gab viel zu tun; die jüngsten Ereignisse hatten alles verzögert. Deshalb arbeiteten alle weiblichen Haushaltsmitglieder in der warmen, geräumigen Küche; Frau Serbin führte das Kommando. Zu einer anderen Zeit hätte ich es sehr genossen, Eier zu schlagen, Rosinen zu verlesen, den süßen Vanilleduft des frischgebakkenen Kuchens einzuatmen. Diesmal jedoch waren meine Gedanken weit entfernt von meinen emsigen Fingern. Die aufgeregte Stimmung, die ansonsten so natürlich ist, wenn man mit vereinten Kräften eine Arbeit rechtzeitig schaffen will, machte mich krank. Aber es war jedenfalls besser so, als mit seinem Kummer eingesperrt zu sein.

An Ostern wurden wir von der Familie zum Essen eingeladen. Ich bemühte mich verzweifelt, ein freundliches Gesicht zu zeigen und die Stimmung nicht zu stören. Niemand am Tisch war fröhlich, doch man war stillschweigend übereingekommen, das Thema des Ghettoaufstands an diesem Abend nicht zu erörtern. Ich hielt es kaum aus; alle meine Gedanken waren dort. Mutter und Sophie ging es wie mir, und so zogen wir uns nach dem letzten Gang gleich in unser Zimmer zurück.

Staś erbot sich, den Ostermontag mit uns zu verbringen. Er kam am Morgen. Obwohl er seine beste Tweedjacke angezogen und sich feingemacht hatte, war er unverkennbar bedrückt. Angestrengt versuchte er es zu überspielen und uns aufzuheitern. Er hatte sogar sein Grammophon und ein paar Platten mitgebracht, um uns abzulenken. Eine kräftige männliche Stimme sang von Rosamunda, die mit dem Nordwind kam. Von Norden her verdunkelten schwarze Rauchwolken den strahlenden Himmel. Dichter Ruß überzog mehr und mehr die Wände und die Bürgersteige der festlichen Stadt. »Halleluja!« jubelten die Mengen in den Kirchen Warschaus.

Der Ghettoaufstand ging in die dritte Woche.

Naziplakate in der ganzen Stadt riefen die Polen auf, auf der »arischen« Seite versteckte Juden zu denunzieren, kürzlich entflohene ebenso wie solche, die schon länger untergetaucht waren. Das Gefühl der Gefahr verstärkte sich. Die Regeln für unsere Sicherheit wurden verschärft. Es kam nicht mehr in Frage, daß ich wegging.

Einmal mitten in der Nacht hörten wir Fliegeralarm: Alliierte Bomber dröhnten hoch über der Stadt. Bald folgten in der Ferne schwere Detonationen. Die deutsche Luftabwehr antwortete krachend. Schnell und in aller Stille eilten unsere Mitbewohner in den unterirdischen Schutzraum. Wir konnten es nicht riskieren, von den Nachbarn gesehen zu werden, und blieben in der Wohnung. Die alten Sokolnickis beschlossen, bei uns zu bleiben. Oma murmelte Gebete, Opa scherzte mit seinem Scheusal von Hund, und wir fühlten uns alle erleichtert bei dem Gedanken, daß endlich die langersehnte Hilfe und Vergeltung von oben kämen. Am nächsten Tag erfuhren wir, daß es den russischen Bombern gelungen war, einen strategischen Stützpunkt der Deutschen in Warschau zu zerstören; doch es hatte auch viele Verluste unter den Polen gegeben.

Bald nach dem Luftangriff endete der Kampf im Ghetto. Am 16. Mai sprengten die Deutschen die Synagoge in der Tłomackie, um ihren Sieg über die Juden Warschaus zu demonstrieren. Die Jagd nach Überlebenden wurde verstärkt.

Des Nachts beherrschten mich nun quälende Gedanken und schreckliche Träume. Einmal sah ich Roman im Traum. Wir lebten zusammen in einem kleinen Zimmer und versteckten uns vor den Nazis und vor den Nachbarn, die hätten entdecken können, daß wir im selben Bett schliefen. Im Schlaf hörte ich heftiges Klopfen an der Tür. Jäh schreckte ich hoch. Im schwachen Licht der Morgendämmerung sah ich Frau Serbin. Drei große Männer drängten sich neben ihr in unser Zimmer. »Ihre Dokumente, Frau Lubowicki«, rief Frau Serbin. »Die Herren wollen Ihre Kennkarten sehen.« Ein schmerzhaft schnelles Erkennen ließ mein Herz sinken: Gestapo! Das war das Ende, der Tod stand an meinem Bett. Mit zitternden Händen holte Mutter schnell die drei Kennkarten hervor, die sie immer neben ihrem Bett in der Handtasche aufbewahrte. Einer der Männer drehte das Licht an, blickte aber nicht auf die Dokumente, sondern starrte direkt in Mutters entsetztes Gesicht, während seine Begleiter Sophie und mich musterten. »Juden«, sagten sie bestimmt. »Aufstehen, Sie kommen mit«, sagte der erste Mann eisig. Er sprach polnisch.

Sie gaben uns fünf Minuten, damit wir uns zum Gehen fertig machten, und verließen dann den Raum zusammen mit Frau Serbin. Diese kam nach kurzer Zeit mit hochrotem Kopf zurück. »Geld«, keuchte sie tonlos. »Sie sind bereit, Sie in Ruhe zu lassen, wenn Sie bezahlen. Frau Lubowicki, Sie müssen es tun, Sie müssen ihnen Geld geben, um unser aller willen.«

»Wieviel?« murmelte Mutter mit einem Anflug von Erleichterung. »Ich habe kein Geld bei mir.« Die verlangte Summe betrug 100 000 Zloty, ein Vermögen, das wir nicht aufbringen konnten. Selbst wenn Tante Maria alle restlichen, nicht mehr sehr zahlreichen Wertgegenstände verkaufte, hätte sie nicht einmal die Hälfte erlöst. Doch jetzt war klar, daß die drei Männer nicht von der Gestapo kamen. Offensichtlich waren es Erpresser, zwar gefährlich, aber vielleicht verhandlungsbereit. Mutter gab sich einen Ruck und beschloß tapfer, ihnen entgegenzutreten. Sie hatte sich inzwischen angekleidet und sprach nun den Anführer in ihrem fließenden Deutsch beherrscht an. Er starrte ihr nur verdutzt ins Gesicht – er verstand die Sprache nicht. Das gab Mutter eine bessere Verhandlungsposition. Bald schrumpfte die Forderung auf 40 000. Die Bedingungen wurden festgelegt: Die Männer würden in drei Tagen wiederkommen, um das Geld zu holen. Rasch verschwanden sie.

Es gab keine Zeit zu verlieren: Unsere Unterkunft

war nicht mehr sicher. Um uns und unsere Gastgeber zu retten, mußten wir sofort gehen, je eher, desto besser. Oma Sokolnicki eilte, um Tante Maria zu holen. Sie kam sofort, niedergeschlagen und schluchzend. Wir setzten uns mit ihr und Frau Serbin zusammen und suchten nach einer Lösung. Wären wir nur aus dem Weg – Tante Maria könnte irgendwie das Lösegeld auftreiben, und Frau Serbin würde mit den Schurken einfacher allein zurechtkommen. Aber wohin sollten wir gehen?

Bald wurde es klar: Da Halina derzeit weg war, blieb allein Zina Richter, die wir um vorübergehende Aufnahme bitten konnten – die Frau, die schon Jadwiga und Stefan in ihrer winzigen Wohnung beherbergte. Es war aber nicht möglich, sie zu fragen; wir konnten uns nicht einmal ankündigen. Wir mußten weg – sofort.

Es war ein klarer Tag. Die Jagd nach den Juden befand sich auf dem Höhepunkt, und unsere angsterfüllten Augen wirkten jüdischer als je zuvor. Tief bekümmert grübelten wir, wie wir es anstellen sollten, unbehelligt Zinas Wohnung zu erreichen. Recht überraschend kam die beste Idee von Klara. Es seien jetzt viele Verwundete in Warschau, sagte sie; manche trauerten um ihre Lieben, die bei dem jüngsten Bombenangriff ums Leben gekommen waren. Wir begriffen sofort.

Aus ihrer geräumigen Kommode grub Oma Sokolnicki einen schwarzen Hut mit einem feinen schwarzen Schleier aus, den sie bei Trauerfällen in der Verwandtschaft trug. Klara holte den Erste-Hilfe-Kasten der Familie. Mutter war die Trauernde, die ihr Gesicht hinter dem Schleier verbarg. Sophie spielte die Verwundete. Ihr halbes Gesicht einschließlich der Nase war dick bandagiert; nur ein schwarzes Auge blickte traurig aus dem Verband – in einer solchen Lage durfte man schon traurig blicken. Rasch kamen wir überein, daß ich unverkleidet gehen sollte. Opa ging hinunter, und da es im besetzten Warschau keine Taxis gab, besorgte er eine Droschke. Dann verabschiedeten wir uns hastig von den Menschen, die uns als erste ein schützendes Dach geboten hatten, und gingen hinaus ins Ungewisse.

# *Auf der Flucht*

Die Pferde klapperten gemächlich über die Hauptstraßen. Der alte Kutscher hoch auf dem Bock, mit dem Rücken zu uns, seufzte immer wieder schwer. Passanten blickten mitleidig auf uns. Erst jetzt, da wir untätig in der Droschke saßen, erkannten wir so recht den Ernst unserer Lage. Wir wußten nicht (und wir erfuhren nie), wie uns die Erpresser aufgespürt hatten; auch wenn sie ihr Geld bekamen, war es keineswegs sicher, daß sie Frau Serbin und auch Tante Maria in Ruhe lassen würden. Sie konnten uns sogar jetzt beschatten und so Zinas Wohnung entdecken, das Versteck von Stefan und Jadwiga. Wohin wir uns auch wandten, wir brachten hilfsbereite Menschen in Gefahr.

Wir klopften – zweimal lang, dreimal kurz. Die Tür öffnete sich langsam, zögernd. Ein Paar wunderschöne Augen starrte uns verwirrt entgegen. Dann schrie Jadwiga entsetzt auf. Einer Ohnmacht nahe, ließ sie uns schnell herein und verschloß die Tür. Stefan, den sie rief, wirkte nicht weniger entsetzt. Zina war nicht da.

Es war unser erstes Zusammentreffen seit der Flucht aus dem Ghetto im Januar; so nahmen zunächst unsere Gefühle ihren Lauf. Aber nicht für lange. In Zinas Küche sitzend, hörten wir Stefans und Jadwigas haarsträubende Geschichte, ehe wir von unseren jüngsten Erfahrungen berichteten.

Zina war gestern morgen zur Arbeit gegangen – sie putzte stundenweise – und noch nicht zurückgekehrt. In wachsender Angst hatten Stefan und Jadwiga gewartet – vergeblich. Als die Ausgangssperre begann, erkannten sie, daß ihr etwas Ernstes zugestoßen sein mußte. Außerdem hatten sie Hunger; sie waren von Zinas täglichen Einkäufen abhängig. Auf der Suche nach etwas Eßbarem, erst in der Küche, dann in Zinas Schlafzimmer, entdeckte Jadwiga auf dem Bettkasten eine zerbrochene Morphiumampulle und eine halbvolle Spritze. Mit einem Schlag begriffen sie: Zina war süchtig.

Nachdem sie einige Zeit bei ihr gelebt hatten, war ihnen Zinas Unausgeglichenheit aufgefallen; ihre Stimmung schwankte an ein und demselben Tag abrupt. Doch sie schrieben das ihrer Einsamkeit zu, ihrer Sehnsucht nach einem Mann, vielleicht einer gewissen Neigung zum Alkohol. Jetzt, da sie die Wahrheit kannten, fürchteten sie sich. Falls man sie auf der Straße verhaftet hatte, was in Warschau seit Kriegsbeginn täglich auch gewöhnlichen Leuten geschah, war sie möglicherweise zu allem bereit, um an Morphium zu kommen. Sie war eine ehrliche, weichherzige Frau, doch das Verlangen nach der Droge konnte sie dazu bringen, ihre Mitbewohner zu verraten. Es war offenkundig, daß Stefan und Jadwiga sofort fliehen mußten. Und wir drei selbstverständlich auch. Aber wir hatten keine Zuflucht. Wir saßen in der Falle.

Zina kehrte am nächsten Abend zurück. Sie wirkte verstört und elend. Als sie Mutter, Sophie und mich sah, brach sie in Tränen aus. Sie küßte uns abwechselnd und stammelte ständig »Verzeihung«; dann schloß sie sich in ihr Zimmer ein. Nach einiger Zeit kam sie gefaßt zurück. Sie sagte nie, wo sie die letzten sechzig Stunden verbracht hatte.

Am nächsten Morgen ging Zina wie gewohnt zur Arbeit. Wir mußten nicht hungern, da Jadwiga sich tags zuvor hinausgewagt und einige Lebensmittel gekauft hatte. Doch die steigende Spannung machte uns alle zu Nervenbündeln. Wir fuhren alle hoch, als es klopfte.

Es war jedoch ein bestimmtes Klopfen – zweimal lang, dreimal kurz: Tante Maria stand vor der Tür. Sie sah blaß und müde aus, brachte aber eine gute Nachricht. Innerhalb von eineinhalb Tagen war es ihr gelungen, alle restlichen Bilder von Großvater Aleksander zu verkaufen, und sie hatte schon zwei Drittel der von den Erpressern verlangten Summe aufgebracht. Den Rest hoffte sie sich zu borgen. Inzwischen hatte sich Frau Serbin mit einem Mann in Verbindung gesetzt, der bereit war, uns später an diesem Tag zu einem neuen Zufluchtsort zu bringen. Ort und Zeit des Treffens standen bereits fest. Tante Maria kannte keine Einzelheiten – wer der Mann war, wohin er uns bringen wollte, für wie lange und für wieviel Geld. Wir mußten ihm einfach trauen; es gab keine Wahl.

Das war diese Sache. Doch es gab ein weiteres Problem, das dringend zu klären war: Wir hatten kein Geld mehr. Die Stunde hatte geschlagen für den letzten Gegenstand, den Mutter all die Jahre für die größte Not aufbewahrt hatte – einen Platinring mit einem schweren, funkelnden Diamanten von großem Wert. Obwohl Mutter in einer wohlhabenden Familie geboren und aufgewachsen war, war sie eine sehr bescheidene Frau. Selbstverständlich besaß sie viele schöne kleine Juwelen – Geburtstagsgeschenke ihrer Eltern und Tanten –, aber sie trug sie sehr selten. Ihr Ehering und eine kleine goldene Uhr waren fast immer ihr einziger Schmuck. Etwas so sichtlich Teures wie diesen Diamantring hätte sie nie getragen. Er war ohnedies nicht zum Tragen bestimmt. Als der Krieg bevorstand, hatte Vater beschlossen, alle Ersparnisse seiner langen Jahre harter Arbeit in diesem einzigen Juwel anzulegen, überzeugt davon, daß dieser seiner Familie mehr Sicherheit geben würde als Geld. Er behielt recht. Jetzt war die Stunde der Not gekommen, und Mutter nahm den Ring aus einem kleinen Ledersäckchen, das sie stets in ihrem

Büstenhalter aufbewahrte, und gab ihn Tante Maria zum Verkauf.

Die arme Tante Maria fingerte noch immer an dem kostbaren Stück herum, ängstlich bemüht, es sicher in ihrem eigenen Büstenhalter zu verstauen, als sie hörte, daß auch Stefan und Jadwiga dringend ein neues Versteck brauchten. Sie sah aus, als könne ihr Herz jeden Augenblick stillstehen. Dann geschah etwas Außergewöhnliches: Aus dem Nichts erschien uns ein rettender Engel. Es klopfte zweimal lang, dreimal kurz, und wenig später schüttelte uns eine freundlich aussehende Frau herzlich die Hand. Sie stellte sich als Frau Koterba vor, Zinas ältere Schwester. Sie schien etwas verwirrt, so viele in der Wohnung anzutreffen, erriet jedoch sofort, wer wir alle waren.

Unverzüglich berichtete Frau Koterba, was sie hergeführt hatte. Zina hatte vor kurzem ein Verhältnis mit einem jungen Mann angefangen, der ein guter Freund der Koterbas war. Letzte Nacht war er uneingeladen zu ihnen gekommen, um sich auszusprechen. Es habe ihn sehr empört, als er entdeckte, daß Zina süchtig war. In seiner Naivität wollte er sie selbst heilen, wie er sagte, indem er sie einfach von Morphium fernhielt. Er hatte sie zwei Tage und zwei Nächte in seiner Wohnung eingeschlossen und sich nach Kräften bemüht, ihr klarzumachen, wie gefährlich ihre Sucht war. Zina geriet in einen fürchterlichen Zustand; sie trat und biß, stöhnte und redete wirres Zeug. Sie sagte etwas von Juden in ihrer Wohnung, die verhungern könnten, wenn er sie weiter festhielte. Sie wollte ihn zu sich nach Hause schicken, damit er selbst sehe, daß sie nicht gelogen hatte. Sie verriet ihm sogar, wie er klopfen mußte, um eingelassen zu werden. Der Mann war nicht gegangen, doch als Zina sich endlich beruhigt hatte, ließ er sie frei. Dann ging er zu den Koterbas und bat sie um ihren Rat.

All das war Frau Koterba neu. Sie hatte kaum geahnt, daß Zina süchtig war und daß sie Juden beherbergte. Das letztere hatte sie eher vermutet, da sie wußte, wie sehr Zina an unserer Familie hing. Doch sie hatte kein Wort über ihren Verdacht gesagt; sie hatte nur den jungen Mann beschwichtigt, indem sie ihm versprach, sich um Zina zu kümmern. Als der Freund gegangen war, hatte sie mit ihrem Mann die ganze Nacht lang überlegt, was sie tun sollten. Schließlich hatte sie sich entschlossen, nachzusehen, ob sich in Zinas Wohnung tatsächlich jemand versteckt hielt.

Und nun war sie hier, bebend vor Eifer, eine Lösung zu finden. Zina müsse in ein Krankenhaus, um von ihrer Sucht geheilt zu werden, sagte sie. Auch wenn sie zu Hause bleibe, werde es höchst gefährlich, sich unter ihrem Dach zu verstecken; sie sei nicht mehr zuverlässig. Frau Koterba und ihr guter Mann waren bereit, einzuspringen und ein Versteck bereitzustellen, aber nur für zwei. Daß sie hier fünf Personen antreffen würde, darauf war sie nicht gefaßt gewesen. Überrascht und bewegt erklärten wir rasch, daß nur Jadwiga und Stefan ihre Hilfe brauchten, worauf Frau Koterba erleichtert aufseufzte.

Die Einzelheiten wurden sofort festgelegt. Zina durfte weder von dem Besuch ihrer Schwester noch von Stefans und Jadwigas künftigem Versteck bei ihr erfahren. Wenn sie von der Arbeit käme, sollten wir ihr erzählen, wir hätten eine Unterkunft für alle fünf gefunden und würden gern zusammenbleiben, was in Zinas winziger Wohnung ausgeschlossen sei. Sicherheitshalber sollten Jadwiga und Stefan nach unserem Weggehen eine Stunde warten und dann direkt zu den Koterbas gehen. Nachdem dies vereinbart war, verließ uns Frau Koterba mit allen guten Wünschen.

Hätten die Bewohner der Walicòw um sechs Uhr an diesem Abend aus den Fenstern geblickt, hätten sie eine Witwe in Schwarz, ein schwerverletztes Kind und ein junges Mädchen von leicht südländischem Aussehen aus einem Tor auftauchen und zur Ecke hasten sehen. Falls tatsächlich jemand sie bemerkte, mochte er sich fragen, wer sich hinter dem schwarzen Schleier und dem weißen Verband verbarg. Jedenfalls hielt niemand die drei erbarmungswürdigen Gestalten auf. Eine Droschke wartete um die Ecke, ein modisch gekleideter Herr rekelte sich auf dem Passagiersitz. Als er die Frauen sah, auf die er wartete, vollführte er eine rasche einladende Geste.

Das Fahrzeug holperte dahin, dem Fluß entgegen. Der Mann war reserviert und schweigsam; wahrscheinlich hatte er Angst. Er öffnete den Mund nur einmal, um die Adresse zu flüstern, zu der wir fuhren, und Mutter anzuweisen, daß sie sich der Wirtin als die Witwe eines polnischen Majors vorstellen solle. Er sagte nicht einmal, wie die Wirtin hieß.

»Weiß sie, wer wir wirklich sind?« flüsterte Mutter ängstlich.

»Unnötig, mit ihr darüber zu sprechen«, raunte der Mann zurück, ließ halten und verschwand.

Wir zottelten einige Minuten weiter. An der Poniatowski-Brücke hielt der Kutscher an. »Wir sind hier, meine Damen«, sagte er. Mutter bezahlte ihn; er tippte an seine Mütze, strich mit der Peitsche über das Pferd hinweg und fuhr langsam davon. Wir waren uns selbst überlassen. Der glitzernde Fluß, den wir so lange nicht gesehen hatten, blendete uns. Eine lange Reihe hoher neuer Häuser, die kurz vor dem Krieg für eine Anzahl einflußreicher Leute gebaut worden waren, zog sich neben der Brücke am Ufer entlang. Eines dieser Häuser sollte uns beherbergen.

Der Lift brachte uns sanft in den siebten Stock. Die Frau, die uns öffnete, war ein altersloses, blasses Persönchen mit rastlosen Augen. Sie begrüßte uns überschwenglich und schien kaum verängstigt. Sie verschloß die Tür und erzählte uns sofort von ihrer schlimmen Erkältung, die sie sich bei dem ganz und gar nicht maiwarmen Wetter geholt habe, und sprach dann von ihrem Bruder, den wir erst am Samstag sehen würden, da er als Eisenbahner draußen arbeite und nur an den Wochenenden zu Hause schlafe. Auf dem Weg zu »unserem« Zimmer raffte sie ein paar Kleider vom Korridorboden auf, streifte mit den Fingerspitzen Staub von einem Regal und prüfte vor dem Spiegel geschwind einen Pickel auf ihrer Nase. Fragen stellte sie keine. »Es ist kalt, sehr kalt, meine Lieben«, meinte sie. »Sie wissen ja, die Zentralheizung funktioniert in diesen Zeiten nie. Machen Sie es sich bequem, meine Lieben, fühlen Sie sich wie zu Hause, bitte. Gehen Sie spät schlafen? Nein? Schön, meine Lieben. Gut für Sie, früh ins Bett zu gehen. Ich bleibe lange auf und schlafe dafür am Morgen. Das macht doch nichts, meine Lieben, oder?« Von ihrem Wortschwall überschwemmt, musterten wir mechanisch den großen, halbleeren Raum, von dessen einzigem, unverhülltem Fenster man auf die Brücke sah. Die Betten waren nur oberflächlich gemacht, die Laken sahen aus, als habe jemand schon ein paar Nächte darauf verbracht. Sonst gab es kaum Möbel. Auch die Küche wirkte ziemlich verwahrlost. Die Wirtin, die sich inzwischen als Lily – »einfach Lily« – vorgestellt hatte, ermunterte uns, jederzeit die Küche zu benutzen, da sie kaum je darin zu tun habe. Sie esse lieber auswärts und koche nur, wenn ihr Bruder da sei. Schüchtern und ängstlich fragte Mutter, ob es ihr etwas ausmachen würde, für uns einzukaufen. Lily kicherte. »Ich kann verdammt schlecht einkaufen, meine Liebe«, sagte sie. »Aber wenn Sie wollen ... Lily tut alles für Leute, die sie mag. Und ich mag Sie, meine Lieben, ich mag Sie wirklich sehr, sehr gern, alle drei.«

Sie ging bald danach weg und ließ uns in der

verschlossenen Wohnung zurück. Da wir nichts Besseres zu tun hatten, erforschten wir unsere neue Umgebung. Es war eine geräumige Vierzimmerwohnung; zwei Räume waren verschlossen, die anderen beiden zeigten kleinbürgerliche Plüschbehaglichkeit: tiefe, weiche Lehnsessel und Sofas, übersät mit handbestickten Kissen und Stoffpuppen, Häkeldeckchen überall auf Tischchen und Schränken, exotische Pflanzen in Töpfen, goldgerahmte Bilder mit blutrotem Sonnenuntergang und Hirschen im Wald, Massen von Muscheln, Nippesfiguren, dicken Glaskugeln. »Wie kommen Menschen mit einem solchen Geschmack zu einer Wohnung in diesem Block?« meinte Mutter verwundert.

Wir durften das Licht in unserem Zimmer nicht anmachen, da wir es nicht mit Vorhängen oder Jalousien verdunkeln konnten. So überwanden wir unseren Widerwillen, schlüpften ins Bett und schliefen irgendwann ein. Spät in der Nacht erwachte ich mit einem heftigen Hustenanfall. Ich zitterte vor Fieber – ganz offensichtlich war ich krank. Geräusche aus dem anderen Zimmer verrieten, daß wir nicht mehr allein waren. Ich lauschte angestrengt. Nebenan schien man sich gut zu amüsieren – ich hörte lautes, beschwipstes Plappern, weibliches Kichern und anzügliches männliches Lachen, vermischt mit dem Gekrächze von »Rosamunda« aus einem beschädigten Grammophon. Bald hörte ich heraus, daß zwei Frauen an dem Spaß beteiligt waren, eine von ihnen Lily, und mindestens drei Männer. Mit angehaltenem Atem lauschte ich jetzt angestrengt. Ja, kein Zweifel: Die Männer sprachen deutsch. Ich hörte schnelle weiche Schritte in der Dunkelheit – Sophie verschloß die Tür. Mutter saß entsetzt auf dem Bett; auch sie schlief nicht mehr. Wir wußten es alle: Wir waren in einem deutschen Bordell oder etwas ähnlichem gefangen.

Wir sagten kein Wort darüber, als Lily am nächsten Morgen, kurz vor Mittag, aus ihrem Schlafzimmer auftauchte, freundlich und rastlos wie am Tag zuvor. Ihre nächtlichen Besucher waren längst verschwunden. Ich hatte durchs Schlüsselloch gespäht, als sie gingen, und sah kurz die feldgrauen Uniformen im Korridor.

Lily machte sich fertig und ging ganz von sich aus weg, um für uns einzukaufen. Glücklich kehrte sie zurück, einen Fünf-Kilo-Beutel frischen Spinats vorweisend, nippte dann etwas an schwarzem Kaffee und ging wieder ins Bett.

Drei Tage vergingen, ehe Tante Maria von Frau Serbin unsere neue Adresse erfuhr und uns besuchte, um uns mit Geld und Neuigkeiten zu versorgen. Wir konnten das Wiedersehen mit ihr kaum erwarten, denn wir brauchten dringend wieder ihre Hilfe. Die Orgien nebenan setzten sich allnächtlich fort; einmal versuchte jemand, unsere verschlossene Tür aufzureißen. Wir konnten nicht mehr lange in Lilys Wohnung bleiben. Zudem war ich wirklich krank; ich hatte Fieber und des Nachts Hustenanfälle, so daß ich tagsüber ganz erschöpft war. Es war klar, daß ich einen Arzt brauchte.

Tante Maria sank in Verzweiflung, als sie all dies hörte. Sie hatte gute Nachricht mitgebracht und auf eine ruhigere Zeit für sich und uns gehofft. Die Erpresser hatten sich mit 20 000 Zloty begnügt und versprochen, nie wieder zu kommen. Jadwiga und Stefan waren bei den Koterbas sicher und fanden sich dort recht gut zurecht; der Diamantring war zu einem vernünftigen Preis verkauft worden, und so konnten wir einige Zeit im Versteck leben, vielleicht bis zum Ende des Krieges. »O mein Jesus!« rief Tante Maria in hilflosem Gebet. »Was soll ich jetzt tun, wen soll ich jetzt noch bitten, euch zu retten, meine armen, armen Mädchen!«

Das Wochenende kam, und Lilys Bruder tauchte auf. Er war ein grobschlächtiger, dicker Mann um die

Fünfzig und sprach ein hartes, fremd klingendes Polnisch. Stolz verkündete er uns sofort, er sei deutschen Blutes, ein »Reichsdeutscher«. Seltsamerweise schien er erfreut, uns zu sehen, und bemühte sich offensichtlich um uns. Wir saßen mit ihm und Lily in den Plüschsesseln, aßen deutsche Würstchen mit Sauerkraut und tranken Bier, das wir verabscheuten. Wir konnten seine Gastfreundschaft nicht gut zurückweisen. Vom Essen und Trinken erwärmt, erzählte er uns alles über seine Arbeit. Als er noch jünger gewesen sei, habe er neben dem Lokomotivführer gearbeitet, aber seit Kriegsbeginn sei seine Stellung weit lohnender und verantwortungsvoller. Er gehöre jetzt zum bewaffneten Wachpersonal auf der Strecke Warschau–Berlin, wo er die Züge nach Schmugglern, Partisanen und Juden zu durchsuchen habe. Er gab ein paar Geschichten von seinen Heldentaten zum besten – wie es ihm gelungen war, einige dieser »Banditen« zu fassen oder zu töten.

Von seinen Erzählungen zusehends erregt, packte er mich plötzlich bei der Hand, zog mich zum Sofa und zwang mich, mich neben ihn zu setzen. Er legte seinen schweren Arm um meine Schultern und sagte: »Sollen wir heute tanzen gehen, schönes Fräulein?« Steif vor Schrecken saß ich da und versuchte seinem Atem auszuweichen, der nach Bier und Sauerkraut roch. Ich wußte nicht, was ich sagen sollte.

Sofort kam mir Mutter zu Hilfe. »Tut mir leid, Herr Schmidt«, sagte sie resolut. »Ich kann sie heute nicht weglassen. Sie ist krank, das arme Ding. Sehen Sie nur, wie blaß sie ist. Sie hat Fieber und eine schlimme Erkältung.« Das stimmte, und Lily bestätigte Mutters Worte mit einem verständnisvollen Nicken.

»Schade, schade«, seufzte Schmidt auf deutsch, schwer enttäuscht. »Dann gehen wir nächsten Samstag. Ich bringe Sie in einen fabelhaften Nachtklub, Fräulein. Du tanzt dort mit den höchsten Offizieren, mein Schatz, aber vor allem mit mir.« Er drückte meine Schultern mit der Zartheit eines Bären; ich wurde beinahe ohnmächtig dabei. Plötzlich fühlte er sich müde und schlurfte ins Nachbarzimmer, Lily mit sich ziehend. Es war augenscheinlich, daß er nicht ihr Bruder war.

Krank und verstört zählte ich die Tage; meine Angst wuchs. Wir mußten so bald wie möglich aus Lilys Wohnung verschwinden; doch für mich war Samstag der letzte Termin. Der Montag, der Dienstag, der Mittwoch ging vorbei. Ich verbrachte lange Stunden am Fenster, eng an die Scheibe gepreßt und sehnsüchtig auf den Fluß, die Straße, die Brücke starrend. Wenigstens das konnte ich unbesorgt tun: Niemand würde mich in dieser Höhe sehen oder gar erkennen. Das Wetter war herrlich, der schönste Frühling. Junge Paare schlenderten Hand in Hand auf der Brücke dahin. Die farbenfrohen Kleider der Mädchen bauschten sich in der leichten Brise. Auf dem Gehsteig saß eine alte Frau und verkaufte wunderschöne, üppige Fliedersträuße, weiß, purpurrot, bläulich. Ein verkrüppelter Straßensänger schmetterte kläglich verzerrt »Rosamunda«.

Tante Maria tauchte am Freitag morgen auf. Sie hatte noch kein Versteck für uns gefunden, aber Staś schien eine Möglichkeit im Auge zu haben. Er hatte sie beschworen, sie möge uns dazu bewegen, geduldig bis zum Ende der folgenden Woche auszuharren; dann, so hoffte er, werde uns jemand aufnehmen, mit dem er darüber gesprochen hätte. Doch in meinem Fall gab es keine Geduld: Ich mußte vor morgen weg.

Als Tante Maria meine Geschichte gehört hatte, dachte sie lange nach. Ohnedies war sie mit der Absicht gekommen, mich an diesem Nachmittag mitzunehmen, weil sie für mich einen Arztbesuch verabredet hatte. Was auch geschehen mochte – sie würde mich verstecken, mich irgendwohin in Sicherheit bringen. Aber wohin? Sie wußte es nicht.

Ich machte mich fertig und ging mit Tante Maria.

Schweren Herzens ließ ich Mutter und Sophie zurück, hatte ich doch nicht die leiseste Ahnung, wann und wo ich sie – falls überhaupt – wiedersehen würde.

Wir kamen zu einer Ärztin, einer älteren Kinderärztin. Ich war kein Kind mehr, doch für Tante Maria zählte am meisten, daß man ihr vertrauen konnte. Tatsächlich war sie eine liebe, fürsorgliche Frau. Als sie mich sah, wußte sie sofort Bescheid, verlor aber kein Wort darüber. Sie nahm sich viel Zeit, um mich gründlich zu untersuchen. Ihr Befund war ein Schock: Ich hatte Tuberkulose; beide Lungen waren betroffen.

Die Ärztin erklärte, es gebe keinen Grund zum Verzweifeln, da die Krankheit im Anfangsstadium sei. Da es der erste Fall in der ganzen Familie war und man keine Erblichkeit vermuten mußte, hatte ich gute Heilungsaussichten, wenn ich ordentliche Ernährung und viel frische Luft bekam. Ein Leben auf dem Land oder in den Bergen war das einzige, was sie verschreiben konnte, außer Medizin gegen den Husten und das Fieber sowie Kalziumtabletten. Als ich mich wieder anzog, traf mich ihr trauriger, mitleidvoller Blick. Sie lehnte es ab, Geld zu nehmen.

Von der Ärztin brachte mich Tante Maria zu ihrer Schwester Helena, der Hebamme. Wie Tante Maria war sie eine hochanständige und hilfsbereite Frau; gleichwohl konnte sie kaum ihre Angst verbergen, als sie mich an ihrer Schwelle sah. Schweigend zog sie uns beide ins Bad und schloß sich mit uns ein. Zutiefst verlegen sagte sie, sie wolle nicht, daß ihr Sohn mich sehe. Antoni, erklärte sie, sei ein anständiger, tapferer Mann; sie könne nur stolz auf ihn sein. Aber er würde sicher schrecklich wütend sein, wenn er mich in ihrem Haus fände. Nicht daß er ein Feigling wäre, keineswegs. In ihrer Scham verriet sie uns ein lebensgefährliches Geheimnis: Antoni war ein führendes Mitglied der Untergrundbewegung; er befehligte eine Militäreinheit und stand in Verbindung mit dem Westen. Sein Haus mußte »sauber« sein, über jeden Verdacht erhaben.

Dennoch schickte Helena mich nicht fort. Sie nahm mich zunächst für eine Nacht auf; da ich dann noch immer keine neue Zuflucht wußte, beherbergte sie mich zwei weitere Tage und Nächte. Von ihrem Sohn hielt sie mich fern; sie erzählte ihm, ich sei eine Patientin mit einer Fehlgeburt und müsse still liegen, bis ich nicht mehr blutete. Sie brachte mich in ihrem eigenen Zimmer zu Bett, und dort lag ich Tag und Nacht, krank und erschöpft, die meiste Zeit vor mich hin dösend; das Gesicht hielt ich unter der Decke versteckt, denn Antoni platzte manchmal herein, um einige seiner Sachen zu holen. Am dritten Tag flehte Helena Tante Maria an, mich wegzubringen; Antoni brauche das Zimmer für ein geheimes Treffen am Abend.

Ich kann mich nicht mehr erinnern, wo ich die folgenden drei, vier Tage geblieben bin. Vom Fieber geschwächt und nur halb bei Bewußtsein, wanderte ich mit Tante Maria durch unbekannte Straßen in den Außenbezirken der Stadt und fuhr in überfüllten Straßenbahnen, neugierig von Fremden beäugt. Endlich kam der Tag, an dem mich Tante Maria in das neue Versteck bringen konnte, das uns Staś besorgt hatte – und wo ich Mutter und Sophie wiedersah.

Von all meinen Verstecken gefiel mir dieses am besten. Die Nowy Świat, die Hauptverbindung zwischen Altstadt und Zentrum, war vor dem Krieg stets eine vornehme, elegante Straße gewesen und blieb das auch später. Während der Nazibesetzung wurde sie vor allem von Deutschen frequentiert. Das Haus, in dem wir Unterschlupf fanden, war während der Belagerung schwer beschädigt worden. Nur das Erdgeschoß war heil geblieben und beherbergte nun eine deutsche Handelsgesellschaft. Der erste Stock war teilweise zerstört und wurde deshalb von der Gesellschaft nicht benutzt; seine Fensterhöhlen waren lükkenlos mit Brettern vernagelt. Oberhalb des ersten Stocks gab es nur verkohlte Reste.

Die deutsche Gesellschaft unten arbeitete täglich von acht Uhr morgens bis vier Uhr nachmittags; danach ging das Personal, und der Hausmeister verschloß das Haupttor, das er erst am nächsten Morgen wieder öffnete. Der Hausmeister war Pole. Er wohnte mit seiner Mutter in dem Gebäude in einer kleinen Erdgeschoßwohnung neben dem Büro der Gesellschaft. Ein Mann Mitte Dreißig, groß, dunkel, finster, schien Kazik weit intelligenter zu sein, als es seine Stelle erforderte. Er sprach nicht viel – er handelte lieber. Seine Arbeit für die Firma war nur die Tarnung für verschiedene geheime Aktivitäten. Eine davon bestand darin, Juden zu verstecken. Nicht nur zwei oder drei, sondern Dutzende. Der ganze geräumige erste Stock des Gebäudes diente als Versteck. Zwei große Räume und eine Küche, schmucklos und spärlich möbliert, waren tagsüber der Hauptaufenthaltsort und wurden zur Nacht in Schlafzimmer verwandelt. Den Zugang zu diesem Bereich bildete eine kleine Luke in der Wand, knapp über dem Boden. Sie ließ sich leicht verbergen und von innen verschließen. Eine Vorrichtung mit einem Druckknopf, neben dem Guckloch des unteren Haupttors versteckt, löste oben leisen Alarm aus, wenn Kazik gezwungen war, das Tor einem Fremden zu öffnen.

Bei meiner Ankunft drängten sich fünfzehn Menschen in dem Versteck, Familien, Paare, Alleinstehende jeden Alters. Weitere acht waren erst vor einem Tag gegangen und hatten uns dadurch Platz gemacht; alle anderen hofften, bald wegzukommen.

Während der Arbeitszeit der Gesellschaft mußten wir in unserem Wohnbereich bleiben und durften keinen Lärm machen; doch nach vier Uhr konnten wir das ganze Stockwerk benutzen und uns entspannt bewegen. Niemand konnte uns sehen oder hören – wenn wir nicht allzu laut waren. Vorsicht war schon deshalb geboten, weil sich direkt gegenüber unserem Haus, an der Ecke Nowy Świat/Świętokrzyska, ein deutscher Wachposten befand. Kazik und seine Mutter erledigten unsere sämtlichen Einkäufe und brachten die Sachen täglich nach vier. Erst dann konnten wir kochen und essen; Küchendüfte aus dem angeblich verlassenen oberen Stockwerk hätten fraglos den Argwohn der unten arbeitenden Deutschen erregt.

Verglichen mit unseren bisherigen Erfahrungen war es ein recht angenehmes Leben. Zwar waren wir nicht gerade davon angetan, Tag und Nacht unter Fremden zu sein, neben ihnen zu schlafen, keinerlei Privatleben zu führen; doch wir fühlten uns viel besser in ihrer Gesellschaft, als wenn wir allein gewesen wären. Auch mein Gesundheitszustand besserte sich deutlich, nicht zuletzt aufgrund der von der freundlichen Ärztin verschriebenen Medikamente, vor allem aber deshalb, weil ich hier mit Menschen reden konnte.

Die meisten Namen und Gesichter der Menschen, mit denen wir für kurze Zeit dieses Versteck teilten, habe ich längst vergessen. Einen Mann aber gab es, der großen Eindruck auf mich machte und an den ich mich auch noch genau erinnere. Herr Lusternik, ein Schriftsteller, hockte die meiste Zeit des Tages im Halbdunkel auf seiner Matratze und kritzelte unablässig. Abends las er dann seine neue Geschichte jedem vor, der ihm zuhören wollte. Ich hörte immer zu. Seine Geschichten bewegten mich sehr. Sie handelten alle von den tragischen Ereignissen der letzten beiden Jahre, von den Menschen aus dem Warschauer Ghetto. Eines Morgens hockte ich mich auf meine Matratze und schrieb meine eigene Kurzgeschichte, die ich hier gekürzt wiedergebe. Sie beruht auf einem Vorfall, von dem ich von einem Augenzeugen gehört hatte:

*Ein einsamer Junge wurde mit einer Menge schreiender, klagender Menschen zusammengetrieben und zum »Umschlagplatz« befördert. Der Junge schrie nicht, sondern ging still für sich dahin, in der Hand seinen einzigen Besitz: eine Geige. Auf dem Platz, der von menschlichem Elend überschwemmt war und widerhallte von Schreien, Schüssen und dem Pfeifen des Zugs, der zu den Gaskammern von Treblinka fuhr, wurde er von Kommandant Brandt bemerkt, dem Befehlshaber auf dem »Umschlagplatz«, wohlbekannt für seine Grausamkeit wie für seine gelegentlichen Anfälle von Großmut, die manchmal jemandem das Leben retteten. Diesmal war Brandt in einer solchen milden Stimmung. Er hielt den Jungen an und befahl ihm zu spielen. Eine unheimliche Stille trat plötzlich ein. Der Lärm war abgeebbt. Menschen rückten dicht zusammen, um den Feldgrauen Platz zu machen, die sich, nach Abwechslung gierend, durch die Menge drängten. In der Mitte stand der schlanke, blasse Junge mit der Geige und zitterte vor dem massigen Nazi. Dann spielte er plötzlich. Es war eine sanfte, gefühlvolle Musik; sie klang wie ein Gebet, wie ein mächtiger Hilferuf an den Herrn. Opfer und Schergen hielten den Atem an. Sie glaubten alle, das Leben des Kindes sei gerettet. Der Junge glaubte es selbst und lächelte. Er endete mit reichen Akkorden des Dankes. Wieder wurde es still. Der Junge wartete. Die Zuhörer warteten auch. Kommandant Brandt stand stumm, ergriffen. Dann faßte er sich, sah auf seine Uhr und deutete auf den Jungen. »Morgen um diese Zeit«, sagte er mit einem Anflug von Heiterkeit, »wird er in Treblinka spielen.« Und wie für sich fügte er hinzu: »Schade.«*

Diese Geschichte mag heute abgeschmackt klingen, aber sie ist wahr. Der Krieg, der Holocaust schrieb Hunderte solcher Geschichten, tagein, tagaus, Stunde um Stunde.

Ich ließ Herrn Lusternik meine Geschichte am selben Abend lesen. Er saß lange still und sagte dann, ich solle anfangen, über alles zu schreiben, was ich im Ghetto gesehen und gehört hätte; es sei sehr wichtig, alles Geschehene aufzuzeichnen und ein schriftliches Zeugnis zu hinterlassen, falls wir nicht überlebten. Wir saßen neben einer großen Holzkiste voller Bücher in einem der verlassenen Räume. Herr Lusternik rauchte und bot mir eine seiner Zigaretten an. So kam es dazu, daß ich zu schreiben und zu rauchen begann.

Bald danach verschwand Herr Lusternik aus meinem Leben. Er verließ das Versteck. Auch die meisten anderen wollten weg. Inzwischen wußten wir, wohin sie gingen. Sie bezahlten ein Vermögen und waren darauf gefaßt, noch viel mehr zu bezahlen, um in ein Lager in Vittel zu kommen, einem Kurort in dem von den Deutschen besetzten Teil Frankreichs. Man hatte ihnen zugesichert, in diesem Lager würden sie sicher und mit einigem Komfort bis zum Ende des Krieges leben. Die geheimen Partner in dem Handel waren Nazis.

Der Sammelpunkt, in dem die Vittel-Flüchtlinge einige Wochen warten mußten, war das Hotel Polski in der Długa. Die Leute, die das Versteck kurz vor unserer Ankunft verlassen hatten, warteten noch immer auf ihre Abreise. Und durch Kazik schickten sie ständig Botschaften an ihre früheren Mitbewohner und drängten sie, ihnen zu folgen. Offenbar lebte man im Hotel Polski wie im Urlaub. Die Leute wurden gut ernährt und konnten tun und lassen, was sie wollten; abends spazierten Mädchen und Jungen unbeschwert auf der Straße, gesichert aufgrund von Sondergenehmigungen.

Diese Vorstellung lockte Sophie und mich, uns den Glücklichen anzuschließen und nach Vittel zu gehen. Mutter war nicht weniger erregt davon, fürchtete aber, daß der Preis zu hoch sein könnte. Außerdem wollte sie, daß Stefan und Jadwiga mitkämen. Sie schickte ihnen durch Tante Maria einen langen Brief. Stefans Antwort war ein striktes Nein. Selbst wenn er das Geld beschaffen könne, würde er den Nazis niemals trauen. Er witterte Betrug, und er hatte recht. Erst nach dem Krieg wurde bekannt, daß das Vittel-Unternehmen eine Todesfalle war. Statt nach Vittel wurden alle Opfer der Täuschung in Konzentrationslager gebracht und ermordet.

Als die meisten unserer Mitbewohner gegangen waren, fühlten wir uns sehr verlassen. Außer uns waren nur noch drei Personen da: Herrn Lusterniks betagte Mutter, die darauf wartete, daß ihr Sohn mehr Geld aufgebracht hätte, damit sie sich ihm anschließen könne, und ein Paar in mittleren Jahren, Ralf und Olga. Ralf lag mit Rheuma im Bett. Wir hofften, Stefan und Jadwiga würden zu uns in die Nowy Świat kommen. Auch sie meinten, sie sollten die Koterbas in Frieden verlassen; denn Herr Koterba, gut und ehrlich, wie er war, fürchtete sich schrecklich mit ihnen unter seinem Dach. Er betete Tag und Nacht und schien kurz davor, in religiösen Wahnsinn zu verfallen. Ihr Kommen wurde ohne Schwierigkeit mit Kazik vereinbart, der Zeitpunkt festgesetzt.

An dem Abend, an dem wir Stefans und Jadwigas Ankunft erwarteten, waren wir vor Aufregung außer uns. Ich weiß noch, wie ich eine besondere Mahlzeit für sie vorbereitete: hartgekochte Eier mit saurer Sahne und gehacktem Schnittlauch. Wir warteten jedoch vergebens. Die Ausgehfrist lief ab – sie kamen nicht. Tante Maria erzählte uns einige Tage später ihre Geschichte.

Sie gingen Arm in Arm über die Nowy Świat; Stefan hatte sich die Nase mit einer schwarzen Nasenklappe teilweise verdeckt. Sie waren bereits in unserer Nähe, als zwei Fremde sie anhielten und als Juden bezichtigten. Da Stefan dies entschieden bestritt, verlangten sie von ihm einen Gegenbeweis. Als Stefan sich weigerte, seine Hose aufzuknöpfen, drohten sie, die deutsche Wache von der Ecke gegenüber zu rufen. Da änderte Stefan seine Taktik. Er fragte die Schufte, was sie wollten, um ihn in Ruhe zu lassen. Sie wollten alles, was in ihrer Reichweite war. Sie nahmen Stefan und Jadwiga Armbanduhren, Füllfederhalter und alles Geld ab. Dann verschwanden sie.

Zu Kaziks Wohnung zu gehen kam jetzt nicht mehr in Frage – die Unholde konnten immer noch in der Nähe sein. Aus demselben Grund war es riskant, direkt zu den Koterbas zurückzukehren. Stefan und Jadwiga betraten die nächste Kirche und versteckten sich in einem dunklen Seitenschiff. Der Sakristan, der sie nicht bemerkte, verschloß die Kirche bald für die Nacht. Sie blieben bis zum nächsten Morgen und gingen dann zu den Koterbas zurück.

Nachdem meine jüngsten Hoffnungen sich dergestalt verflüchtigt hatten, versank ich in tiefes Grübeln. Es gab kaum jemanden, mit dem ich sprechen konnte. Frau Lusternik war nicht die Art reizender alter Dame, zu der man sich hätte flüchten mögen, und Ralf und Olga, wiewohl klug und liebenswürdig, waren viel zu sehr mit Ralfs Krankheit beschäftigt, um sich für irgend etwas anderes zu interessieren.

Ich war jetzt für unsere Sicherheitsvorkehrungen zuständig. Kazik erklärte mir genau, was zu tun war, wenn Alarm gegeben wurde, und testete mich am selben Abend, indem er auf den Knopf am Tor drückte. Wir erschraken nicht, weil wir wußten, daß es eine Übung war. Aus der Luke lehnend ergriff ich eine besondere Schlinge, die an einem großen, schweren Kohlensack außerhalb unseres Verstecks befestigt war, und zog ihn rasch dicht an die Wand; dann versperrte ich die Luke von innen. Als Kazik nach drei Minuten heraufkam, fand er nur verlassene Räume mit verstreuten Holzkisten und schweren Säcken. Es war totenstill; niemand hätte erraten, daß nebenan sechs Menschen versteckt waren, daß es ein »Nebenan« überhaupt gab. Kazik lobte mich in seiner knappen Art und machte mich damit für eine Weile fast glücklich.

Da es nunmehr Platz genug gab, konnten wir von unseren Matratzen in der Mitte des Raums zu den Betten vor den verbarrikadierten Fenstern überwechseln; so bekamen wir mehr Licht und konnten durch die Ritzen auf die Straße spähen. Von meinem Bett aus sah ich den deutschen Wachposten gegenüber und das Cedergren-Haus, eines der höchsten Gebäude im Vorkriegs-Warschau, in dem die Fernmeldegesellschaft untergebracht war. Immer wieder beobachtete ich deutsche Soldaten, die über die Nowy Świat marschierten und »Heidi, heido« sangen. Dieses scheußliche Lied war meine einzige musikalische Unterhaltung, die einzige Augenweide bot Romans Foto, schon ziemlich zerknittert und verblaßt. Ein Jahr war eben vergangen, seit ich mich in Roman verliebt hatte. Es schien hoffnungslos lang im Vergleich zu den drei kurzen Wochen, die wir zusammen verbracht hatten.

Als Trost blieben uns die Bücher, die Kazik für seine Gäste in einer großen Holzkiste gestapelt hatte. Es waren Bücher jeder nur denkbaren Art und für Leser verschiedensten Geschmacks: Shakespeare neben trivialen Liebesgeschichten, Wildwestromane neben einigen Bänden Proust. Mutter, Sophie und ich schmökerten stundenlang in dem schwachen Licht, das durch die Ritzen der vernagelten Fenster drang; wir nahmen uns zwei oder drei Bücher auf einmal, lasen sie während des Tages durch und suchten uns am nächsten Abend andere.

Die Tage waren jetzt lang. Da wir nichts Besseres

zu tun hatten, gingen wir früh zu Bett. Am letzten Abend des Juni konnte ich nicht einschlafen. Es war heiß; das schwache Licht des schwindenden Tages kroch noch immer durch die Ritzen des verrammelten Fensters. Die anderen atmeten ruhig; nur Ralf stöhnte im Schlaf. Plötzlich durchbrach der Alarm die unheimliche Stille: Piep... piep... piep... Ich sprang aus dem Bett und tat rasch und sicher, was ich zu tun hatte. Schlagartig erwacht, saßen meine Nachbarn wie erstarrt da. Zuerst dachten wir, es sei nur eine weitere Übung, diesmal ohne Vorwarnung. Drei, fünf, acht Minuten vergingen jedoch, und wir hörten nichts von Kazik. Endlich kamen Schritte hinter der Wand. Und Stimmen – ja, laute männliche Stimmen, und keine gehörte Kazik. Ich fühlte mein Blut erstarren. Sophie zitterte neben mir. Dann kamen die Geräusche schwerer Gegenstände, die ächzend verschoben wurden; es ließ sich kaum noch bezweifeln, daß die Fremden nach unserem Versteck suchten. Rasch entfernten sie Säcke und Kisten von der Wand; ohne die Luke direkt über dem Boden zu bemerken, begannen sie heftig gegen die Wand zu schlagen – es klang wie nach Spatengriffen oder Gewehrkolben. Sie vollführten einen Höllenlärm.

Zu Tode erschrocken, versuchte ich mich dennoch zu fassen und zu überlegen, was zu tun sei. Jemand wußte von unserem Versteck. Sie wußten genau, wo es war. Früher oder später würden sie mit Gewalt eindringen und uns ergreifen. Wenn es Nazis waren, waren wir verloren. Waren es nur Erpresser, hatten wir noch eine Chance. Doch ihr schrecklicher Lärm konnte die Aufmerksamkeit der Wache an der Ecke gegenüber erregen; auch dann waren wir verloren. Zuerst mußte der Lärm aufhören. »Wir müssen sie hereinlassen«, flüsterte ich. Niemand sagte ein Wort. Barfuß, im Nachthemd, ging ich zur Wand und rief: »Hören Sie auf! Wir lassen Sie herein.« Der Krach brach sofort ab.

Ich beugte mich hinunter, schob die Eisenstange weg und stieß die Luke auf. Sofort packte man mich an den Haaren und zerrte mich hinaus. Vom grellen Licht einer Taschenlampe geblendet, sah ich ungenau den Mann, der mich fest an den Haaren hielt – klein, in deutscher Uniform, die Waffe direkt auf meinen Kopf gerichtet. Ein anderer, groß, in Zivilkleidung, beleuchtete mein Gesicht mit der Taschenlampe und musterte es genau. In der Dunkelheit kauerte eine dritte Gestalt, die ich als Kaziks Mutter erkannte.

»Wie viele seid ihr hier?« fragte der Zivilist barsch. Er sprach polnisch. »Antworte, schnell, schnell, du verfluchtes Schwein!« brüllte der Deutsche, zerrte dabei wild an meinem Haar und preßte die Waffe gegen meine Schläfe.

»Sechs«, sagte ich.

»Lüge!« schrie der Deutsche. »Wie viele Männer dabei?«

»Nur einer.«

»Lüge!«

»Welche Waffen habt ihr?« Der Große wirkte jetzt weniger streng.

Ich faßte mich wieder: Sie hatten Angst vor uns. »Gehen Sie hinein, sehen Sie selbst nach«, antwortete ich kühn.

Der Deutsche gab mir darauf einen schweren Tritt. Eine Weile flüsterten die beiden Männer über meinen Kopf hinweg. Ich verstand ein paar deutsche Worte: »Du gehst, ich bleibe.«

»Nein, du gehst.«

Schließlich wurde ich dem Polen übergeben, der dafür die Taschenlampe hergab. Mit der Taschenlampe und der Waffe in der Hand kroch der Uniformierte durch die Luke und verschwand.

Als Geisel blieb ich in der Dunkelheit mit dem großen Mann, der mich eng an sich preßte, als fürchte er, ich könne davonlaufen. Er sagte nichts. Nach und nach lockerte sich sein Griff, wurde nach einer Weile fast wie eine liebevolle Umarmung. Erst jetzt wurde mir klar, daß ich nur das Nachthemd anhatte. Panisch tastete ich mit der einen freien Hand nach der alten Frau. Sie saß neben mir auf dem Boden, still und stumm. Ich fühlte mich etwas besser.

Bald tauchte der Kleine wieder an der Luke auf und rief seinen Kumpan zu sich herein. Ich wurde durch die Luke geschoben, gefolgt von meinem Unterdrücker. Kaziks Mutter ließ man in der Dunkelheit zurück. Die Kerzen, die in unseren Räumen stets bereit waren, brannten jetzt. Die beiden Männer begannen, Ralfs Bett zu untersuchen; Ralf litt dabei heftige Schmerzen. Sie fanden nichts unter der Matratze, nichts unter dem kranken Körper. Sie befahlen uns, uns nebeneinander auf den Rand des Bettes zu setzen, und machten sich an eine gründliche Durchsuchung; Betten, Schubladen, Kleiderbündel, alles durchwühlten sie. Sie wirkten jetzt viel entspannter. Aus unerfindlichen Gründen stieß der Deutsche hin und wieder einen wilden Schrei aus, während der Zivilist lächelte und sich freundlich gab. Mir dämmerte, daß sie das Bösewicht-Wohltäter-Spiel spielten; davon schienen sie sich etwas zu versprechen. Das konnte bedeuten, daß wir noch nicht verloren waren.

Meine Vermutung wurde bald bestätigt. Während der Bösewicht die Küche durchsuchte, kam der Wohltäter zu uns, setzte sich auf einen kleinen Tisch, zündete sich eine Zigarette an und begann, »privat« mit uns zu sprechen. Er fragte uns nach unseren Namen, nach Ralfs Krankheit; er sagte sogar, er tue ihm leid. Dann flüsterte er mit dem Blick zur Küche: »Nehmt euch vor ihm in acht. Er ist ein gefährlicher Mann.« Damit eröffnete er die Verhandlungen.

Mutter ging sofort darauf ein. »Was will er?« fragte sie, ebenfalls flüsternd.

Der Große grübelte lange Zeit. »Nun«, sagte er

endlich mit gespieltem Zögern, »ich fürchte sehr, daß er euch alle zur Gestapo bringen will, und ich kann nichts tun, um ihn davon abzuhalten, falls nicht... falls nicht... falls ihr nicht genug Geld sammeln könnt, um ihn zu beschwichtigen.« Er musterte uns voller Teilnahme und Mitleid. »Denkt darüber nach«, fügte er hinzu. »Ich lasse euch eine Weile allein, damit ihr die Sache unter euch besprechen könnt.« Er drückte seine Zigarette aus, stand auf und kam zu mir. »Ich habe mit dir zu sprechen«, sagte er wieder streng. »Gehen wir hinaus!«

Ich schauderte in meinem Nachthemd und wollte eben den Mund öffnen, um »Nein« zu sagen, als der Bösewicht aus der Küche auftauchte. Er hörte die letzten Worte seines Kumpans und kreischte, die Waffe auf mich gerichtet: »Raus, raus!«

Vor Kälte und Angst zitternd, fand ich mich mit dem Großen wieder in der Dunkelheit. Wieder in die Rolle des Wohltäters fallend, drückte er mir sanft die Hand. »Ich möchte dir ein Angebot machen, liebes Kind«, sagte er mit weicher Stimme. »Ich sehe, du bist ein nettes Mädchen, hübsch und tapfer dazu. Ich habe mich entschlossen, dir zu helfen. Ich nehme dich mit in meine Villa. Dort lebst du mit mir in Sicherheit, bis der Krieg zu Ende ist, oder vielleicht für immer. Nimmst du an?«

»Nein!« schrie ich sofort; doch dann riß ich mich zusammen und änderte meinen Ton. »Nein«, wiederholte ich sanft. »Ich freue mich über Ihr Angebot, aber ich kann es nicht annehmen. Niemals würde ich mich von meiner Mutter und von meiner Schwester trennen.«

»Denk erst an dich selbst, Mädchen«, beharrte der Mann; dabei kam er näher und legte mir den Arm um die Taille. »Du kannst es dir immer noch anders überlegen.« Sein Gesicht berührte jetzt das meine, seine Hände wanderten über meinen ungeschützten Körper. Er versuchte, mich von der Luke in die dunkelste Ecke des Raumes zu drängen. Ich begann mich wild zu wehren. Umsonst – er hielt mich in festem Griff, drückte mich zu Boden.

Plötzlich kam unerwartete Hilfe aus der Dunkelheit. »Lassen Sie das Mädchen, Herr«, sagte die alte Frau in der Art, in der man sich auf dem Land Respekt verschafft. »Sehen Sie nicht, daß sie noch ein Kind ist?«

Der Große sprang zur Seite, als schäme er sich, weil er bei einer Untat ertappt worden war. Wütend vergaß er völlig seine Wohltäter-Rolle. »Hau ab, alte Hexe!« brüllte er und griff nach Kaziks Mutter, die im Dunkeln kauerte. Er schlug sie ins Gesicht und stieß sie durch die Luke. Ruhiger geworden kam er zu mir zurück.

Doch die kostbaren Sekunden des Aufschubs hatten gereicht, um mich einen klaren Gedanken fassen zu lassen. »Herr«, sagte ich ernst. »Sie waren freundlich zu mir, und deshalb fühle ich mich verpflichtet, Sie zu warnen. Ich bin krank, wissen Sie, ich habe diese schlimme Krankheit...«

Er blieb abrupt stehen, die Arme noch immer nach mir ausgestreckt. Ich erwartete einen Schlag, aber er kam nicht. Er stand da und überlegte, was er tun solle. Ich fühlte, daß er mir nicht glaubte; doch er war zu vorsichtig, um ein Risiko einzugehen. Die Spannung schwand; er forderte mich eisig auf, in das Versteck zurückzugehen, und folgte mir schweigend.

Der ganze Vorfall hatte nicht länger als zehn Minuten gedauert. Inzwischen war es Mutter, Olga und der völlig verängstigten Frau Lusternik gelungen, ein paar Banknoten auf dem kleinen Tisch anzuhäufen. Der Bösewicht war wieder in der Küche, trank Wodka aus einem Fläschchen, das er offenbar mitgebracht hatte, und knabberte an unseren Gewürzgurken. Wortlos begann der Große die Banknoten zu zählen. Über seine Schulter hinweg blickte mich Mutter schmerzerfüllt an. Ich beantwortete ihre unausgesprochene Frage mit einem beruhigenden Blinzeln. »Nun«, sagte der Wohltäter und stopfte die Banknoten in die Tasche, »nicht schlecht für den Anfang. Aber er wird sicher sagen, es ist nicht genug. Ihr seid immerhin zu sechst. So viel bekommt er auch, wenn er euch der Gestapo übergibt.«

»Das ist alles, was wir haben«, sagte Olga dumpf.

»Gold, Silber, Edelsteine?« Der Mann griff nach Olgas Hand. »Sie haben da einen schönen Ring, meine Liebe. Alle müßt ihr so etwas Ähnliches haben.«

Olga hatte auch eine Perlenkette um den Hals, ihr Mann eine goldene Taschenuhr an einer goldenen Kette. Die alte Dame gab schnell ihre goldgeränderte Brille und eine antike Brosche. Sophie und ich hatten nichts, doch Mutter konnte schlecht ihre geliebte Uhr und ihren Ehering verbergen. Durch den strengen Blick des Mannes genötigt, nahm sie die Stücke widerstrebend ab und legte sie auf den Tisch zu dem anderen Schmuck. Der Wohltäter holte sein Taschentuch heraus und schaufelte alles hinein. Als er einen Knoten machte, bat ihn Mutter überraschend, ihr den Ehering zu lassen. Sie demütigte sich nicht durch Betteln; sie sagte nur, der Ring habe für sie eine große gefühlsmäßige Bedeutung. Ging der Bursche so in seiner Rolle des Wohltäters auf, oder war er doch nicht völlig verkommen? Ich wußte es damals nicht, und ich weiß es bis heute nicht. Jedenfalls grub er mit einer großartigen Geste den Ring aus dem Taschentuch, blickte sich um und warf ihn dann hoch auf den Kachelofen. Mit sich zufrieden blinzelte er Mutter zu – seiner Komplizin bei der Täuschung des Bösewichts.

Der Mann in der Uniform hatte seinen Schmaus beendet und kam angetrunken und lärmend aus der Küche. Er flüsterte kurz mit dem Großen und brüllte uns dann zu: »Raus!«, was der Wohltäter auf polnisch verdeutlichte mit den Worten, wir hätten ins Erdgeschoß hinunterzusteigen und dort weitere Anweisungen abzuwarten. Da Ralf sich nicht bewegen konnte, befahlen sie ihm, still in seinem Bett gegenüber der Wand zu liegen. Sie erlaubten uns nicht, uns anzuziehen oder etwas mitzunehmen.

So, wie wir waren, mußten wir also den ersten Stock verlassen, barfuß und im Nachthemd. Kaziks Mutter ging voraus. Sie führte uns in ihre Wohnung. Offensichtlich lebte hier noch jemand außer ihr und Kazik: Eine junge Frau von außergewöhnlicher Schönheit stillte eben ihr neugeborenes Kind. Sie wirkte zu Tode erschrocken. Es war kaum ein Zweifel möglich, daß sie Jüdin war. Bei ihr und der alten Frau saßen wir stundenlang, während die Nacht verstrich. Es gab keine Spur von Kazik. Wir glaubten, er halte sich ganz in der Nähe versteckt. Auch ohne zu fragen, wußten wir, daß das Kind sein Kind war.

In der Dämmerung tauchte der Wohltäter auf, um den Schlüssel vom Haupttor zu nehmen. Bald hörten wir gedämpfte Geräusche; schwere Lasten wurden heruntergezerrt und weitergeschleppt. Dann ächzte der Schlüssel im Schloß, das Tor knarrte, stöhnte und schlug zu. Sie waren verschwunden.

Als wir oben waren, sahen wir, daß wirklich alles aus den Räumen geschafft worden war, was sich verkaufen ließ – alle unsere Kleider, Schuhe und selbst die Handtücher waren weg. Mutter zog einen Stuhl zum Ofen, kletterte hinauf und tastete nach dem Ehering. Erstaunlicherweise war er noch da. Wir nahmen es als gutes Omen.

Später tauchte Kazik auf, schweigsamer denn je. Er wußte alles, was letzte Nacht geschehen war, was unsere Vermutung erhärtete, daß er sich im Gebäude versteckt gehalten hatte. Wortlos untersuchte er die ausgeräumte Wohnung; dann sagte er, er werde dafür sorgen, daß wir das Haus in wenigen Stunden sicher verlassen könnten. Unser Versteck war aufgeflogen, niemand konnte hier länger bleiben.

Barfuß und im Nachthemd warteten wir bis zum Nachmittag. Kurz nach vier, als die Mitarbeiter der Gesellschaft gegangen waren, tauchte Kazik wieder auf; er brachte uns Geld von Tante Maria und einige Kleider zum Anziehen, außerdem einen neuen schwarzen Hut mit Schleier sowie Verbandszeug. Mutter, Sophie und ich sollten in ein vorläufiges Versteck gehen; Kazik hatte das bereits mit einem Freund vereinbart. Ralf, Olga und Frau Lusternik mußten etwas länger warten, bis ein falsches Sanitätsauto sie zum Hotel Polski bringen würde. Wir wünschten ihnen Glück und gingen.

Unser neues Versteck lag in der Altstadt. Diesmal gingen wir zu Fuß; es war ganz nahe. Als wir den Plac Zamkowy – den Schloßplatz – erreichten, löste sich eine unauffällige Gestalt vom Standbild König Sigismunds und folgte uns. Ohne ein Wort zu sprechen, überholte uns der Mann und führte uns durch das Gewirr der schmalen alten Straßen.

In einem uralten, vom Schmutz der Jahrhunderte überzogenen Haus erwartete uns schon in einem kahlen Raum des Erdgeschosses eine junge Frau; sie hieß Krystyna. Sie und ihr Mann Tom, der uns eben hergeführt hatte, seien an überraschenden Besuch gewöhnt, sagte sie; Menschen auf der Flucht hielten sich hier oft für eine Weile auf. Wir seien herzlich willkommen und könnten so lange bleiben, bis wir etwas Besseres als diesen armseligen Ort gefunden hätten.

Hier war es wirklich schmutzig, dunkel und feucht. Die beiden Fenster des einen großen Raums gingen direkt zur Straße hinaus; Passanten konnten leicht hereinsehen und taten es auch von Zeit zu Zeit. Um ihren Blicken und den Fremden zu entgehen, die unsere Gastgeber geschäftlich besuchten, konnten wir nichts anderes tun, als still auf dem Sofa zu sitzen, das hinten im Raum von einem Schrank abgeschirmt war. Das taten wir auch, Tag für Tag, vom frühen Morgen bis zum Einbruch der Dunkelheit, wenn die Fenster für die Nacht verdunkelt wurden. Krystyna brachte uns immer etwas zu essen und sprach freundlich mit uns. Sie und Tom waren feine, tapfere Menschen. Sie hatten keine Kinder und gingen in ihrer Arbeit auf. Tom war irgendwo als Drucker beschäftigt. Kam er nach Hause, verschwand er im Keller und blieb dort bis spät in die Nacht; er druckte Schriften für den Untergrund. Krystyna half ihm mit großem Eifer. Wir erfuhren dieses Geheimnis am ersten Tag; sie vertrauten uns, wie wir ihnen vertrauten. Außerdem sahen wir ihr Druckgerät jedesmal, wenn wir nachts – nur nachts – in den Keller gingen, um uns zu waschen und die primitive Toilette neben der geheimen Werkstatt zu benutzen. Unbekümmert vertraute uns Krystyna an, daß der Keller auch viele Waffen barg, die unter dem Boden vergraben waren, ebenso Stapel von gefälschten Dokumenten und Banknoten.

Es war klar, daß unser Leben auf diesem Vulkan für uns und für sie sehr gefährlich war, und aus diesem Grund konnten wir nicht lange bleiben. Wir warteten auf Nachricht von Tante Maria, die unsere Lage kannte, doch aus Sicherheitsgründen erst herkommen sollte, wenn sie ein anderes Versteck für uns gefunden hätte.

Sechs oder sieben Tage saßen wir dumpf hinter dem Schrank; wir konnten nicht einmal lesen, denn es war zu dunkel. Nachts teilten wir den Raum mit Tom und Krystyna; wir schliefen auf dem Boden. Eines Morgens, bald nachdem Tom zur Arbeit gegangen war, schlug jemand plötzlich gegen die Fensterscheibe. Krystyna lief hinaus, um zu sehen, wer es war. Sie kam erschüttert zurück. Ein Freund hatte die Nachricht gebracht, daß Tom eben an der Schwelle seines Arbeitsplatzes von der Gestapo ergriffen worden war; man hatte ihn in ein Auto gepackt und weggebracht. Der Freund sagte ihr, sie müsse jederzeit mit einer Haussuchung rechnen – das wußte Krystyna selbst sehr wohl. Sie bat uns, sofort zu gehen, und rannte in den Keller, um die Druckmaschine zu verstecken.

Die Witwe in Schwarz, das verwundete Kind und das südländisch wirkende Mädchen standen wieder auf der Straße, unter der sengenden Sonne eines heißen Sommertags. Erschüttert durch die sich überstürzenden Ereignisse und verwirrt durch ihre Verkleidung, konnten Mutter und Sophie kaum noch denken. Ich mußte die Entscheidungen treffen. Doch auch ich war erschüttert. Wie versteinert standen wir vor dem Haus und wußten nicht, wohin. Fremde starrten uns erstaunt an. Es mußte sofort etwas geschehen.

Eine Droschke kam plötzlich um die Ecke und ratterte langsam über das Pflaster. Sie war frei. Einer plötzlichen, verzweifelten Eingebung folgend, hielt ich sie an; wir stiegen ein. »Wohin, Fräulein?« fragte der Kutscher. Ich konnte nichts sagen. »Wohin?« wiederholte der Mann und blickte mich besorgt an. Dann tauchte plötzlich, wie aus dem Nichts, ein wohlbekanntes, geliebtes Ziel vor mir auf.

»Sienna fünf«, sagte ich.

Der Kutscher knallte mit der Peitsche.

Wir schaukelten jetzt durch das Stadtzentrum, auf dem Weg zu dem Haus meiner Kindheit, das seit der Belagerung in Trümmern lag. Nach einer Weile würde mich der Mann verärgert fragen: »Und wohin jetzt, Fräulein?« Wir bogen in die Świętokrzyska und waren kurz vor der Marszałkowska, als mich ein plötzliches Wiedererkennen den Mann halten ließ. Ich zahlte den vollen Fahrpreis und murmelte dabei etwas über das schöne Wetter und unseren Wunsch, zu Fuß zu gehen. Dann stiegen wir aus. Zwei fröhliche Damen belegten die freie Droschke sofort mit Beschlag und fuhren davon. Von dort, wo wir standen, sahen wir schon das vertraute Tor. Wir mußten nur ein paar Schritte gehen, bis wir vor der Tür unserer ersten Zuflucht nach Verlassen des Ghettos standen.

Tränen füllten Opa Sokolnickis Augen; ich sah sie glitzern, als er seine Frau rief, damit sie sehen könne, wer da war. Sie trippelte herbei, gefolgt von Klara. Beide brachen in Tränen aus.

Es stellte sich bald heraus, daß wir besonderes Glück hatten: Frau Serbin und die Bachs waren nicht da; sie verbrachten den Juli auf dem Land. Auch »die Frau« war weg. Maryla hatte bald nach unserer Erpressung im letzten Mai eine andere Unterkunft gefunden. So waren nur diese drei zu Hause, Miki, das Scheusal, nicht mitgezählt. Selbstverständlich könnten wir bei ihnen bleiben, uns ausruhen und für eine Weile all unsere Not vergessen – das versicherten sie eifrig. Also blieben wir.

Als die Tränen fortgewischt waren, besprachen wir die ganze Sache nüchtern. Es wurde beschlossen, daß wir vor Frau Serbins Rückkehr aus dem Urlaub gehen würden. Sie hätte uns niemals wiederaufgenommen und würde ihren Eltern die schwersten Vorwürfe machen, ihr Heim einem solchen Risiko auszusetzen. Sie sollte nicht einmal erfahren, daß wir hiergewesen waren. Tante Maria und Staś wurden verständigt, und beide kamen fast unverzüglich. Seit dem 1. Juli waren sie ohnehin auf der Suche nach einer neuen Unterkunft für uns. Sie versprachen, ihr Bestes zu tun.

Inzwischen wurden wir von den drei Sokolnickis umsorgt und verwöhnt. Sie wollten nichts von Geld hören, nicht einmal für unsere Verpflegung. Und sie bemühten sich nach Kräften, die kargen Mahlzeiten auszugleichen, mit denen wir uns damals unter ihrem Dach hatten begnügen müssen. Es war, als sonnte man sich friedlich auf einer sicheren, bergenden Insel inmitten des tobenden Meeres. Für eine

Weile, nur für eine Weile... Bald kam der Tag, an dem wir wieder Abschied nehmen mußten – für immer.

Die elegant gekleidete Dame flüsterte während der ganzen Fahrt. Sie erzählte mir alles über ihre Verwandten, die so großzügig waren, mich aufzunehmen. Ihr Schwager, erklärte sie, sei ein begabter Pianist, der wegen dieses schrecklichen Krieges gezwungen sei, Abend für Abend in einem Warschauer Klub zu spielen. Ihre Schwester sei eine wunderbare Frau; ich würde es bald selbst sehen. Und Mirka, ihre Nichte, sei ein wirklich reizendes Mädchen, genau in meinem Alter, das sich nach einer Freundin sehne und ungeduldig auf mich warte. Den Nachbarn, Bekannten und allen anderen würde ich als Mirkas Busenfreundin vorgestellt, die sie in den Sommerferien besuche. Niemand werde Verdacht schöpfen, da war die Dame ziemlich sicher, denn mein Polnisch sei ja so perfekt, ohne jeglichen Akzent, ohne irgendwelche verräterischen Eigentümlichkeiten. Ich würde es genießen und bis Ende September frische Luft atmen – mein Aufenthalt sei im voraus bis zu diesem Zeitpunkt bezahlt. Danach werde man weitersehen.

Der kleine Vorortzug rollte langsam durch Felder und Wälder. Trotz der Begeisterung meiner Begleiterin spürte ich keine Aufregung. Alle meine Gedanken waren bei Mutter und Sophie, die jetzt verkleidet in einer anderen Richtung unterwegs waren. Wir hatten uns trennen müssen, Gott weiß für wie lange, da Danka nur Platz für zwei hatte – Danka, Zinas und Frau Koterbas jüngere Schwester, hatte beschlossen, Mutter und Sophie aufzunehmen. Außerdem hatte ich dank den Bemühungen Tante Marias die einzigartige Möglichkeit, aufs Land zu kommen, in einen unauffälligen Erholungsort in den Wäldern. Das hatte ich bitter nötig, da sich mein Gesundheitszustand wieder verschlechtert hatte.

Der alte Zug fuhr keuchend und prustend an einer heruntergekommenen Örtlichkeit ein, die schwerlich als Bahnhof auszumachen gewesen wäre, hätte nicht eine Tafel den Namen der Station genannt: *Radość* (»Freude«). Der Zug hielt. Meine Begleiterin sprang auf. Wir waren angekommen.

Das Bild der Familie Majewski, das meine Begleiterin so wunderschön gemalt hatte, entsprach sehr wenig den Menschen, die ich in dem kleinen Holzhaus antraf, das mein neues »Heim« werden sollte. Der Vater war ein finsterer Bursche, mürrisch und streitsüchtig. Als Pendler war er nachts in Warschau. Frühmorgens kam er zurück und schlief bis zum Nachmittag. Dann schlurfte er nachlässig im Schlafanzug umher, nörgelte an allem herum, was ihm in den Sinn kam, schikanierte seine Frau und beschimpfte seine Tochter. Mich sah er an, als sei ich Luft für ihn. Er sagte nicht einmal guten Tag, als ich zum erstenmal das Haus betrat.

Die Mutter war eine gequälte kleine Frau, geduckt in der Gegenwart ihres Mannes, mißmutig und zänkisch, wenn er nicht da war. Wenn sie mich überhaupt ansprach, dann nur, um mir zu sagen, was ich tun und was ich lassen solle.

Die größte Enttäuschung aber war Mirka, meine »Freundin«. Sie war groß und schlank, hatte bleiches Haar und ein leeres, ziemlich ausdrucksloses Gesicht. Meine Ankunft registrierte sie mit einem abwesenden Nicken, den Blick nicht von ihren Fußnägeln wendend, die sie eben grellrot bemalte. Ich wußte auf Anhieb, daß ich mit ihr nichts gemeinsam haben würde. In dieser ersten Nacht fühlte ich mich verloren und war kurz davor, meine Reisebegleiterin zu bitten, mich wieder nach Warschau mitzunehmen. Als sie und ihr Schwager gegangen waren, wußte ich nichts mit mir anzufangen. Dann erfuhr ich zu meinem Schrecken, daß ich das Bett mit Mirka teilen solle. Ich war es schon gewohnt, ein Bett nicht für mich allein zu haben, und es machte mir nichts aus, bei Mutter oder Sophie zu schlafen. Doch der bloße Gedanke an eine schnarchende Mirka neben mir ließ mich schaudern. Glücklicherweise mochte sie das auch nicht, sondern holte sich einen Liegestuhl und schlief von nun an darin.

Trotz des entmutigenden Anfangs verlief mein Leben in Radość nicht nur düster. Man erlaubte mir und ermunterte mich sogar, wegzugehen und mich überall frei zu bewegen, wann ich wollte; ich sollte mich benehmen wie jedes andere Mädchen, das in Sommerferien war. Anstatt mich also im Garten zu sonnen oder Mirkas Geplapper über schicke Kleider und Jungen anzuhören, ging ich in den Wald und blieb dort allein. Es war, als würden alle Träume meiner ruhelosen Ghettonächte plötzlich wahr. Auf dem warmen, duftenden Moos ausgestreckt, sah ich die Wipfel der schlanken Kiefern sich im Winde wiegen, hörte ich ihr leises Seufzen und die schmelzenden Triller der Vögel, beobachtete ich von wimmelndem Leben erfüllte Ameisenhügel. Sonnenstrahlen brachen durch das Gewirr der Zweige und ließen den Dunst in langen Bahnen aufleuchten. Niemand war in der Nähe.

An einem regnerischen Tag wagte ich mich in die Dorfmitte und entdeckte dort eine kleine öffentliche Bücherei. Nichts auf der Welt, auch nicht das Risiko, erkannt zu werden, hätte mich davon abgehalten, sie zu betreten. Mein Taschengeld reichte aus, um die bescheidene Gebühr zu bezahlen. Ich verließ die Bibliothek mit zwei Büchern. Jetzt konnte ich im Wald lesen, und so blieb ich dort den ganzen Tag. Ich verzichtete auf das Mittagessen; auch für kurze Zeit wollte ich nicht gern ins Haus zurück. Es machte mir nichts aus, zu hungern.

Und ich mußte hungern. Frau Majewski bestand darauf, daß Mirka und ich zusammen aßen, nur wir zwei. Das hieß, daß ich die mageren Portionen mit meiner »Freundin« teilen mußte. Völlig rücksichtslos aß Mirka so schnell, daß meistens wenig für mich blieb. Ich hätte versuchen können, mit ihr um die Wette zu essen, die Brote oder die Kartoffeln nacheinander zu schnappen und ohne Kauen zu verschlingen. Doch dies schien mir würdelos; ich zog es vor zu hungern. Abends mußte ich meine winzigen Bissen in der öden Gegenwart des Vaters mümmeln; es war eine Qual. Ich haßte und verachtete diesen Mann – nicht nur seines rüden Benehmens wegen, sondern auch deshalb, weil er für die Nazis in ihren Klubs spielte. Daran war kaum zu zweifeln: Im besetzten Warschau gab es keine polnischen Nachtklubs.

Es gab schlimme Tage, an denen ich mich nicht in meine grüne Abgeschiedenheit flüchten konnte, weil es regnete. An diesen trübseligen Tagen mußte ich Mirkas Gesellschaft ertragen, ihrem albernen Geschwätz zuhören, oft Stunden mit ihren Freundinnen und Freunden verbringen, die mir fremd waren und blieben. Es gab eine Katze im Haus, die ich als meine einzige Freundin betrachtete. Obwohl ich Katzen sonst nicht sonderlich zugetan war, mochte ich diese wirklich. Sie war trächtig und warf bald fünf Junge. Das geschah in der Küche, und Mirka, ihre Mutter und ich verfolgten es genau. Wir waren alle aufgeregt. Dieses eine Mal teilte ich Gefühle mit ihnen. Zum erstenmal sah ich, wie Lebewesen auf die Welt kamen. Es war eine starke, herzerwärmende Erfahrung.

Zwei Tage später, an einem regnerischen Nachmittag, blieb ich allein im Haus; die ganze Familie war nach Warschau gefahren, um für Mirka ein Kleid zu kaufen, ein Geschenk für ihren kommenden Namenstag. Ich ging in die Küche und beobachtete ungestört die nackten, blinden kleinen Wesen, die hilflos umhertappten und an der Katze saugten. Es war ruhig. Die Küche war gründlich gereinigt; den frisch geschrubbten Boden hatte man mit alten Zeitungen abgedeckt. Beiläufig wandte ich meine Augen von den Kätzchen ab und ließ sie gedankenverloren über die Zeitungsseiten wandern. Plötzlich traf mich ein vertrauter Anblick wie der Blitz: In einer langen Reihe von Vor- und Zunamen sah ich den Vor- und den Zunamen meines Vaters. Ich hob die Zeitung vom Boden auf und versuchte verzweifelt festzustellen, was diese Liste zu bedeuten hatte. Seiten um Seiten waren bedruckt mit Namen, jeweils begleitet von Geburtsdatum und militärischem Rang; manchmal folgte dem Rang das Wort »Unbekannt«. Die Zeitung selbst erkannte ich leicht als den *Nowy Kurier Warszawski*, die einzige in polnisch erscheinende Warschauer Tageszeitung. Sie galt als Naziblatt, das Nazilügen verbreitete, und wurde deshalb von den meisten Polen verachtet; wir lasen sie nie. Als ich endlich die Seite mit dem Anfang der Liste fand, entnahm ich einer kurzen Einleitung, daß die Namen schon seit Wochen oder gar Monaten täglich veröffentlicht worden waren. Laut der Notiz handelte es sich um eine Liste polnischer Offiziere, die in sowjetischen Internierungslagern gewesen und von den Russen ermordet worden waren; vor kurzem hätten deutsche Truppen ihre Leichen in Massengräbern bei Katyn entdeckt. Erschüttert und zitternd las ich die Liste von Anfang an und fand auch den Namen meines Onkels Józef. Waren sie wirklich tot? Nein, ich konnte es nicht glauben. Sicher war das Nazipropaganda, eine weitere grausame Lüge. Die Russen würden so etwas nie tun. Warum sollten sie diese Männer ermorden? Ich wußte von Stefan, daß sie gut behandelt worden waren. Es gab nur eine Erklärung, dachte ich, mich gewaltsam beruhigend: Als die deutsche Armee in der Sowjetunion einmarschiert war und den Teil des Landes mit den Lagern besetzt hatte, hatte sie die Listen der früheren Gefangenen an sich genommen, und nun beschuldigte sie schlauerweise ihren Feind eines solchen Verbrechens. Tatsächlich, so versuchte ich mich zu trösten, waren Vater, Józef und all die anderen Gefangenen gewiß von den Russen fortgebracht worden, als die Deutschen näher rückten. Jetzt arbeiteten sie wahrscheinlich hart in einem sibirischen Lager, oder sie waren in die Rote Armee eingetreten, um mit den Russen gegen Nazideutschland zu kämpfen. Der Tag würde kommen, an dem ich sie wiedersehen würde, wenn es mir nur gelänge, selbst zu überleben. Die einzige wirkliche Gefahr waren die Nazis. Niemand auf der Welt konnte sich an Grausamkeit mit ihnen messen, dachte ich. Dann kam mir plötzlich der Verdacht, daß vielleicht die Nazis selbst die zurückgelassenen Gefangenen ermordet und den Russen das Verbrechen angelastet hätten. Der Schreck würgte mein Herz wie mit eiserner Klaue. Zutiefst verzweifelt ging ich ins Bett, um Mirka bei ihrer Rückkehr nicht sehen zu müssen. Ich konnte mit niemandem reden. Ich war allein mit meiner Angst, meinem Kummer. Ich beschloß, Mutter nichts von der Liste zu sagen. Sie würde ihren ganzen Lebenswillen verlieren, wenn sie glaubte, Vater sei tot. Ich schwor mir, ihr nie von meiner Entdeckung zu erzählen, sofern ich sie je wiedersehen würde. Ich hielt später meinen Schwur; sie hörte schließlich von jemand anderem über Katyn.

Während der folgenden Tage blieb ich in mich gekehrt, ohne mit jemandem meinen Kummer zu teilen. Mirka und ihre Mutter gingen jetzt beide in fieberhaften Vorbereitungen für die Namenstagsfeier auf. Endlich war der große Tag da, und viele Mädchen und Jungen kamen zum Festessen und zu den anschließenden Spielen. An dem langen Tisch im Garten – er bestand aus lauter kleinen Tischen, die Nachbarn geliehen hatten – saß ich ganz für mich, von den anderen nicht beachtet. Ich bekam einen besonderen Teller mit einem bißchen von all dem, was die anderen gehäuft genossen. Doch selbst das Gefühl der Demütigung wurde von meinem Kummer überlagert.

Bald nach Mirkas denkwürdiger Feier kam mein siebzehnter Geburtstag. Auch das behielt ich für mich; es ging niemanden etwas an. Der Tag war schön, und so ging ich früh am Morgen in den Wald und blieb dort bis zum späten Nachmittag. Als ich zum Haus zurückkam, erwartete mich Majewski im Schlafanzug im Garten. »Ich habe schlechte Nachrichten für dich«, sagte er; er sprach mich zum erstenmal an und sah dabei am Holzzaun durch mich hindurch. »Ein Fremder hat sich den ganzen Morgen hier herumgetrieben und Fragen über dich gestellt. Unter diesen Umständen kannst du nicht mehr in meinem Haus bleiben.«

Ich erfuhr schnell, daß man schon seine Schwägerin gerufen hatte, um mich wegzubringen. Sie kam bald und nahm mich noch am selben Abend nach Warschau mit. Zum Abschied gab es keine freundlichen Worte, keine Tränen. Im Zug sagte meine Begleiterin, sie habe schon seit Tagen gewußt, daß ich Radość verlassen müsse, und habe sich bereits mit Tante Maria in Verbindung gesetzt, die sich bald meiner annehmen werde. Sie sagte nichts über das Geld, das auch noch für weitere sechs Wochen bezahlt worden war. Ich zweifelte nicht daran, daß Mirkas Vater den neugierigen Fremden einfach erfunden hatte, um mich loszuwerden und das Geld zu behalten. Sicher wußte meine Begleiterin das auch und fühlte sich unbehaglich. Eigentlich war sie ganz anständig. Sie nahm mich zu sich nach Hause und ließ mich die Nacht in ihrem Zimmer schlafen. Am frühen Morgen kam Tante Maria, und ich fuhr mit ihr nach Rembertów, wo Mutter und Sophie es kaum erwarten konnten, mich wiederzusehen.

Die sechs Monate, die ich bei der Familie Bieliński im ersten Stock ihres einfachen, freistehenden kleinen Hauses verbrachte, bedeuteten den längsten und ereignisärmsten Abschnitt meines Lebens auf der Flucht. Wir lebten in diesen Monaten recht ruhig und ohne schlimme Entbehrungen, doch von der Umwelt völlig abgeschlossen: ohne Ausgang, unsichtbar für Fremde. Von meiner Ankunft bis zu dem Tag, an dem wir schließlich diesen ruhigen Ort verlassen mußten, packte uns nur einmal das Entsetzen – davon später. Ungestört, wie ich war, begann ich dort ernsthaft zu schreiben.

Rembertów war eine ganz gewöhnliche Kleinstadt nahe Warschau, in der ich noch nie gewesen war. Das einzig Bemerkenswerte an ihr waren ein großer Militärschießplatz und eine Fabrik, die beide nach der Besetzung von den Deutschen übernommen worden waren. Die Fabrik beschäftigte polnische Arbeiter und war die wichtigste Einkommensquelle der Ortsbevölkerung. Herr Bieliński, unser Wirt, arbeitete auch dort. Obwohl er ein Facharbeiter war, verdiente er viel zuwenig, um seine vierköpfige Familie zu ernähren. Danka, seine Frau, die ohne richtige Ausbildung als Hebamme arbeitete, tat ihr Bestes, um das Familieneinkommen zu erhöhen: Sie machte Abtreibungen oder kaufte Lebensmittel auf dem Land, die sie in Warschau teuer verkaufte. Beides war illegal und wurde von den Nazis streng bestraft. Auch war es ungemein kräftezehrend. Kein Wunder, daß Danka uns bereitwillig aufnahm, konnte sie doch so auf ihre riskanten Fahrten verzichten und dennoch ihrer Familie und sich selbst bessere Lebensbedingungen ermöglichen. Wir zahlten ihr weit weniger als früher Frau Serbin, und wir bekamen ebenso viel zu essen wie die Familie, deren Lebensstandard sich mit unserer Ankunft schlagartig verbesserte. Wir hatten auch ein gut geheiztes Zimmer für uns – wenigstens die meiste Zeit des Tages. Nachts teilten wir diesen

Raum mit Danka und ihrer achtjährigen Tochter Ela, während Herr Bieliński und sein Sohn Bogdan, der dreizehn war, im Nachbarzimmer schliefen. Zuerst zögerte Danka, drei Personen aufzunehmen; es gab nicht genug Betten für drei. Doch großherzig löste sie dieses Problem: Mutter und ich kamen ins Doppelbett, sie legte sich zu Ela in deren schmales Bett, und Sophie gab sie ein durch ein Netz gesichertes Kinderbett, in dem Ela früher geschlafen hatte.

Zwei Zimmer, eine Küche und ein kleiner Speicher mit einer primitiven Toilette machten die ganze Wohnung der Bielińskis aus. Im Erdgeschoß des Hauses wohnte die Witwe Pawlik mit ihrer heranwachsenden Tochter. Waren wir allein zu Hause, mußten wir totenstill bleiben: Herr Bieliński legte größten Wert darauf, daß niemand von unserem Vorhandensein erfuhr, nicht einmal die Pawliks, die völlig harmlos schienen. Von unserem tagsüber mit einem Musselinvorhang verhängten Fenster aus sahen wir den kleinen Garten, das Gartentor und die Leute auf der Straße. Falls ein verdächtig aussehender Fremder am Tor auftauchte, mußten wir zum Speicher hinauflaufen und uns dort verstecken. Zwischen der Speicherdecke und dem Dach klaffte gerade so viel Raum, daß wir dichtgedrängt hineinpaßten. Um dorthin zu gelangen, mußten wir einen Holzstapel erklettern, durch einen schmalen Gang kriechen und uns dann flach nebeneinanderlegen; dann konnten wir uns nicht mehr bewegen und kaum noch richtig atmen. Wir hatten es ein- oder zweimal geübt und fanden es schrecklich anstrengend. Doch es schien sicher.

Die meiste Zeit waren wir mit Danka im Haus; Herr Bieliński war bei der Arbeit, die Kinder waren in der Schule. Meistens hielt Danka sich in der Küche auf und kochte eifrig, froh, auf ihre gefährlichen Fahrten und den illegalen Handel verzichten zu können. Manchmal sang sie. Sie war eine lebhafte, gutmütige Frau, sehr ähnlich ihrer älteren Schwester, Frau Koterba. Nur gelegentlich empfing sie eine Patientin, die frühmorgens heimlich ins Haus schlich und wieder ging, ehe die Kinder zurückkamen. Bei diesen Gelegenheiten mußten wir totenstill in unserem Zimmer bleiben, während die Abtreibung dicht hinter unserer verschlossenen Tür vor sich ging. Es war scheußlich, sie zu verfolgen, ohne daß die Patientin etwas ahnte, ihr Stöhnen und Schreien zu hören, das widerwärtige Klatschen und Dankas nüchterne Worte. Zum Glück kam das selten vor. Für gewöhnlich konnte ich ruhig bis zum Nachmittag schreiben; dann kamen die Kinder zurück, liefen ein und aus und machten eine Menge Lärm. Sie waren aber gute Kinder, verläßlich und verständig. Wir konnten ihnen vertrauen. Sie waren darauf eingeschworen, nicht mit Fremden zu sprechen, und durften niemandem etwas davon erzählen, was zu Hause vorging. Danka berichtete das, als Mutter anfangs einige Zweifel äußerte. So vertrauten wir den Kindern. Den Jungen mochte ich mehr; er glich seiner Mutter, war liebenswert und freundlich. Ela schlug ihrem Vater nach; sie war irgendwie blaß und unscheinbar. Niemand schien dieses Kind zu lieben. Ela weinte oft; sie tat mir leid, doch ich konnte mich nie dazu überwinden, ihr fettiges Haar zu streicheln oder ihre bleiche Wange zu küssen. Ich fühlte mich deswegen schuldig.

Herrn Bieliński sahen wir nur sehr selten. Er kam spät von der Arbeit, aß in der Küche und ging bald danach zu Bett. Sonntags war er lange weg. Ohnehin war er recht schweigsam und schien sich in unserer Gegenwart nicht sehr wohl zu fühlen. Ich hatte immer das Gefühl, daß er uns gerade noch unter seinem Dach duldete, während er es mit seiner Frau und seinen Kindern gar nicht auszuhalten schien. Doch davon später mehr.

Niemand kam je zu Besuch außer Dankas Kusine

Aniela. Wir trafen sie nie wirklich, da sie wie jedermann sonst nicht wissen sollte, daß wir da waren. In der Regel kam sie morgens und saß mit Danka in der Küche; sie tranken Ersatzkaffee und redeten viel. Danka wirkte nach den Besuchen der Kusine immer recht verstört. Einmal sahen wir sie weinen. Da wir schon sehr vertraut mit ihr waren, brachte Mutter es übers Herz, sie nach dem Grund zu fragen. Wir waren alle im Bett, als dies geschah; Ela schlief, das Licht war aus. Dann hörten wir in der Dunkelheit die Geschichte von Dankas traurigem Leben.

Sie war zweiundzwanzig gewesen, als sie den acht Jahre älteren Bieliński heiratete. Aus Liebe – es war keine Vernunftehe, wie sie viele Mädchen eingingen. Sie war damals hübsch, dunkel, mollig, zu harter Arbeit und auch zum Vergnügen gern bereit. Der eher wenig attraktiv aussehende Bieliński schien Danka nichtsdestoweniger höchst begehrenswert. Sie liebte ihn, und er liebte sie, und anfangs waren sie sehr glücklich. Bald nachdem Bogdan geboren worden war, änderte sich das jedoch plötzlich. Bieliński wurde kühler, reizbar, unfreundlich. Er blieb in seiner Freizeit nicht zu Hause und sprach kaum noch mit ihr. Irgendwann verließ er das Doppelbett und schlief fortan auf einer Couch. Bald danach erfuhr sie, daß er sich mit Aniela eingelassen hatte, ihrer eigenen Kusine. Aniela gestand es Danka selbst, da sie immer enge Freundinnen gewesen waren.

Aniela war in Dankas Alter, glich ihr wie eine Schwester und war ebenfalls verheiratet. Bieliński hatte sich Hals über Kopf in Aniela verliebt, obwohl er Danka zu Hause hatte. Und es war eine Liebe, eine verzehrende gegenseitige Leidenschaft, die seit Jahren brannte und Bielińskis Herz von seiner Frau riß. Aniela hatte ihren Mann verlassen und lebte jetzt allein. Jeden Sonntag und jeden sonstigen freien Tag verbrachte sie mit ihrem Liebhaber.

Zuerst war Danka verzweifelt, weinte sich die Augen aus, wollte sich umbringen. Dann hörte sie nach und nach auf zu weinen, fügte sich in ihr Schicksal und resignierte schließlich. Irgendwie normalisierte sich dieses veränderte Leben und ging seinen täglichen Gang; Zuneigung wurde durch Gewöhnung abgelöst. Und als Ela schließlich geboren wurde, war das weder die Folge eines Wunders noch einem Fehltritt Dankas zuzuschreiben. Sie liebte ihren Mann noch immer. Die beiden Kusinen setzten ihre enge Freundschaft fort. Für Danka war Aniela jetzt der einzige Mensch, dem sie ihr Herz öffnen konnte. Seit sie die Liebe ihres Mannes verloren hatte, brauchte sie ihre Kusine mehr denn je. Jahre vergingen, der Krieg kam. Zeit und Not stumpften die Gefühle ab und verbrauchten beide Frauen; sie waren jetzt nicht mehr jung und nicht mehr attraktiv.

An dieser Stelle seufzte Danka heftig in der Dunkelheit und verfiel in Schweigen. Wir wagten nicht, es zu brechen. Doch nach einer Weile fuhr sie fort. Vor kurzem hatte sich wieder etwas geändert.

Wir waren bereits in ihrem Haus, erzählte Danka, als Aniela an einem regnerischen Morgen ganz bestürzt auftauchte, außer sich, erregt und verstört. Sie versuchte gar nicht erst, vor Danka zu verbergen, was ihr derart zugesetzt hatte. Sie teilte ihr mit, sie habe die letzten beiden Sonntage vergeblich auf Bieliński gewartet; er sei nicht gekommen und habe ihr auch keinerlei Nachricht gegeben. Das war ungewöhnlich, das hatte es nie zuvor gegeben; in ihrer Bestürzung war Aniela zu ihrer Kusine gekommen, von der sie den Grund dafür zu erfahren hoffte. Bieliński hätte krank oder verhaftet sein können. Doch er war keines von beiden. Er war wie gewohnt zur Arbeit gegangen, sagte Danka, und war die letzten beiden Sonntage wie immer weggewesen. Die beiden Frauen begannen gemeinsam, über das seltsame Verhalten des Mannes zu rätseln, den sie liebten. Doch sie kamen zu keinem Ergebnis.

Diese Unsicherheit hatte mehr als zwei Monate gedauert. Bieliński ging jeden Sonntag weg, kam aber nicht zu Aniela. Schließlich gelangten die beiden Kusinen zu dem Schluß, er könne für den Untergrund arbeiten. Doch eigentlich schien dies kaum glaublich – es paßte gar nicht zu ihm. Es hatte keinen Sinn, ihn direkt zu fragen: Bieliński wollte keiner seiner beiden Frauen etwas sagen. »Aber die Wahrheit kommt ans Licht«, sagte Danka ernst und seufzte wieder. In ihrer Verzweiflung hatte Aniela begonnen, ihrem Geliebten nachzuspionieren, und bald war das Geheimnis entdeckt. An diesem Morgen war sie zu Danka gelaufen, um sich in ihren Armen auszuweinen: Bieliński hatte eine Geliebte, eine junge Witwe, mit der er zusammen arbeitete. Die beiden Kusinen weinten den ganzen Morgen zusammen. Sie fanden keinen Trost. Jetzt, im Bett, brach Danka wieder in Tränen aus.

Sich im Hause anderer zu verstecken hieß nicht nur, die Verbindung zur Außenwelt zu verlieren: Wir hatten auch empfindliche Einschränkungen und ständige Gefahren auf uns zu nehmen. Auf engstem Raum beschränkt, zur Untätigkeit verurteilt, konnten wir kein Eigenleben mehr führen. Die Männer und Frauen, die uns Zuflucht gewährten, und sogar ihre Kinder kämpften mit ihren täglichen Sorgen, hatten ihre kleinen Nöte und ihre großen Tragödien, ihre Erfolge und Mißerfolge, ihre Freuden und Leiden. Unser Dasein war öde; nur die Zeit strich an uns vorüber. So lebten wir das Leben anderer, teilten ihre Freuden und Kümmernisse. Unsere Belange wechselten mit unseren Unterkünften, richteten sich nach den Gegebenheiten im Leben unserer jeweiligen Beschützer. Einige Zeit und einige Unterkünfte lagen hinter uns, bis ich endlich erkannte, daß unsere Gegenwart auch für unsere Gastgeber mehr bedeutete als große Gefahr, Unannehmlichkeiten oder höheres

Einkommen. Irgendwie berührte auch sie unsere Anwesenheit tiefer. Sie brachte das Gute und das Böse in ihnen zum Vorschein. Manchmal spaltete sie die Familie, manchmal einte sie die Familie in dem gemeinsamen Bemühen, zu helfen und zu überleben.

Bald zeigte sich deutlich, daß für Danka unsere heimliche Gegenwart ein Segen war. Zum ersten und einzigen Mal in ihrem Leben hatte sie jemanden, mit dem sie sprechen konnte, bei dem sie sich ohne Angst vor Ablehnung erleichtern konnte, Menschen, die nicht in ihre Not verwickelt und bereit waren, ihr zu jeder Tages- und Nachtzeit zuzuhören, so lange sie wollte. Also redete sie, und wir hörten zu, geduldig, teilnahmsvoll. Mutter konnte das großartig, sie war so voller Verständnis. Sie wußte die arme Frau wunderbar zu trösten, ohne Moralpredigten und hochtrabende Worte. Es half. Nach einigen Tagen hatte Danka ihr Gleichgewicht wieder gefunden. Wir hörten sie erneut in der Küche singen.

Dankas Geschichte machte auf mich großen Eindruck. Ich sagte in jener Nacht kein Wort, sondern hörte gebannt ihrer Erzählung und Mutters verständiger Entgegnung zu. Ich glaube, daß ich sehr viel daraus lernte und dadurch irgendwie reifer wurde.

Ich schrieb weiter – das Schreiben wurde mir zu einer Gabe des Himmels, zu einer Zuflucht in unserer schlimmen Lage. Abends las ich meine Geschichten Mutter und Sophie vor. Das half auch ihnen. Sie versuchten beide nie, ihre Erlebnisse aufzuschreiben, sondern lasen lieber Bücher, die Danka für uns bei der örtlichen Bücherei entlieh, oder erledigten Flickarbeiten für sie. Sie waren beide viel geduldiger als ich und ertrugen das endlose Warten und die Widrigkeiten unseres täglichen Lebens ohne Murren, während ich ebenso heftig wie erfolglos rebellierte. Obwohl ich ausgewachsen war, hatte ich von meiner Mutter noch immer sehr viel zu lernen, und ich wurde nie so warmherzig, nachsichtig und innerlich stark wie sie. Sophie schlug ihr sehr viel eher nach als ich. Jetzt war sie fast vierzehn, kein Kind mehr. Mit ihrem schlanken Körper und ihrem üppigen schwarzen Haar, das sie in einem dicken langen Zopf trug, ihrer samtdunklen Haut und ihren traurigen dunklen Augen wurde sie immer fraulicher und hübscher. Doch sie blieb das gleiche stille, meistens in sich gekehrte Mädchen. Sie und Mutter wußten jetzt von der Katyn-Liste, wollten jedoch nicht an Vaters Tod glauben. Wir alle erhielten uns die Überzeugung, daß er lebe und daß es ihm gutgehe. Dieser starke Glaube half uns zu überleben.

Von Halina, die uns zweimal während unseres Aufenthalts in Rembertów besuchte, hörten wir von Onkel Władeks Tod. Sie hatte es selbst von einem Augenzeugen erfahren und erzählte uns bei ihrem ersten Besuch alles darüber. Nachdem ihr Mann in einem Außenbezirk Warschaus erschossen worden war, mußte sie ihren kleinen Sohn nehmen und von zu Hause weglaufen. Drei Monate blieben die beiden bei Verwandten auf dem Land. Deshalb war sie nicht dagewesen, als wir dringend ihre Hilfe brauchten.

Auch Tante Maria besuchte uns; sie kam wenigstens zweimal im Monat. Von Jadwiga und Stefan gab es traurige Nachrichten. Sie waren von den Koterbas weggegangen und lebten jetzt bei anderen Leuten. Eben hatten sie sich eingewöhnt, als Jadwiga feststellte, daß sie schwanger war. Während der ständigen Flucht ein Kind zur Welt zu bringen kam nicht in Frage. Es gab nicht die geringste Hoffnung, daß der Krieg zu Ende gehe, ehe das Baby geboren würde. Stefan und Jadwiga, zwei so junge, kluge Leute, die sich so sehr liebten und dazu geboren schienen, die glücklichen Eltern eines gesunden Kindes zu werden, mußten daher rasch einen herzzerreißenden Entschluß fassen. Helena, die Hebamme, bot ihnen unverzüglich ihre Dienste an und erledigte die Sache auf ihre Weise. Doch Jadwiga und Stefan hatten sich nicht von dem Schock erholt und grämten sich zutiefst. Diese Nachricht bedrückte auch mich und bereitete mir lange Zeit schlaflose Nächte.

Die Tage, Wochen und Monate unseres ereignislosen Lebens schläferten unsere Wachsamkeit ein. Es schien, als werde der Rest unseres Lebens ebenso ruhig und dumpf verlaufen, als werde sich nie mehr etwas ändern, zum Besseren oder zum Schlechteren. Der Winter kam und bedeckte die Welt vor unserem Fenster mit einer dicken Schneedecke, die unsere Tage noch stiller und einsamer erscheinen ließ. Eines Tages, als wir allein zu Hause waren, sahen wir zwei große Gestalten sich dem Tor nähern. In ihrer pechschwarzen Kleidung hoben sie sich scharf von dem schneeweißen Garten ab; sonderbare spitze Gegenstände ragten ihnen über die Schultern. Sie bewegten sich auf das Haus zu. »Gestapo«, murmelte Mutter und wurde leichenblaß. Wir zitterten vor Angst; ohne jeden Zweifel schickten sich die gefährlichsten, grausamsten Judenjäger an, uns zu ergreifen.

Blitzschnell waren wir auf dem Speicher, und mit einer Geschwindigkeit, die nur die größte Furcht erzeugt, zwängten wir uns in die Spalte unter dem Dach, drückten uns gegen den Boden und hielten den Atem an. Doch kein Poltern und kein Krachen einer aufbrechenden Tür kamen von unten. Eine Weile dachten wir, die Häscher seien verschwunden. Dann kam plötzlich von oben ein schrecklicher Lärm, als hämmerte ein Pferdehuf auf unsere Schädel: Die beiden Männer waren auf dem Dach und versuchten offenbar, von dort einzudringen. Wir lagen starr und zählten die Sekunden, die wir für unsere letzten hielten. Der Lärm wurde unerträglich. Nicht nur Stampfen, sondern auch böses lautes Knirschen und Knallen zermarterten uns jetzt die Ohren und das Gehirn: Ganz eindeutig zerstörten sie das

Dach, um uns ergreifen zu können. Mitten in diesem Höllenlärm hörte ich Sophie plötzlich kichern. Mit ihrem raschen Verstand hatte sie als erste begriffen, was wirklich vorging. Blitzschnell preßten wir uns alle die Fäuste vor den Mund, um nicht vor Lachen loszuschreien. Und wir konnten kaum aufhören zu lachen, als die Schornsteinfeger längst gegangen waren und wir erschöpft in unser Zimmer zurückwankten. Abends hatte die ganze Familie großen Spaß, als wir erzählten, was geschehen war. Die Schornsteinfegergeschichte wurde zum Höhepunkt unseres gemeinsamen Weihnachtsessens; die Kinder bettelten darum, sie immer wieder zu hören, so begeistert waren sie davon.

Als sechs Wochen später die echte Gefahr kam, waren wir nicht einmal erschrocken. Vielleicht ist der Mensch nur bis zu einer gewissen Grenze imstande, in großer Angst zu leben, vielleicht gewöhnt man sich an den Schrecken. Jedenfalls spürten wir wenig Furcht, als drei Fremde in Ledermänteln und langen Stiefeln eines Sonntags plötzlich die Tür öffneten und unseren Raum betraten. Sophie erzählte mir später, sie habe ein überraschtes Lächeln auf meinen Lippen gesehen, als die drei auftauchten. Tatsächlich hatte ich schon lange keine jungen Männer mehr gesehen.

Wie bei den beiden früheren Vorfällen wußten wir nicht und fanden wir nie heraus, wer die Männer waren und wie sie uns aufgespürt hatten. Halina war gerade zu ihrem zweiten Besuch gekommen. Es konnte sein, daß sie ihr von Warschau gefolgt waren, da sie häufig in riskante Unternehmungen verwickelt war, die Späher anzogen. Wir waren alle so ins Gespräch vertieft gewesen, daß niemand von uns die Fremden am Tor bemerkt hatte. Herr Bieliński und die Kinder waren weg, Danka war hinuntergelaufen, um mit der Witwe Pawlik zu schwatzen, und hatte die Tür unverschlossen gelassen. So kamen sie ungehindert ins Haus, betraten die Wohnung und fanden uns in unserem Zimmer. Ob sie schon gewußt hatten, daß wir uns dort versteckten, war nicht ganz klar. Sobald sie uns sahen, hatten sie jedoch keinen Zweifel, wer wir waren. Sie gaben sich höflich, nicht einmal besonders streng. Sie sagten nur, sie seien angewiesen, uns mitzunehmen und in ein Konzentrationslager zu schaffen, in dem wir überleben mochten oder nicht. Was Konzentrationslager bedeutete, wußten wir bereits allzu gut. Ihre Drohung wirkte echt: Die Männer sprachen deutsch und konnten Gestapo-Informanten sein. Es brauchte Halinas Mut, um ihnen ein Lösegeld anzubieten. Nach langem Zögern nahmen sie an. Halina bezahlte. Sie begann mit einer großen Zloty-Summe und legte schließlich US-Dollars und englische Pfund dazu, bis ihre Handtasche leer war. Zum Glück oder zum Unglück hatte sie ein Vermögen bei sich, das aber nicht ihr, sondern einem Geschäftspartner gehörte. Danka, die nun wieder vom Erdgeschoß heraufkam, sah die Männer schon wieder mit ihrer Beute hinunterhasten. Ein paar Tage später mußten wir uns von ihr verabschieden.

Mitten in einem trostlosen, kalten Winter verließen wir Rembertów und kehrten nach Warschau zurück. Die Erpresser hatten uns das letzte Geld genommen; alles, was vom Verkauf des Diamantrings geblieben war, mußten wir an Halina zahlen. Nun gab es nichts mehr, was wir verkaufen konnten. Wir wären untergegangen ohne Tante Maria, die sich entschloß, ein Stück Land zu verkaufen, das sie einst von meinen Großeltern bekommen hatte. Sie fand rasch einen Käufer, und so konnten wir weiterhin für einige Zeit im Versteck unser Dasein fristen. Doch nach diesem Handel sahen wir Tante Maria lange Zeit nicht. Sie war in schrecklicher Sorge, beobachtet zu werden, und fürchtete die Gefahr, in die sie uns bringen mochte. Staś nahm uns nun völlig in seine Obhut und wurde unser einziges Bindeglied zu Tante Maria.

Es war schwer, für uns drei ein Versteck zu finden; wir mußten uns wieder trennen. Die folgenden Wochen verbrachte ich mit Maryla, die jetzt bei einem älteren Fräulein lebte. Es störte die Dame nicht im geringsten, daß ich kam; sie hätte wohl kaum jemanden abgewiesen, obwohl sie nur ein Zimmer und eine Küche hatte. Um Geld kümmerte sie sich nicht, nicht einmal um ihre Sicherheit. Sie war Lehrerin gewesen und hatte sich nach der Pensionierung dem Okkulten zugewandt; auch glaubte sie fest an die Vorsehung. »Wenn ich morgen sterben soll, dann werde ich auch sterben, ob durch einen herabfallenden Dachziegel oder ob durch die Kugel eines Nazis«, pflegte sie zu sagen. Sie war eine gesellige, freundliche Person und hatte gern Menschen um sich, sofern diese selbst für ihre eigenen täglichen Bedürfnisse sorgten. Von ihrer Lieblingsbeschäftigung, Sterne zu deuten und Horoskope zu erstellen, war sie völlig mit Beschlag belegt; sie verachtete alle niedrigen Arbeiten und wußte sehr wenig von profanen Dingen wie der Zubereitung von Mahlzeiten. So erledigten Maryla und ich all diese Aufgaben. Wir hatten großen Spaß, als wir bei unserem Sparsamkeitswettbewerb den phantastischen Rekord von fünfzehn Pfannkuchen aus einem einzigen Ei aufstellten.

Maryla drängte mich, wieder Englisch zu lernen. Ich dachte, mit Englischkenntnissen könne ich dem Untergrund nützlich werden, dem ich mich schon immer anschließen wollte. Es gab nur sehr wenige im Land, die diese Sprache beherrschten. Wenn nun ein verwundeter britischer Fallschirmspringer von Polen versteckt und gepflegt werden mußte? Dem Vernehmen nach geschah das manchmal. Hätte ich da nicht als rettender Engel einspringen können? Solchen Tagträumen hing ich nach, und voll Gefühl wiederholte ich:

*I wandered lonely as a cloud*
*That floats on high o'er vales and hills,*
*When all at once I saw a crowd*
*A host, of golden daffodils...*

Erst dreißig Jahre später wurde mir klar, daß mich mein verwundeter Held kaum verstanden hätte – meine Aussprache war grauenhaft.

Während ich die Geistergeschichten meiner Wirtin und Marylas anregende Gesellschaft genoß, hatten Mutter und Sophie Schreckliches durchzumachen. Aus verschiedenen Gründen waren sie gezwungen, eine Unterkunft nach der anderen zu verlassen, sich in Schränken und Kästen zu verstecken, oft am hellichten Tag über die Straßen zu hetzen. Staś, der sich verzweifelt um sie bemühte, mußte sie einmal in einer Kirche zurücklassen, um fieberhaft eine Freundin zu suchen, bei der er sie unterzubringen hoffte. Die Freundin war im Augenblick nicht zu finden, und so hatten Mutter und Sophie lange Stunden in der Kirche auszuharren. Sie trugen ihre übliche Verkleidung und taten die ganze Zeit über so, als beteten sie. Der Priester bemerkte sie und nahm tiefen Anteil an den beiden elenden Gestalten. Er mußte erraten haben, wer sie waren und warum sie so anhaltend beteten. Als gegen Abend die meisten Kirchenbesucher gegangen waren, brachte er ihnen etwas zu essen und zu trinken, was sie auch dringend brauchten; außerdem fand er einige Worte christlichen Trostes für sie. Bald danach kam Staś mit einer guten Nachricht und brachte Mutter und Sophie zu seiner alten Freundin Wala.

»Dich habe ich mir ein bißchen anders vorgestellt«, sagte Wala, als ich zum erstenmal in ihre Wohnung kam, um wieder mit Mutter und Sophie zu leben. »Ich dachte, du bist ein Mädchen wie tausend andere. Und nun sehe ich eine junge Dame vor mir.« Ihre tiefblauen Augen, die mich an Porzellan erinnerten, musterten mich mit leichter Besorgnis. Sie war klein und rundlich, hatte strahlende Augen und eine frische, rosige Gesichtsfarbe; trotz ihrer zweiundfünfzig Jahre wirkte sie noch immer ungemein anziehend. Sie schien von meiner Ankunft ebenso erregt wie Mutter und Sophie, die sich mit ihr schon ganz vertraut fühlten, obwohl sie erst drei Wochen bei ihr wohnten. Auch ich fühlte mich hier sofort zu Hause, und ich küßte Wala sogar, so sehr mochte ich sie. In ihrem quadratischen Zimmer, das auch als Küche diente und mit Möbeln buchstäblich vollgestopft war, war ein runder Tisch für eine besondere Mahlzeit zur Feier meiner Ankunft gedeckt: mit Kopfsalat garniertes Brathuhn, ein verlockender, von Mayonnaise glänzender Berg Gemüsesalat, selbsteingelegte Pilze, leckere, noch ofenwarme Teekuchen sowie, Walas besonderer Stolz, eine Karaffe mit purpurrotem Kirschlikör. Sie erzählte mir sofort, sie sei eine perfekte Köchin, was Mutter und Sophie lebhaft bestätigten. Später stellte ich fest, daß sie sehr gern kochte, sich gern dafür loben ließ, gern zusah, wenn andere aßen, und auch gern selber aß, was sie gekocht hatte. Und während ich an jenem Abend Walas Leckerbissen verschlang und ihr himmlisches Gebräu schlürfte, erfuhr ich noch viel mehr über sie.

Wala hatte keine Verwandten und nur wenige Freunde. Ihr einziger Bruder war 1940 von der Gestapo verhaftet worden, und sie hatte nie wieder von ihm gehört. Alles, was er hinterlassen hatte, waren ein paar Bücher auf ihrer Frisierkommode: Werke von Einstein, Rabindranath Tagore und Nietzsche. Wala hatte sie nie gelesen; sie hatte kein Interesse an gelehrten Büchern. Außerdem arbeitete sie viel zu hart, um überhaupt zum Lesen zu kommen. Seit sie erwachsen war, hatte sie die meiste Zeit so gearbeitet. Als junge Frau war sie mit einem Stationsvorsteher verheiratet gewesen. Damals hatte sie in guten Verhältnissen gelebt. Doch ihr Mann, der alles war, was sich eine Frau nur träumen konnte, starb sehr jung und ließ sie Anfang Dreißig kinderlos zurück. Sie heiratete nie wieder; niemand konnte sich mit dem Verstorbenen messen, kein Mann, den sie kannte, war wie er. Sie gewöhnte sich an ihr Alleinsein und vergaß, was Liebe heißt. Eines Tages war sie der Einsamkeit müde und wollte sich wieder um jemanden kümmern. So nahm sie während des Krieges ein nettes jüdisches Paar in ihr Zimmer auf und gab den beiden alles, was sie konnte: Sicherheit, Wärme, gutes Essen. Sie mochten sie sehr, und sie mochte die beiden, und sie lebten über ein Jahr lang harmonisch zusammen. Doch mit einemmal...

Wala, die mir diese Geschichte an der festlichen Tafel erzählte, hielt inne und errötete; aber Sophie, die das alles schon auswendig kannte, brachte sie wieder zum Reden. Im letzten September, erst vor sechs Monaten, hatte sie bei einer Einladung einen Mann kennengelernt, der ihr sagte, sie sei bezaubernd und schön trotz ihres Alters. Es überkam sie wie ein Schock: Plötzlich fühlte sie sich wieder als Frau – ein Gefühl, das sie längst vergessen hatte. Sie mochte den Mann; er hieß Edward. Nach all den Jahren war er der erste, der so liebenswert schien, wie ihr verstorbener Mann gewesen war. Sehr bald wurden sie ein Paar. Sie war wieder glücklich. Nur ihre Mitbewohner machten ihr jetzt Sorgen. Obwohl Edward seine eigene kleine Wohnung hatte, war es schwierig, die beiden vor ihm zu verbergen – er wollte ihr Zuhause sehen, sie gelegentlich besuchen. Doch sie kannte ihn noch zuwenig, um ihm von diesen Leuten zu erzählen – schließlich war es eine Frage auf Leben und Tod. Sie konnte nichts anderes tun, als ein neues Versteck für sie zu finden. Das schaffte sie auch, und die beiden gingen ohne Groll; sie hatten Verständnis für sie und wünschten ihr viel Glück. Als dann Staś, der gute Freund ihres Bruders, sie einige

Zeit danach verzweifelt bat, in einem dringenden Fall zu helfen, nahm sie Mutter und Sophie ohne Zögern auf, wußte sie doch mittlerweile, daß Edward ein integrer Mann war und selber gefährliche Untergrundarbeit leistete. »Ich brauche ihn dir nicht zu beschreiben«, sagte Wala an diesem ersten Abend. »Du kannst ihn am Sonntag selbst begutachten.« Der bloße Gedanke, Edward wiederzusehen und ihn als ihren Mann vorstellen zu können, machte Wala sichtlich glücklich. Ihre frohe Stimmung und der Kirschlikör halfen uns, unser eigenes Elend zu vergessen. Wir gingen zu Bett mit dem starken Glauben, alles werde sich in Bälde zum Besten wenden. Wie konnten wir wissen, was uns bevorstand?

Unser Alltag in Walas Zimmer im Dachgeschoß, dessen übrige Zimmer von vielen anderen minderbemittelten Mietern bewohnt wurden, war nicht gerade heiter. Wala arbeitete als Kantinenleiterin in einer Fabrik; sie ging jeden Morgen früh zur Arbeit und kam in der Dunkelheit zurück. Tag für Tag, endlose Stunden blieben wir allein; wir mußten flüstern und uns in dem engen Raum zwischen den Betten und dem Kocher, dem runden Tisch und dem Spülstein geräuschlos bewegen. Die Nachbarn waren so nahe, daß wir hörten, wenn sie hinter den dünnen Wänden redeten und husteten oder wenn sie durch den gemeinsamen Flur zur gemeinsamen Toilette gingen. Sie hätten uns ebenso gut in unserem angeblich leeren Zimmer hören können, hätten wir uns nicht ständig beherrscht, wenn Wala weg war. Nur wenn sie abends zurückkehrte, konnten wir uns ein wenig entspannen – aber nicht völlig, da die Nachbarn glaubten, sie würde allein in dem Zimmer leben. Wala machte die Einkäufe auf dem Heimweg und begann daheim sofort zu kochen. Sie wollte uns nicht das Essen machen lassen; zweifellos war sie überzeugt davon, daß wir es nicht so gut konnten wie sie, womit sie selbstverständlich recht hatte. Bei Tisch flüsterte sie; meistens war sie sehr gesprächig. Sie erzählte uns von ihrem Arbeitstag und machte Pläne für den nächsten Sonntag. Ehe wir zu Bett gingen, warteten wir, bis alle Nachbarn eingeschlafen waren. Wala flitzte immer wieder auf den Flur, bis kein Licht mehr durch die Schlüssellöcher und die Ritzen der nächsten Türen drang. Erst dann konnten wir uns nacheinander zur Toilette stehlen – tagsüber hatten wir für den Notfall einen primitiven Ersatz. Doch der Notfall trat selten ein: In unseren Jahren auf der Flucht hatten wir gelernt zu warten.

Die Sonntage waren anders. Wala kochte vom frühen Morgen an und bereitete sich mit wachsender Erregung auf ihren Besucher vor. Von ihrer Stimmung freudiger Erwartung angesteckt, wuschen auch wir uns das Haar, zogen unsere besseren Kleider an und putzten unsere Schuhe. Für gewöhnlich kam Edward zur Frühstückszeit und blieb bis nach dem Mittagessen. Er war ein großer, hübscher Mann, acht Jahre jünger als Wala. In seinem dunklen Sonntagsanzug wirkte er für meinen Geschmack etwas zu feierlich, doch seine tiefe Stimme und sein liebenswürdiges Benehmen machten das wett. Er hatte bei der Armee gedient und arbeitete jetzt auf dem Hauptpostamt. Edward war geschieden und lebte allein. Er schien Wala nicht weniger zu brauchen als sie ihn, war ihr zutiefst zugetan und pries ihre Mahlzeiten überschwenglich. Zu uns war er freundlich und aufmerksam. Wenn er kam und ging, küßte er Mutter die Hand, bedachte mich mit einem ernsthaften Händeschütteln und umarmte Sophie väterlich. Nach dem Mittagessen gingen Edward und Wala lange spazieren, gelegentlich wohl auch in seine Wohnung. Sie sagte nie ein Wort über ihre Sonntagnachmittage, wenn sie kurz vor Ende der Ausgehfrist glückselig zurückkam. So ging das mehrere Wochen.

Ostern rückte näher, und Wala beschloß, eine Gesellschaft zu geben, um gute Freunde zu sehen und uns etwas Abwechslung zu verschaffen. Unsere Gäste kamen am Ostermontag: Edward, feierlicher denn je, Staś, strahlend und freundlich und wie vor einem Jahr wieder mit seinem Grammophon, Maryla, meine amüsanteste Tante, und schließlich Onkel Leo. Wir hatten Onkel Leo nicht mehr gesehen, seitdem wir in den tragischen Tagen des Juli 1942 eine Weile bei ihm im Ghetto verbracht hatten. In der Zwischenzeit hatte er sich auf der »arischen« Seite versteckt gehalten. Doch als aktiven, mutigen Mann hielt es ihn nie lange in einem Versteck; kühn wechselte er von Ort zu Ort und arbeitete als Arzt für den Widerstand. Er hatte sich einen langen Schnurrbart wachsen lassen, um seine jüdischen Züge zu verbergen, trug lange Stiefel und einen Ledermantel und fühlte sich fast sicher mit seiner »guten« Geburtsurkunde, die schwarz auf weiß belegte, daß er als unehelicher Sohn einer Prostituierten geboren und auf den Namen Konstanty Woźniak in einer Pfarrkirche getauft worden sei. Im Februar war er unmittelbar nach meinem Weggang bei der Okkultistin eingezogen und lebte jetzt dort mit Maryla, die wie meine Mutter seine Kusine war.

Wala hatte Maryla und Leo schon lange vor uns gekannt. Sie hatte beiden schon ein- oder zweimal Zuflucht gewährt – wie bei uns deshalb, weil Staś sie um Hilfe gebeten hatte. So kannte bei Tisch jeder jeden; nur Edward mußte vorgestellt werden.

Die Gesellschaft dauerte vom Mittagessen bis in die Dunkelheit und war ein großer Erfolg. Wir saßen alle dichtgedrängt um den Tisch, aßen unablässig, tranken Kirschlikör und redeten. Endlich einmal konnten wir so laut sein, wie wir wollten: Alle anderen Mieter des Dachgeschosses wußten, daß Wala wie jedermann eine Ostergesellschaft gab.

Anfangs redeten wir viel darüber, was in der Welt vorging; da die Deutschen rasch aus dem Osten zurückgedrängt wurden und man jeden Augenblick mit einer Invasion aus dem Westen rechnete, gerieten wir in eine hoffnungsfrohe, ausgelassene Stimmung. Der Kirschlikör tat gleichfalls seine Wirkung. Staś ließ sein Grammophon spielen, und wir hätten gewiß getanzt, wenn dafür Platz gewesen wäre.

Ich fühlte mich warm und sicher unter diesen Menschen, die ich mochte; leicht beschwipst, selig zwischen Edward und Staś geschmiegt, redete ich etwas zuviel und lachte etwas zu laut. Ich dachte, niemand habe das bemerkt – aber ich täuschte mich. Ein aufmerksames Augenpaar hatte mich wie immer scharf beobachtet. Als alle Gäste gegangen waren und Sophie und ich uns unter unserer gemeinsamen schweren Steppdecke vergraben hatten, hörte ich von meiner sanften Schwester plötzlich, was sie von mir dachte. »Es war widerlich«, flüsterte sie mir erregt ins Ohr. »Ich bin dauernd deinetwegen rot geworden. Du hast dich ganz unmöglich benommen. Sich an diesen alten Mann zu kuscheln und ihm schöne Augen zu machen! Und er ließ sich das auch noch gern gefallen! Er hat gegrinst wie ein Schneekönig, dieser alte Esel.« Ich trat sie heftig unter der Decke; dann schlief ich ein.

Am nächsten Morgen erwachte ich mit dem scheußlichen Gefühl, daß letzten Abend etwas Unerfreuliches geschehen war. Wala war schon weggegangen; Mutter blickte mich aus ihrem Bett besorgt an. »Ich muß mit dir reden«, sagte sie. Und in ihrer sanften, aber zwingenden Art hielt sie mir vor, es sei sehr töricht und unrecht von mir gewesen, mit Edward zu flirten. Nicht nur weil ich siebzehn sei und er vierundvierzig, sondern weil er zu Wala gehöre und ihr alles bedeute. »Ich weiß«, sagte Mutter, »daß du es nicht absichtlich getan hast. Ich verstehe dich sehr gut, mein Liebling. Ich kann mir vorstellen, wie dir und Sophie zumute ist, ohne andere junge Leute, ohne alles, was Mädchen in eurem Alter am Leben schön finden – ohne Jungen, ohne Liebelei ... Trotzdem mußt du auch an andere Leute denken; du mußt versuchen, ihre Gefühle zu verstehen. Denk daran: Wenn du selbst unglücklich bist, ist das kein Grund, andere unglücklich zu machen.«

Ich schämte mich, obwohl ich nicht glaubte, daß ich besonderes Unheil angerichtet hätte. Wieder täuschte ich mich. Nach der Ostergesellschaft änderte sich Walas Verhalten mir gegenüber gründlich. Wenn sie mit mir sprach, wurde sie kühl und sarkastisch, oder sie sah nur noch Mutter oder Sophie an. Ihnen gegenüber blieb sie jedoch völlig unverändert. Auch lud sie Edward weiterhin jeden Sonntag ein. Unsere früher so angenehmen wöchentlichen Treffen wurden für uns alle unerträglich.

Auch Edward hatte sich verändert. Er saß angespannt am Tisch, oft schweigend und in sich versunken. Immer wieder hörte ich ihn seufzen, oder ich fing seinen scheuen, verstohlenen Blick auf, wenn Wala uns den Rücken kehrte, weil sie mit Kochen beschäftigt war. Ich mußte jedesmal erröten, wenn dies geschah, und dann wurde mir noch unbehaglicher. Ich versuchte verzweifelt, mich einwandfrei zu benehmen, fühlte mich aber die ganze Zeit über schuldbewußt. Ich hatte den starken Eindruck, daß Wala mehr sah und hörte, als es wirklich zu sehen und zu hören gab. Meine angestachelte Eitelkeit jedoch, gemischt mit Groll, der sich mit ihrer wachsenden Schroffheit nur noch steigerte, brachte mich dazu, Edwards zärtliche Blicke immer häufiger zu erwidern.

Der Frühling strahlte durch die Fenster unseres Dachzimmers – der fünfte Kriegsfrühling, unser zweiter Frühling im Versteck. In dem muffigen Zimmer eingeschlossen, glaubten wir fast zu ersticken. Unsere Hoffnungen auf eine rasche Niederlage der Nazis schwanden. Die erwartete Invasion im Westen schien nie zu kommen. Ich hatte wieder Fieber und hustete Tag und Nacht, die dicke Steppdecke über den Kopf gezogen, damit die Nachbarn nichts hören sollten.

Unsere Sicherheit in diesem Raum gehörte zu den zwei oder drei Dingen in ihrem Leben, die Wala gleich ihrer Kochkunst nicht bezweifelte. Sie rühmte sie als vollkommen und hatte ihre eigene ausgeklügelte Methode, die Nachbarn glauben zu machen, daß sie nichts zu verbergen habe. Abends nach der Arbeit oder auch sonntags ließ sie manchmal eine Stunde lang die Tür weit offen, damit jeder hineinsehen konnte, der durch den Flur kam. Wir saßen währenddessen still unter dem Küchentisch, von einem Wachstuch verborgen, das bis zum Boden reichte. Vor diesen Demonstrationen mußte ich jedesmal eine Hustentablette nehmen. Manchmal bat Wala dann unter irgendeinem Vorwand eine Nachbarin herein und sprach eine Weile mit ihr, damit sie sehe, daß nur sie allein in diesem Zimmer wohne. Für gewöhnlich wählte sie die naseweise Stefa, eine Waschfrau von nebenan. Die »Lüftungen«, wie wir diese Veranstaltungen nannten, schienen wie gewünscht zu wirken, und Wala behauptete großartig, niemand auf der Welt ahne etwas von ihren Mitbewohnern.

Doch eines Tages, als Wala nicht da war, hörte ich Stefa mit einer anderen Nachbarin über sie klatschen. Die Jahre im Versteck hatten mein Gehör derart geschärft, daß ich ihrer Unterhaltung leicht folgen konnte.

»Sie wird vornehm«, sagte Stefa. »Sie glaubt, sie sei eine Dame. Meinst du, sie hätte mich schon einmal zum Tee eingeladen oder mir jemals ihren Liebsten vorgestellt, der jeden Sonntag kommt und geht?«

»Ja ja, auch mit mir redet sie so gut wie nie«, pflichtete ihr die andere Frau bei. »Sie redet lieber mit sich selbst!«

»Mit sich selbst?«

»Ja, ich habe sie oft gehört, wenn sie allein im Zimmer war.«

»Wirklich? Das kann ich kaum glauben! Sie muß verrückt sein, oder vielleicht versteckt sie wen unter ihrer dicken Steppdecke. Vielleicht einen Ersatzliebhaber? Oder einen Juden?«

Die Frauen kicherten, die Unterhaltung endete.

Ich blickte auf Mutter, dann auf Sophie, doch sie lasen eifrig und hatten nichts gehört. Ich erzählte, was ich mitbekommen hatte, und wir überlegten tief betroffen, ob wir uns eine andere Unterkunft suchen sollten. Unerwartet kam Wala wenig später nach Hause; sie hatte sich bei der Arbeit unwohl gefühlt und den Nachmittag freigenommen. Ich wiederholte ihr Wort für Wort, was ich von der Unterhaltung mitgehört hatte.

Ihre Reaktion kam wie ein Schlag. Ihr Gesicht wurde rot vor Entrüstung. »Du lügst, du schamloses Flittchen!« schrie sie, die Nachbarn völlig vergessend. »Du lügst, du lügst, nur um mich zu quälen!« Sie keuchte heftig.

Ich spürte, wie auch ich rot wurde; meine Beine und meine Hände zitterten. Nie in meinem Leben hatte ich jemanden angelogen, und ich war stolz darauf. Nun wurde meine Ehrlichkeit bestritten, meine Würde verletzt. Ich fühlte mich tödlich beleidigt. In blinder Wut rannte ich zur Tür, riß sie auf und schlug sie hinter mir zu. Wie eine Wahnsinnige raste ich die sechs Treppen hinunter, bis ich mich auf der belebten Straße wiederfand, in meinem schlichten Kleid und meinen Hausschuhen, ohne Geld. Erst jetzt erkannte ich, was ich getan hatte. Doch um nichts in der Welt wäre ich zurückgegangen. Leute blieben stehen und musterten mich argwöhnisch, als sei ich einer Anstalt entsprungen; also mußte ich weitergehen, irgendwohin. Ich konnte schließlich nicht den Rest meines Lebens auf der Straße verbringen. Mein Entschluß war schnell gefaßt. Maryla! Ich wußte, daß mich die okkultistische Dame nicht hinauswerfen würde.

Tatsächlich schien sie recht erfreut, als sie mich an ihrer Schwelle sah, und ließ mich freundlich eintreten. Maryla und Onkel Leo waren jedoch weit weniger begeistert. Sie wurden beide richtig wütend, als ich erzählte, was mich hierhergeführt hatte. Sie riefen, ich sei verrückt. Wie könne ich es wagen, mein Leben und das Leben anderer aufs Spiel zu setzen, nur weil ich mich beleidigt fühlte? »Und was glaubst du, wie sich deine Mutter jetzt fühlt?«

Zu meinem Kummer kam jetzt auch noch Staś und kritisierte gleichfalls heftig mein Verhalten. Er erbot sich sofort, mich zu Wala zurückzubringen.

»Niemals«, sagte ich. »Das wäre gegen meine Selbstachtung.«

Staś wurde ernsthaft wütend. »Deine Selbstachtung? Deine Selbstachtung mußt du zu Hause lassen, wenn dein Leben auf dem Spiel steht«, schnauzte er mich an.

In diesem Moment haßte ich ihn. Und ich wäre weggerannt und eher gestorben, als zu einer Person zurückzukehren, die mich beleidigt hatte – hätte mich nicht ein einziger Gedanke gemartert, den Maryla aussprach: Ich würde meine Mutter töten. Also gab ich schließlich nach und ging am selben Abend mit Staś in die Wilcza zurück.

Mein Leben wurde jetzt unerträglich. Ich entschuldigte mich nie bei Wala und sie sich auch nicht bei mir. Wir haßten uns offen. Der Gegenstand unseres Streits war bald vergessen. Trotz ihres Geredes ahnten die Nachbarinnen nichts – und falls doch, gedachten sie nicht, uns zu verraten. Also konnten wir bei Wala in Sicherheit bleiben. Äußerlich änderte sich nichts. Zu Mutter und Sophie blieb Wala sehr freundlich, und sie versuchte sogar, sie durch ihre Kochkunst weiter für sich einzunehmen; doch ich sah sie beide unter der ständigen Spannung leiden.

Edward erfuhr nie den Grund für diese Spannung, spürte sie jedoch deutlich. Er wußte vage, daß etwas zwischen Wala und mir vorgefallen war; er hatte zwar keine Ahnung, wen die Schuld traf, entschied sich jedoch dafür, daß ich seine Teilnahme verdiente. Sein Verhalten gegenüber Wala kühlte sich mit jedem Besuch stärker ab; er sah sie immer reservierter an und hörte sogar auf, ihre Kochkunst zu loben. Statt dessen strich er häufig mir und Sophie übers Haar und nannte uns »arme kleine Blumen ohne Sonnenschein«, was Sophie zum Kichern brachte. Da ich ihm einmal erzählt hatte, daß ich Blumen liebte und mich danach sehnte, brachte er nun immer Primeln, später Veilchen mit. Er tat auch nicht im geringsten so, als seien sie für Wala.

Ich kümmerte mich um diese Blumen, wenn Wala weg war, und sah sie oft lange an. Zu etwas anderem konnte ich mich nicht aufraffen. Ich war deprimiert, lustlos und verlor allen Schwung, den ich zum Schreiben brauchte. Mehr denn je wollte ich mich jetzt dem Untergrund anschließen, meinem sinnlosen Leben einen Sinn geben. Ich fragte Edward, ob er mich in die Organisation einführen könne, zu der er gehörte. Er dachte lange darüber nach; dann versprach er, seine Vorgesetzten zu fragen. Am folgenden Sonntag schien er meine Bitte völlig vergessen zu haben. Erst als ich ihn bedrängte, sagte er zögernd, mein Angebot sei abgelehnt worden; warum, sagte er nicht. Dieser Fehlschlag machte mein Leben noch leerer. Als ich einmal lustlos in einem der gelehrten Bücher blätterte, die Walas Bruder hinterlassen hatte, stieß ich auf einen Satz, der für mich eine grauenvolle Wahrheit ausdrückte: »Ein Mensch, der sein Leben als sinnlosen biologischen Prozeß betrachtet, ist nicht nur unglücklich, sondern auch unfähig zu leben.« Das schien mir mein eigenes Leben zusammenzufassen.

Mit Walas Gesundheit stimmte etwas nicht. Oft

kam sie früher von der Arbeit zurück, klagte über Unterleibsbeschwerden und ging gleich zu Bett; selbst zum Kochen fühlte sie sich zu schwach. Sie blutete, und sie warf sich bedrückt vor, ihren verstorbenen Mann betrogen zu haben. Ihre Beschwerden betrachtete sie als Strafe für ihre Sünde. Sie beschuldigte auch Edward und grollte ihm, konnte sich jedoch nicht dazu überwinden, ihn von seinen Besuchen abzubringen. Tief in meinem Herzen tat sie mir leid; aber das sagte ich nie laut.

Eines Tages, Mitte Mai, kam Wala nicht von der Arbeit zurück. Am Abend erschien Edward und sagte, ihr sei unwohl geworden, so daß man sie von der Arbeit ins Krankenhaus gebracht habe. Er hatte im Hauptpostamt eine Nachricht bekommen und war sofort ins Krankenhaus gefahren. Es gehe Wala sehr schlecht, sagte er; sie habe Schmerzen und blute, und sie müsse sich sehr bald einer größeren Operation unterziehen. Sie habe ihn gebeten, sich um uns zu kümmern, solange sie weg sei. Aber selbstverständlich, fügte er hinzu, hätte er das auch ungebeten getan.

So waren wir nun von Edward abhängig. Er zog bei uns ein und schlief in Walas Bett, damit wir nachts nicht allein waren. Er stellte sich den Nachbarn vor und erzählte ihnen von Walas Krankheit. Sie waren alle teilnahmsvoll und fanden es ganz natürlich, daß er in Walas Zimmer einzog.

Morgens ging Edward zur Arbeit und nahm etwas zu essen mit, das Mutter tags zuvor für Wala gekocht hatte. Nach der Arbeit eilte er dann ins Krankenhaus, verbrachte einige Zeit bei Wala und hörte sich ihre Klagen an; auf dem Heimweg machte er Einkäufe. Nie vergaß er Blumen. Tag für Tag brachte er mir einen frischen Fliederstrauß, den er vor den neugierigen Augen der Nachbarn sorgsam unter seiner Jakke verbarg.

Walas Operation schlug fehl. Tatsächlich konnte

der Arzt wenig tun. Sie hatte Krebs, und er war viel zu spät entdeckt worden, als daß sie noch zu retten gewesen wäre. Sie lag im Sterben.

In ihrem Zimmer eingeschlossen und auf ihren Geliebten wartend, fühlte ich mich von Schuld überschwemmt. Es gab keine Möglichkeit, mein Vergehen an ihr wiedergutzumachen: Sie starb ohne Liebe, tief enttäuscht. Auch ich wollte sterben. In einer stikkigheißen Nacht schlüpfte ich aus dem Bett und setzte mich auf den Sims des weitoffenen Fensters. Aus der Höhe des sechsten Stocks starrte ich in den grundlosen Schacht des engen Hinterhofs. Es war stockfinster; das einzige Licht kam von einer Öllampe, die unten vor einer Marienstatue glimmte und einen schwachen Schein auf das steinerne Gesicht der Madonna warf. Vorhin, beim Sonnenuntergang, hatte dort eine Gruppe von Frauen gebetet und das Loblied gesungen, das ich jetzt wieder zu hören glaubte:

*Preist, ihr Wiesen und ihr Matten,*
*Die der Mai mit Blumen schmückt,*
*Fluß und Bach im Waldesschatten,*
*Preist Maria, erdentrückt…*

In meiner Verzweiflung spürte ich plötzlich eine leichte Brise und den Duft von Blüten, die von diesen blumenübersäten Wiesen kamen. Ich wußte, daß ich nie springen würde, mir nie aus freiem Entschluß das Leben nehmen würde, wie bedrückend und sinnlos es auch scheinen mochte.

Wala starb Anfang Juni, an dem Tag, an dem die Alliierten in der Normandie landeten. Nur Staś und Edward gingen zu ihrer Beerdigung, und beide kamen direkt vom Friedhof zu uns. Wir mußten entscheiden, was jetzt zu tun war. Die Wohnung hatte Wala nicht gehört und fiel an die örtliche Behörde zurück, nachdem die einzige Mieterin gestorben war.

Wir mußten eine neue Unterkunft finden und die Wohnung so bald wie möglich verlassen. Staś ging zu Tante Maria und bat sie um Hilfe. Edward blieb, und wir saßen mit ihm an Walas Tisch, still und voller Trauer. Erst jetzt wagte er, seinen Vorschlag zu äußern. Er sagte, er sei bereit, uns in seiner eigenen schlichten Wohnung unterzubringen, Mutter und Sophie dort zu verstecken und mich zu heiraten, so daß ich als seine gesetzliche Ehefrau leben könne und mich nicht verbergen müsse. Er blickte mich zärtlich an, und Tränen traten ihm in die Augen. Mit all ihrer Feinfühligkeit, um den sanftmütigen, aufrichtigen Mann nicht zu verletzen, mußte Mutter ihm erklären, daß wir sein Angebot nicht annehmen könnten.

Bald danach trennten wir uns für immer von Edward. Er wurde sechs Wochen später beim Angriff der Nazis auf das von polnischen Patrioten – unter ihnen Edward – besetzte Hauptpostamt getötet. Das war am zweiten Tag des Warschauer Aufstands.

Ich denke an unsere letzten Wochen im Versteck als an eine Zeit wilder Hoffnung. Die Niederlage Hitlerdeutschlands schien in greifbarer Nähe. Die Deutschen verloren ihren Kampf im westlichen Europa; aus dem Osten näherte sich die Rote Armee der Weichsel und rückte zügig in Richtung Warschau vor. Obwohl wir wieder in einer Wohnung eingesperrt waren, hörten wir gierig die guten Nachrichten, die uns täglich unsere neue Wirtin, Tante Maria oder Staś brachten. Warschau war in Aufregung; die Deutschen verließen ihre Kasernen und Büros und verbrannten vor dem Rückzug ihre Archive. Lange Schlangen von Fahrzeugen voll mit verwundeten deutschen Soldaten bewegten sich westwärts durch die Straßen und über die Brücken der Stadt. Die Widerstandsbewegung schien zum Losschlagen bereit, um zu verhindern, daß die Russen die Macht ergriffen, wenn sie in die Hauptstadt kämen. Junge Männer und Frauen begannen von zu Hause zu verschwinden. Warschaus Bevölkerung hielt erwartungsvoll den Atem an.

Von diesen grandiosen Tagen des Juli 1944 weiß ich ansonsten wenig. Wir lebten in der Nähe Tante Marias, in der Złota 54, mitten im Zentrum. Tante Maria wohnte mit Julia, ihrer ältesten Schwester, und deren Mann, Herrn Urbański, im selben Haus, nur durch den Hof von uns getrennt. Jetzt, da der Krieg eindeutig zu Ende ging, waren wir weit weniger auf unsere Sicherheit bedacht; und so winkten wir ihr offen von unserem Fenster zu, damit sie komme und uns erzähle, was überall vor sich ging. Die Tage waren heiß, alle Fenster standen offen, und in dem Dachgeschoß direkt über mir hörte ich oft jemanden Klavier spielen. Tante Maria erzählte mir, es sei ein Mädchen in meinem Alter; sie heiße Urszula. Ich hörte ihre Musik gern, obwohl sie nicht gut spielte. Meistens spielte sie Walzer von Johann Strauß, und dieses Zeug konnte sie stundenlang zum besten geben. Manchmal hörte die Musik auf; dann sah ich Urszula über den Hof gehen und mit einem anderen Mädchen entschwinden. Ich beneidete sie heftig: Sie konnte frei durch die Straßen gehen, die Sonne genießen, die warme Luft atmen, die Deutschen mit eigenen Augen in panischer Flucht beobachten... Vielleicht gehörte sie sogar zu denen, die sich zum Kampf rüsteten.

Am Abend des 31. Juli begann Urszula plötzlich, holprig wie immer, Chopins Revolutionsetüde zu spielen.

# *Aus dem Versteck*

*Unter dem Kommando General Komorowskis (bekannt als Bór) griff das 50 000 Mann starke Warschauer Korps am 1. August [1944] die relativ schwachen deutschen Kräfte an und gewann innerhalb von drei Tagen die Gewalt über den größten Teil der Stadt. Doch die Deutschen schickten Verstärkung, drängten die Polen in die Defensive und nahmen sie 63 Tage lang unter rücksichtslosen Bomben- und Artilleriebeschuß.*

*[...] Während Zehntausende von Polen, auch Zivilisten, bei der Niederschlagung des Warschauer Aufstands durch die Deutschen starben, ging die Rote Armee, die in den ersten Tagen der Erhebung durch einen deutschen Angriff aufgehalten worden war, im Warschauer Vorort Praga, auf dem jenseitigen Weichselufer, in Stellung, blieb aber untätig. [...]*

The New Encyclopaedia Britannica,
Vol. X: Warsaw Uprising
*[Band 10: Warschauer Aufstand]*

Am 4. August, dem vierten Tag des Aufstands, faßten wir uns ein Herz, packten unsere Sachen und schlugen die Tür hinter uns zu. Zurück konnten wir jetzt nicht mehr, denn die Wirtin hatte wie gewohnt den Schlüssel mitgenommen, als sie morgens weggegangen war. Sie kam nie zurück – die Kämpfe im Stadtzentrum versperrten ihr den Weg. Inzwischen waren die deutschen Angriffe so heftig geworden, daß es in unserem dritten Stock nicht mehr auszuhalten gewesen war. Es schien sinnlos, durch eine verirrte Granate zu sterben, wenn uns die Freiheit von der nächsten Ecke winkte – eine Frage von Stunden oder Tagen, dachten wir. So kamen wir nach unseren langen Monaten des Verstecktseins heraus, sahen Fremde und mußten sogleich mit anderen im dunklen Keller eines fremden Hauses Schutz suchen. Die Straße und fast der gesamte Stadtteil waren zu Beginn der Erhebung von polnischen Aufständischen erobert worden. Das war an jenem regnerischen Nachmittag gewesen, an dem wir zuerst von unserem Fenster aus die kleinen Gruppen Bewaffneter die Straße hinunterlaufen sahen, die rotweiße Armbinden mit den Buchstaben AK trugen: die Kämpfer der Armia Krajowa, der Heimatarmee. Sie kämpften schon seit vier Tagen und hatten die Deutschen bisher daran hindern können, den Stadtteil zurückzuerobern. Die Nazis konnten immer noch zurückkommen, doch der Gedanke daran war zu grauenhaft. Außerdem arbeitete die Zeit für uns: Die Russen standen gleich hinter dem Fluß.

Der Keller war voller Menschen, doch irgendwie drückten wir uns hinein und gelangten neben Tante Maria, ihre Schwester Julia und deren Mann, der einst mein Grammophon ins Ghetto gebracht hatte. Sie begrüßten uns wie liebe Familienangehörige, und an sie gedrängt überlebten wir unseren ersten Luftangriff außerhalb eines Verstecks. Niemand protestierte dagegen, daß wir uns in dem schmalen, abgeteilten Raum aufhielten, der vier oder fünf Mietern und ihren Familien gehörte. Einige erstaunte Blicke trafen uns, doch es kamen keine Fragen. Manche der Kellerinsassen waren aufs äußerste verängstigt und bereiteten sich betend auf einen jähen Tod vor. Die Wände wankten und krachten wie während der Belagerung von 1939; diesmal waren wir jedoch ohne Luftabwehr, und wir fühlten uns schutzlos ausgeliefert. Junge Männer und Frauen mit Waffen und rotweißen Armbinden liefen in den unterirdischen Gängen hin und her – eine große AK-Einheit hatte ihr Hauptquartier in der Nähe. Gegen Abend gingen wir in Julias Wohnung hinauf, um uns zu waschen und etwas zu essen. Im Speiseschrank war noch ein kleiner Essensvorrat, und Julia machte deutlich, daß wir ihn teilen sollten. Sie und ihr Mann zogen es vor, im Keller zu bleiben und dort zu essen und zu schlafen. Wie viele andere fürchteten sie sich zu sehr, um nach oben zu gehen, und sei es auch nur für kurze Zeit. Also schliefen wir nachts zunächst in ihrer Wohnung, und Tante Maria kam mit. Sie wollte uns nicht allein lassen; in ihrer Gegenwart seien wir sicherer, meinte sie. Bald gaben wir es aber auf, in der Wohnung zu schlafen, denn die schweren Kämpfe gingen in der Dunkelheit weiter und tobten die ganze Nacht über.

Einmal, an einem ruhigeren Tag, kam Tadeusz, einer von Tante Marias und Julias Neffen, in den Keller, um nach seinen Tanten zu sehen. Ich kannte Tadeusz noch gut aus der Zeit vor dem Krieg. Obwohl er drei Jahre älter war als ich, hatte er in meiner Kindheit mit mir gespielt. Jetzt war er AK-Soldat und hatte schon einige Kampferfahrung. Er war überglücklich, uns lebend vorzufinden. Ich sah endlich meine große Chance gekommen und bat Tadeusz flehentlich, mir dabei zu helfen, daß ich mich sofort der Heimatarmee anschließen könne. Er hielt das für eine glänzende Idee und sagte, ich solle mich bereithalten und auf ihn warten, da er erst noch seinen Kommandanten verständigen müsse. Er verschwand für eine halbe Stunde; dann kam er empört und verwirrt zurück. Er berichtete, der Kommandant weigere sich, mich aufzunehmen, weil ich Jüdin sei; ich solle mich, so der Kommandant, mit der Armia Ludowa in Verbindung setzen, der Volksarmee, kurz AL genannt, die vereint mit der AK kämpfe, aber darüber hinaus auch Juden akzeptiere. Tadeusz war tief bestürzt und entschuldigte sich, als sei er für diesen Bescheid verantwortlich. Es gab keine Möglichkeit, mit der Volksarmee Fühlung aufzunehmen: Sie kämpfte in einem anderen Stadtteil, der durch deutsche Truppen von unserem getrennt war. So blieb ich im Keller, zählte die Explosionen und wartete dumpf auf den Tod.

Tage vergingen. Die Geräusche von der Weichselfront im Osten, die uns während der ersten Tage des Aufstands hatten hoffen lassen, waren nicht mehr zu hören. Nach und nach versank die Stadt wieder in Schutt und Asche; Tausende starben auf den Barrikaden oder unter den Trümmern. Doch die Aufständischen hielten stand.

Eines Tages stoben zwei AK-Soldaten in den Keller und schrien nach Freiwilligen, die herauskommen und eine Straßenbarrikade bauen sollten. Sophie und ich sprangen auf und schlossen uns ihnen sofort an. Mit mehreren anderen Freiwilligen drängten wir uns zur Straße hinauf, gefolgt von den beiden Soldaten. Einer musterte mich und Sophie und sagte: »Schämt ihr euch nicht, ihr als jüdische Mädchen, untätig im Keller zu sitzen, während andere oben kämpfen?« Es war wie ein Schlag ins Gesicht. Bittere Tränen der Demütigung unterdrückend, rannten wir zu dem Haufen Steinplatten, griffen wuterfüllt nach ihnen, hoben und schleppten. In der Nähe tobte ein heftiger Kampf. Kugeln pfiffen über unsere Köpfe hinweg; wir beachteten sie nicht. Ingrimmig bauten wir weiter an der Barrikade. Als sie hoch genug war, wiesen uns die Soldaten an, in den Keller zurückzugehen. »Ihr seid doch tapfere Mädchen«, sagte einer von ihnen. Wir gaben keine Antwort.

Schlechte Nachrichten kamen aus anderen Stadtteilen. Es hieß, man habe die Altstadt dem Erdboden gleichgemacht. Fremde aus ausgebombten Häusern strömten ständig weiter in unseren Keller. Es gab kaum noch etwas zu essen. Seit dem frühen Morgen strichen deutsche Flugzeuge im Tiefflug über die Stadt, tauchten mit tödlichem Zischen herunter und warfen ungehindert ihre Bomben ab.

In der dritten Woche des Aufstands traf eine schwere Bombe unser Haus. Es gab einen heftigen Knall, die Kellerwände bebten, es wurde stockfinster, mächtige Mörtelstücke fielen von der Decke. Dann folgte ein schreckliches Donnern – die oberen Stockwerke krachten nach und nach übereinander zusammen. Der Einsturz kam tiefer und tiefer, näher und näher. Gleich würden wir sterben oder lebend unter dem Schutt begraben werden.

Lange Zeit verging, ehe die Erschütterungen aufhörten, der schwere Staub sich setzte und wir einander wieder sehen konnten. Wir saßen betäubt, unfähig zu glauben, daß wir noch am Leben waren, auf den endgültigen Todesstoß wartend. Er kam nicht. Allmählich glaubten wir daran, daß die unmittelbare Gefahr vorüber sei, und drängten uns alle zum Ausgang, um zu sehen, ob wir von der Umgebung abgeschnitten waren. Wir waren es nicht: Der gegenüberliegende Flügel des Hauses war getroffen worden, der Teil, in dem wir drei Wochen zuvor gelebt hatten. Er lag jetzt in Trümmern, direkt über dem Hof. Vom Schock verwirrt und von weißem Staub bedeckt, irrten Überlebende fieberhaft umher und zerrten Opfer unter dem Schutt hervor. Sie legten sie nebeneinander auf den Boden. Wir eilten zu Hilfe.

Plötzlich sah ich Urszula wieder. Sie lag wie ein Sack Mehl zwischen den anderen Opfern, mit grauem Gesicht, das Haar weiß von Staub. Ihr Leben, um das ich sie so beneidet hatte, hatte ein plötzliches Ende gefunden.

Einige Zeit später, Ende August, durchschlug eine Brandbombe das Dach unseres Hausflügels, und das Gebäude fing Feuer. Wie schon einmal während der Belagerung von 1939 ergriff ein tollkühner Mann das Kommando. Im Hof war eine Pumpe – nur dort gab es Wasser. Herr Tomczak ließ alle Eimer, Kannen und selbst Pfannen und Kessel in den Hof bringen. Zwei Männer wurden zum Füllen an die Pumpe beordert, die übrigen folgten Herrn Tomczak aufs Dach. Die Frauen bildeten eine lange Reihe und reichten die Wassergefäße von Hand zu Hand, über den Hof und über die Treppe zu der Gruppe auf dem Dach hinauf. So arbeiteten wir den ganzen Nachmittag bis zum Einbruch der Dunkelheit, ohne uns um die nahe Kanonade zu kümmern. Doch nach einiger Zeit wurde klar, daß unser Tun aussichtslos war. Das Dach brannte aus, die oberen Stockwerke fingen Feuer, und Herr Tomczak und seine Helfer zogen sich allmählich in die unteren Stockwerke zurück. Rasch schwand jede Hoffnung, auch nur einen kleinen Teil des Hauses zu retten. Die meisten Leute machten sich nach und nach davon und hasteten zu ihren brennenden Wohnungen oder Kellern, um ihre Kinder zu holen oder einen Teil ihrer Habe, ihrer Lebensmittel vor den Flammen zu retten. Tante Maria, Julia und Herr Urbański, die trotz ihres Alters den ganzen Nachmittag hart gearbeitet hatten, gaben schließlich ebenfalls auf und eilten zur Rettung ihrer Habseligkeiten. Auch Mutter verließ ihren leeren Löscheimer und verschwand im Keller, um ihre Sachen zu holen. Der Augenblick kam, in dem ich erkannte, daß von der Schar von Frauen, die das Feuer bekämpft hatten, nur Sophie und ich übrig waren sowie eine alte Frau an der Pumpe und Herr Tomczak, der sich allein verzweifelt gegen die Flammen stemmte, die jetzt das Erdgeschoß erreicht hatten.

Was später geschah – wie die folgenden Tage und Wochen vergingen; was sich zuerst, was sich danach ereignete; welche der Bilder und Geräusche, an die ich heute noch denke, der Wirklichkeit und welche Alpträumen angehörten; was ich wirklich sah und hörte und wovon man mir später erzählte: Ich kann es tatsächlich nicht mehr sagen. Von meiner Krankheit fast verzehrt, die mich in der Brandnacht völlig überwältigt hatte, von Fieber geschüttelt und betäubt, folgte ich Mutter und Tante Maria durch schwelende Ruinen, dunkle Gänge, über Berge von Schutt. Dann lag ich auf einem steinernen Sims in einem fremden Keller. In dem schwachen Licht der Lüftung sah ich Sophies erschrockenes Gesicht. Tante Maria beugte sich über mich, schob einen Lumpen unter meinen zitternden Körper. Mutter streichelte mir übers Haar. Dunkelheit senkte sich über mich. Leere. Leere.

Dann plötzliches Wiedererkennen. Die Wände zittern wieder, Kugeln pfeifen irgendwo.

*Heilige Maria, Mutter Gottes,*
*Bitt für uns Sünder…*

Eine riesige unterirdische Halle voller Menschen, die in Gruppen zusammenhocken. Kerzen flackern da und dort. Gemurmelte Gebete.

»Wo sind wir?«

»An einem sonderbaren Ort, mein Kind, einfach mit ein wenig Platz zum Sitzen. Sie sagen, es sei die Sienna.«

»Wo sind Julia und Herr Urbański?«

»Sie sind gegangen, um nach ihren Verwandten zu suchen.«

Wieder Leere. Leere.

Ein heftiger Hustenanfall. Ich krümme mich auf dem schmalen Sims. Ich würge.

»Ist hier irgendwo ein Arzt?«

Etwas Kühles preßt sich gegen meine nackten Schultern, wandert über meinen Rücken, berührt meine Brust. Das Gesicht eines fremden Mannes. Auch die Stimme klingt kühl. »Es sieht ernst aus. Beide Lungen. Ich kann nichts für sie tun. Sie bräuchte anständiges Essen.«

Warum weint Sophie?

Dann eine mächtige Explosion. Dunkelheit. Wieder flackernde Kerzen. Ein saurer Geruch von Kohl; jemand kocht in der Dunkelheit.

»Frau Kozłowska schickt das für das kranke Mädchen.«

»Wer ist Frau Kozłowska?«

»Ich weiß nicht, mein Kind. Bitte iß, bevor es kalt wird.«

Die Suppe ist herrlich heiß, doch ich kann nicht mehr essen, ich lege den Löffel weg. Eine große Träne fällt aus Sophies Auge direkt in die Schüssel; sie schluckt sie mit der Suppe.

Ist es Nacht oder Tag? Alles sieht gleich aus. Alles hört sich auch gleich an. Dieses ohrenbetäubende Dröhnen, das jetzt ständig die Explosionen und den sonstigen Kampflärm begleitet, soll bedeuten, daß die Russen wieder angreifen. Werden wir doch noch gerettet? Dunkelheit.

Heiße Suppe. Wer ist Frau Kozłowska? Nein, nicht die große Dame, die sich über mich beugt, meine eisigen Hände und meine brennende Stirn berührt. Ist es eine Ärztin? Nein, sie ist Bildhauerin, sagt sie. Sie gibt mir etwas Aspirin. Die andere große Frau ist ihr Mädchen. Sie weiß, was man gegen den Husten tun muß. »Hier.« Sie holt Schröpfgläser hervor. Klatsch, klatsch, sie schlagen hart gegen meinen nackten Rücken. Ich schlafe ein, und als ich erwache, hat Frau Kozłowska warme Perlgraupen geschickt. Genug für uns alle vier. Ich kann ihr Gesicht nicht sehen. Sie haust mit ihrer Familie irgendwo im Keller und kocht auf einem primitiven Gebilde aus Backsteinen. Ein kleiner Junge bringt uns Suppe oder Graupen von ihr. Tagein, tagaus.

»Liebe Dame«, sagt die Bildhauerin mit spürbarer Teilnahme, »Ihre Tochter braucht dringend etwas Fleisch, ein paar Eier, wenigstens etwas Fett.«

»Aber woher soll ich das bloß bekommen?« schluchzt Mutter verzweifelt.

Jemand kommt aus der Dunkelheit. Er hat mitgehört. Vielleicht könne er ein Stück Speck für uns besorgen, wenn auch nicht mehr als ein halbes Kilo –

und er wird dafür bezahlen müssen. »Haben Sie etwas Geld?«

Nein, nicht genug.

»Schmuck?«

Ja. Mutter zieht ihren Ehering vom Finger. Der Fremde verschwindet.

»Mutter – wie konntest du? Deinen Ehering für eine Schwarte Speck. Und einem völlig Fremden!«

Leere. Leere. Ist es Tag oder Nacht? »Nein, nicht ... Nimm dieses Ding weg.« Ich gehe zur Latrine. Seit wann ist Sophie so stark? Ich habe sie immer geführt, ich war die Starke, die Hilfreiche. Jetzt führt sie mich, sie hält mich fest, schleppt mich vom Keller in den Hof und wieder zurück. Kugeln zischen in der Nähe. Die Front im Osten brüllt.

Irgendwann, irgendwie kommt der Fremde zurück. Es tue ihm so leid, sagt er, es gebe keinen Speck. Er gibt Mutters Ehering zurück. Ich schlafe glücklich ein.

Der Hof ist vom Licht der Sonne überflutet. Zwei Haufen frischer Erde sind in seiner Mitte aufgeschüttet. Zwei rohe Holzkreuze stecken darin, ein großes und ein kleines. Sophie erzählt: »Gestern rannte ein kleines Mädchen aus dem Keller seiner Katze nach. Sein Vater rannte hinterher. Nur die Katze überlebte.«

Kein Laut kommt von der Weichselfront; es ist still dort, wieder still. Deutsche Minenwerfer sind jetzt Tag und Nacht im Einsatz – vor allem nachts. Zuerst ein dreifaches oder sechsfaches gräßliches Knirschen, als würde ein Riese eine gewaltige Uhr aufziehen oder eine monströse Kuh muhen. Dann ein dreifacher oder sechsfacher gewaltiger Knall. Wir nennen es »Kühe«.

Jemand sagt: »Die Ecke Marszałkowska/Świętokrzyska ist zerstört. Das schöne große Haus ist in Sekunden eingestürzt, die Leute in den Kellern wurden erdrückt. Keine Menschenseele hat überlebt.«

Die Sokolnickis. Oma. Opa. Klara. Warum sie? War Frau Serbin dort unten? Das Kind? Nein! Nein!

Flüchtlinge strömen ständig in den Keller. Drei Menschen lassen sich neben meinem Sims nieder. Ein Paar und ein älterer Mann. Jadwiga und Stefan? Ist das Henryk bei ihnen? Unsinn, Henryk wurde vor zwei Jahren ermordet. Die junge Frau hat eine Kerze angezündet, ich kann ihre Gesichter sehen. Es sind Juden. Der jüngere Mann und die Frau kuscheln sich eng aneinander. Oh, wie sie ihn anblickt! Es ist eine große Liebe, ich sehe es. »Mein richtiger Name ist Handelsman«, sagt der ältere Mann. »Wir waren bis jetzt in einer Wohnung im Erdgeschoß. Gestern abend stürmten ein Dutzend AK-Männer und -Frauen direkt vom Kampf herein. Sie waren zu Tode erschöpft, außer sich. Sie ließen sich einfach auf den Boden fallen und schliefen dort alle durcheinander. Aber ehe sie schliefen, tranken sie. Einer von ihnen wurde wild und brüllte, wir sollten verschwinden. Er nannte mich ›räudiger alter Jude‹ und richtete seine Waffe auf mich.«

Dunkle Nacht. Explosionen. Suppe. Kein Laut von der Front im Osten.

»Ich will versuchen, Helena zu finden«, sagt Tante Maria. »Vielleicht hat sie etwas zu essen.«

»Um Gottes willen, Maria! Hörst du nicht, was dort oben vor sich geht? Man wird dich töten, ehe du über der Straße bist.«

»Aber ich muß, ich muß für sie etwas zu essen bekommen, sonst...« Und sie bindet sich ein Tuch um den Kopf, nimmt eine leere Tasche, ist zum Gehen bereit.

»Bitte, Tante Maria, geh nicht, verlaß uns nicht, wir brauchen dich so.«

Sie zögert, sie denkt angestrengt nach, gibt schließlich auf.

Jemand sagt: »Der Mirowski-Marktplatz ist von den Deutschen eingenommen worden. Sie haben

Hunderte unbewaffneter Männer aus den umgebenden Häusern geschleppt, in die Markthalle eingeschlossen und das Gebäude in Brand gesteckt. Sie brennen jetzt bei lebendigem Leibe.«

*Herr, erbarme dich unser,*
*Christus, erbarme dich unser…*
*Laß sie ruhen im Frieden…*

(Wir wissen noch nicht, daß Stefan unter denen ist, die auf dem Markt in den Flammen umkommen. Wir werden es nach dem Krieg erfahren.)

»Wenn die Aufständischen aufgeben«, flüstert Herr Handelsman, »hat niemand von uns eine Überlebenschance. Wir müssen jetzt weg.« Wir könnten in einem Boot über die Weichsel kommen und zu den Russen flüchten, sagt er. Es müsse nachts geschehen, unter Feuer von beiden Seiten. »Schrecklich gefährlich, klar«, sagt er, »aber ich will meinen Sohn und meine Schwiegertochter soweit bringen, daß sie es riskieren. Sie können schwimmen. Ich nicht, ich bleibe hier. Können Sie und Ihre Töchter schwimmen?«

Nein, nein. Ich hasse kaltes Wasser. Ich zittere vor Kälte. Laßt mich sterben, wo ich bin.

»Wir gehen nirgendwohin ohne dich, Vater«, sagt die junge Frau.

Alles vorbei: keine Schüsse, keine Bomben, keine Kühe mehr. Stille. Dunkelheit. Die Aufständischen haben kapituliert. Der Aufstand ist niedergeschlagen. In sieben Tagen muß das geräumt sein, was von der Stadt übriggeblieben ist. Befehl der Deutschen: Alle Überlebenden müssen heraus. Wer gekämpft hat, kommt in ein Gefangenenlager. Zivilisten werden zur Arbeit nach Deutschland verschickt, wenn sie jung und stark sind, oder in den Süden des besetzten Polens deportiert, wenn sie nicht arbeiten können.

Langsam, zögernd kommen die Leute aus den Kellern.

Was sollen wir tun? Bleiben wir, werden wir getötet, gehen wir, werden wir auch getötet. Um über die Weichsel zu fliehen, ist es zu spät.

»Wir haben Verbindung zu einem Trupp der Volksarmee«, sagt Herr Handelsman, der eben von irgendwoher zurückkehrt. »Sie haben vor, durch die Kanalisation zu fliehen. Wenn es gelingt, verbergen sie sich in den Wäldern und kämpfen dann weiter. Sie haben uns drei akzeptiert. Wir gehen mit ihnen.«

Herr Handelsman bringt Mutter zum Kommandanten, um dessen Meinung zu hören. Sie kommt aufgeregt, aber voller Zweifel zurück. Der Trupp hinterläßt einen gut verborgenen unterirdischen Bunker. Wir können uns dort mit anderen verstecken, die sich wie wir weder den Deutschen stellen noch in den Wäldern kämpfen können. In dem Bunker ist noch etwas zu essen. Der Krieg ist fast zu Ende. Wenn wir Glück haben, überleben wir dort.

Der Arzt, der mich schon einmal untersucht hat, ist immer noch da. Er macht sich eben bereit, den Keller zu verlassen. Mutter fleht ihn an, mich noch einmal anzusehen. Glaubt er, ich könne Wochen oder vielleicht Monate in einem unterirdischen Bunker verbringen? Er versucht nicht einmal, seinen Unmut zu verbergen, als er sein Stethoskop nimmt. »Ihre Tochter stirbt«, sagt er. »Ohne frische Luft und gutes Essen ist sie nächsten Monat tot. Nehmen Sie Ihr jüngeres Mädchen und gehen Sie mit ihr in den Bunker – lassen Sie die hier zurück.«

Der Arzt ist gegangen, doch Mutter scheint es nicht bemerkt zu haben. »Sie stirbt nicht«, sagt sie. »Ich lasse sie nicht sterben. Draußen ist ein wunderschöner Herbst. Wir gehen hinaus in die frische Luft und in die Sonne. Wir gehen alle zusammen. Und sterben alle zusammen. Oder auch nicht.«

Die Bildhauerin und ihr Mädchen sind zum Gehen

bereit. Sie kommen, um sich zu verabschieden. Sie geben uns eine Flasche mit Aspirin, einen Schal, ein Paar warme Stiefel. Ein Mann, den ich kaum kenne, nähert sich schüchtern. Er sei die ganze Zeit über im Keller gewesen, sagt er, direkt neben der Säule. Ob ich vielleicht eine Hose annehmen würde, sein zweites Paar, und eine Windjacke? Ich lächle ihm schwach zu. Ich nehme an. Es ist jetzt Oktober, und ich trage immer noch dasselbe Sommerkleid, das ich schon im August hatte. Mutter erinnert sich plötzlich an Frau Kozłowska. Sie muß sie finden, ehe sie geht, um ihr zu sagen, wie dankbar wir ihr sind. Doch Frau Kozłowska ist schon gegangen.

Tageslicht. Eine fremde leere Wohnung. Die Hälfte des großen Raums ist eingestürzt. Ein Bein eines Klaviers schwebt über dem Abgrund. Tante Maria bringt von irgendwoher eine Schüssel Wasser. Wir waschen uns, zum erstenmal seit fünf oder sechs Wochen. Wir kämmen uns. Wir töten ein paar Läuse. Wir sind bereit hinauszugehen – endlich den Deutschen gegenüberzutreten.

Im Tageslicht, gewaschen, mit Hosen und der Windjacke bekleidet, fühle ich mich viel besser. Mein Kopf ist klar. Ich muß entscheiden, was ich mitnehme. Wir haben sehr wenig, doch das ist immer noch zuviel, wenn man überhaupt nicht weiß, wohin man geht. Romans Foto nehme ich selbstverständlich mit. Meine Manuskripte aber muß ich zurücklassen – sie würden uns verraten, wenn man uns faßte. Nein, ich werde sie nicht verbrennen. Im Boden unter dem Klavier ist ein Loch, direkt neben dem feststehenden Bein. Ich stecke alle meine Hefte in das Loch und verschließe es fest mit losen Steinen. Vielleicht findet sie jemand nach dem Krieg.

»Liebe, liebste Maria«, sagt Mutter mit brechender Stimme, »jetzt ist es Zeit, daß wir uns trennen. Du gehst als erste. Mit etwas Glück findest du eine deiner Schwestern in der Menge, einen Freund, jemanden, mit dem du gehen kannst. Wir treffen uns wieder, wenn der Krieg vorbei ist.«

Hört sie, was Mutter sagt? Sie scheint nicht zuzuhören. Sie nimmt Nähzeug aus ihrer Tasche und näht einen losen Knopf an Sophies Jacke fest. Dann putzt sie sich die Schuhe. »Ich verlasse euch nicht«, sagt sie schließlich. »Wir gehen zusammen.« Die scheue, sanfte Frau sagt das sehr bestimmt. Niemand hat ihr zu sagen, was sie tun soll. Eher opfert sie ihre eigene Sicherheit, als sich von uns zu trennen.

Der große Exodus hält seit sechs Tagen an. Flüchtlingsströme ergießen sich aus den zerstörten Gebäuden, wogen vereint durch die Straßen der Stadt und münden in die breiten Landstraßen. Langsam wankt der Zug nach Westen. Wir ziehen in der Menge mit. Schutt, Krater, Barrikaden blockieren den Weg. Da und dort schwelen Ruinen. Zunächst ist von den Deutschen nichts zu sehen. Die ersten feldgrauen Uniformen entdecken wir erst, als wir uns dem Gelände von Mokotów nähern. Hier sind sie – und gleich hordenweise. Dicht an dicht entlang der Straße postiert, schmuck und wohlgenährt, beäugen sie den schäbigen Mob. Ab und zu greifen sie sich einen jungen Mann heraus und durchsuchen ihn sorgfältig nach Waffen; dann führen sie ihn ab oder stoßen ihn in die Menge zurück. Langsam, endlos lange schieben wir uns an ihnen vorbei – ungetarnt, hilflos, angstvoll. Doch weshalb sollten ihnen drei unscheinbare Frauen auffallen, zerlumpt und elend wie alle anderen? Sie lassen uns ziehen.

Das weite Land, die dunkle, feuchte Erde der Gärten bietet uns eine große Fülle reifer Tomaten und Zwiebeln. Während der Kämpfe bekam niemand diese Köstlichkeiten. Jetzt vergessen wir all unser Elend. Durch den Anblick erregt, schieben wir uns mit der Menge vorwärts, greifen nach rotglitzernden Tomaten, graben die Finger tief in die Erde, stopfen uns die Münder und die Taschen voll. Die Deutschen stören uns nicht. Sie beobachten die vorwärtsdrängende Masse mit spöttischem Grinsen; ab und zu wirft einer eine Zwiebel auf ein hübsches Mädchen oder höhnt: »Seht, was euch eure Banditen angetan haben!« Das ist wie ein Schlag ins Gesicht, doch niemand achtet darauf. Wir schwelgen in dem unvergleichlichen Genuß roher Zwiebeln, mit frischer Erde gesprenkelt.

Dann trotten wir weiter, immer weiter, zum Bahnhof Warschau-West. Der Tag verdämmert. Ich bin stundenlang allein gegangen, doch jetzt packt mich das Fieber, meine Beine geben nach, mein Körper zittert. Mutter und Sophie halten mich und ziehen mich geduldig weiter.

Dann ist es Nacht, und wir liegen auf dem Boden einer weiten Bahnhofshalle. Es zieht. Kerzenlicht flackert.

*Vater unser, der du bist im Himmel,*
*Geheiligt werde dein Name…*

Namen werden ausgerufen, hallen wider, Namen von Menschen, die in der Menge verloren oder vielleicht tot sind. Dunkelheit.

Am nächsten Morgen treibt man uns in einen Zug, pfercht uns eng zusammen, fährt uns weg. Nach kurzer Fahrt halten wir; sie treiben uns hinaus. Wir sind in Pruszków, einer Kleinstadt bei Warschau mit einem Sammellager der Nazis. Hier müssen wir auf die »Selektion« warten, ehe die Fahrt weitergeht. Die Ortsbewohner verteilen frisches Brot und Wasser an die Deportierten.

Wir verbringen einen Tag und eine Nacht dichtgedrängt auf dem Boden eines leeren Ladens. Alle um uns sind freundlich, haben Verständnis. Sie sind alle ebenso besorgt und verzweifelt, haben Angst vor der »Selektion«. Niemand will nach Deutschland kommen, als leichte Beute des Feindes. Junge Männer und Frauen bemühen sich krampfhaft, alt und schwach zu wirken.

Nun kommt der entscheidende Augenblick. Auf einem großen Platz unter blauem Morgenhimmel sortiert eine Schar von hakenkreuzstarrenden Nazis, bewaffnet mit Gewehren und Peitschen, das Heer der Elenden. Sie arbeiten hart, verlesen die menschliche Masse sauber, schnell und zielstrebig: junge, starke Männer und Frauen nach rechts, alte, schwächliche nach links. Als wir an die Reihe kommen, spüre ich einen scharfen Stoß und finde mich plötzlich auf der rechten Seite des Platzes; Sophie klammert sich an meinen Arm. Mutter und Tante Maria werden nach links gefegt. Das Schlimmste ist geschehen – wir sind getrennt. Plötzlich entsteht auf der linken Seite des Platzes eine kleine Unruhe, und ich sehe, wie sich Mutter vorschiebt und sich hinter dem Rücken der Deutschen auf die rechte Seite stiehlt. Tante Maria folgt ihr. Ungehindert kommen sie zu Sophie und mir. Niemand hat sie bemerkt: Die Wachen sind voll damit beschäftigt, die Leute auf der rechten Seite zu beobachten, damit sie sich nicht nach links absetzen. Ein starkes Glücksgefühl durchströmt mich: Wir werden zusammenbleiben, wir kommen zusammen nach Deutschland.

Aber nein – Mutter will uns nicht in die Höhle des Löwen treiben lassen. Sie ist zum Kampf entschlossen. Sie war nie eine Spielernatur, aber jetzt setzt sie alles aufs Spiel. Sie zieht uns zu dem stämmigen Offizier, der in der Nähe seine Befehle brüllt. Zerlumpt und abgehärmt tritt sie ihm kühn entgegen, ihre dunklen jüdischen Augen blicken ihm voll ins Gesicht. Sie deutet nacheinander auf uns und sagt in entrüstetem Ton auf deutsch: »Das ist ein Irrtum! Die Dame ist alt. Ich bin auch alt. Das ist ein Kind, und das … das Mädchen ist krank, sehr krank. Lunge. Tuberkulose.«

Der Offizier ist verblüfft. Niemand aus der Menge

spricht jemals mit ihm, vor allem nicht in fließendem Deutsch. Niemand wirft ihm jemals einen Irrtum vor. Irgend etwas in der perfekten Organisation muß schiefgelaufen sein. Er muß den Irrtum korrigieren. »Ordnung muß sein! Entschuldigen Sie bitte!« murmelt er verlegen. Dann besinnt er sich auf seinen Rang und brüllt: »Links, links! Schneller, schneller!«

Also kommen wir nicht nach Deutschland. Der Nazi hat nicht bemerkt, daß wir Juden sind – vielleicht können wir doch noch entkommen, trotz unserer traurigen Augen und unserer langen Nasen. Auf einmal sehe ich, wie herrlich der Himmel ist, wie golden die Blätter an den Bäumen leuchten, wie anheimelnd die Baracken wirken. Wir lassen uns in einer von ihnen nieder, mit den Älteren, den Kindern, den Müttern und den Schwachen, und warten auf den Zug, der uns nach Südpolen bringen soll. Die Zeit vergeht. Ein Tag und eine Nacht vergehen. Mehrmals versinke ich ins Nichts, jedesmal tauche ich wieder auf. Insgesamt fühle ich mich viel besser. In dem Lager gibt es eine Feldküche. Wie für alle anderen gibt es auch für uns Suppen- und Brotrationen. Zuerst stellt sich Tante Maria immer allein an. Für uns ist es sicherer, nicht herumzugehen und unsere Gesichter zu zeigen. Doch wir vier können kaum von ihren einzigen Portionen leben. Am zweiten Tag stellt sich also Mutter mit Tante Maria in die Schlange. Sophie und ich bleiben zurück. Der Tag ist schön, die meisten unserer Gefährten sitzen draußen auf der Erde und genießen die Sonne. Wir können der Versuchung nicht widerstehen; also gehen wir auch hinaus und setzen uns vor das Gebäude.

Ein deutscher Soldat nähert sich. Zu spät – wir können nicht mehr hinein. Er schlendert lässig daher, genießt das schöne Wetter und blickt in die Runde. Vor uns bleibt er stehen, bereit zu freundlichem Geplauder. Plötzlich verzieht sich sein Gesicht zu einem scheußlichen Grinsen. »Juden!« schreit er.

»Ihr seid Juden!« Zutiefst erschrocken tun wir so, als verstünden wir ihn nicht. Doch der Soldat kennt das polnische Wort für Juden. *»Żydówki!«* brüllt er wutschnaubend. Alle um uns halten den Atem an.

»Wir sind keine Juden«, sage ich; zum erstenmal verleugne ich offen meine Herkunft. »Wir sind Armenier.« Armenier, die den Juden sehr ähnlich sehen, werden von den Nazis toleriert; der Soldat muß das wissen.

Er denkt einen Augenblick scharf nach, dann verlangt er in gebrochenem Polnisch unsere Ausweise.

Selbstverständlich haben wir keine; so erkläre ich ihm ruhig und geduldig, alle unsere Dokumente seien während des Aufstands verbrannt. Es klingt überzeugend. Eine Frau neben uns nickt, als wolle sie die Wahrheit meiner Worte bestätigen.

Verwirrt denkt der Deutsche erneut nach. »Wo sind eure Eltern?« fragt er, ruhiger werdend.

»Sie sind tot«, sage ich. Die Frau seufzt.

Sophie bestätigt meine Aussage. »Wir sind Waisen«, sagt sie.

Der Soldat scheint jetzt völlig überzeugt. Bald wird er gehen. Doch plötzlich erscheint Mutter mit der Suppe auf dem Weg, der zu der Baracke führt. Sie entdeckt uns mit dem Soldaten und eilt zur Hilfe herbei. Jeder Idiot würde unsere Beziehung zueinander erraten. »Mutter?« fragt der Deutsche.

»Jawohl«, bestätigt sie.

Ringsum Totenstille; die Leute starren entsetzt.

»Ihr verlogenes Pack!« kreischt er. »Ihr verfluchten Juden!« Er greift nach seiner Waffe und richtet sie auf uns. Im nächsten Augenblick werden wir sterben. Ich schließe die Augen und drücke Sophies Hand. Doch mit einemmal überlegt er es sich anders. »Wartet hier!« ruft er und rennt weg, um seine Vorgesetzten zu holen. Er verschwindet um die Ecke.

Erst jetzt kommt wieder Leben in die Leute um uns. »Rennt fort, Frauen, rennt fort!« flehen sie.

»Versteckt euch irgendwo, rettet euer Leben, wenn es geht!«

Ja, aber wohin sollen wir rennen? Das Lager ist von Stacheldraht und Wachen abgeschirmt. Man kann sich nirgendwo verstecken. Aus dem Nichts kommt uns ein großer Mann in hohen Stiefeln zu Hilfe. (Was um alles in der Welt macht er hier zwischen den Alten und den Krüppeln?) Er packt uns drei mit seinen starken Händen und bringt uns dazu, mit ihm zu laufen. Tante Maria folgt, so schnell sie kann. Wir halten am hinteren Ende des Lagers, in einiger Entfernung von den Baracken, den Massen und den Wachen. Hier steht eine verlassene Scheune voll verrottetem Stroh. Der Fremde weist uns an, uns im Stroh zu vergraben und dort bis zum nächsten Tag zu bleiben. Vielleicht würden sie uns bis morgen vergessen, sagt er tröstend. Dann verläßt er uns. Wir werden ihn nie wiedersehen und nie wissen, wer er war.

Der Tag endet, die Nacht vergeht. Wir frieren und wir haben Hunger, doch wir leben. Dann verkünden Lautsprecher, alle für die Fahrt nach Süden vorgesehenen Deportierten hätten sich auf dem Bahnsteig zu sammeln und dort auf den Zug zu warten. Wir können nicht ewig im Stroh bleiben; also kriechen wir hervor und gehen zum Bahnsteig. Unter so vielen Menschen ist es höchst unwahrscheinlich, daß der feindselige Soldat uns hier findet.

Jetzt kauere ich auf dem kalten Beton des Bahnsteigs; mein Kopf ruht auf Mutters Schulter, Sophies Kopf auf meiner. Ich döse ein und erwache wieder aus einem fiebrigen Schlaf. Es ist Nacht, ein schwaches blaues Licht schimmert von irgendwoher. Die Wachen gehen auf dem schmalen Durchgang hin und her, die bewegungslose Menge teilend. Ich öffne die Augen und sehe plötzlich eine uniformierte Gestalt über mich gebeugt. Ist es ein Alptraum? Nein, es ist wirklich so. Der Mann zieht mich heftig, packt Sophie am Arm und befiehlt uns, ihm zu folgen.

»Wohin gehen Sie?« ruft Mutter und springt auf, zum Mitkommen bereit.

Doch der Mann versperrt ihr den Weg – er will nur die Mädchen. Er sagt, wir kämen bald zurück. Es ist nicht der Soldat, der uns erschießen wollte, er ist viel älter. Und er wirkt sonderbar unsicher auf den Beinen. Ja, er ist betrunken. Er zieht uns über die dunkle, verlassene Fläche, murmelt etwas auf deutsch. Er nennt uns »Zigeunermädchen«. Flüchtig kommt mir der Gedanke, wir müßten nun als Zigeuner sterben, nicht als Juden. Den Nazis ist das gleich. Mir ist es gleich. Mir ist zu kalt, ich fühle mich zu krank, um auch nur Angst zu haben. Ich weiß, was in Sophie jetzt vorgeht: Sie fürchtet, er könne uns vergewaltigen. Mutter muß aus dem gleichen Grund außer sich sein. Ich nicht, nein, ich fürchte nichts. Ich bin erschöpft, bin die endlose Angst leid. Wäre die Erde warm, würde ich mich gern selber lebendig begraben, ohne deutsche Hilfe.

Wir kommen zu einer entfernten Baracke. Es ist hell und warm darin; der Raum wimmelt von dienstfreien Wachposten. Sie lungern halbnackt herum, liegen auf hölzernen Pritschen, kochen auf einem eisernen Herd. Sie begrüßen uns mit dröhnendem Gelächter und laden uns ein, uns auf den Boden zu setzen. Der Mann, der uns hergebracht hat, sagt etwas auf deutsch, zu schnell für mich, als daß ich mehr verstehen könnte als »Zigeunerinnen« und »Essen«; dann legt er sich auf eine freie Pritsche und schläft sofort ein, in seiner Uniform, in seinen Stiefeln. Seine Freunde beachten uns wenig; sie kümmern sich mehr um ihr Essen. Sie wirken alle alt und müde. Einer bringt uns eine Schüssel Rührei aus Eipulver sowie etwas Brot und Ersatzkaffee. Er setzt sich neben uns und sieht uns lächelnd an. Er hat freundliche blaue Augen. Erst schiebe ich das Essen weg, aus Abscheu vor deutscher Barmherzigkeit. Doch dann erliege ich dem Geruch von frischem

Brot, dem fast vergessenen Geschmack von Eiern, dem wärmeverheißenden Getränk. Sophie und ich haben einige Tage lang nichts gegessen. Mit schlechtem Gewissen beginnen wir zu essen, bemüht, nicht gierig oder dankbar zu erscheinen. Der Deutsche scheint erfreut. Er spricht zu uns, während wir essen. Er sagt etwas von seiner Frau und seinen Kindern, die in einem deutschen Dorf auf ihn warten. »Der Krieg ist fast vorbei«, sagt er und seufzt schwer, doch seine Augen lächeln, während er seufzt. Zwei seiner Wachkollegen kommen jetzt dazu. Sie schlagen vor, wir sollten bei ihnen bleiben. Wir würden hier sicher sein, versprechen sie, warm und wohlgenährt. Dafür könnten wir für die Soldaten waschen und flicken. Doch wir lehnen ihr Angebot ab, und der Mann mit den blauen Augen bringt uns auf den Bahnsteig zurück. Ehe er verschwindet, wünscht er uns Glück.

Jetzt ist es wieder Morgen, und ein endlos langer Zug rollt langsam ein, kommt zum Stehen. Die leeren offenen Viehwagen warten auf ihre Fracht. Die Menschen schieben sich vor, von den Wachen gedrängt. Die entlang dem Zug postierten Offiziere, die Armbinden mit schwarzen Hakenkreuzen tragen, greifen sich da und dort Leute heraus, um ihre Dokumente zu prüfen. Irgendwie kommen wir unbemerkt vorbei. Der Wagen, in den wir geklettert sind, füllt sich in kürzester Zeit. Immer mehr Menschen werden von den Wachen hineingetrieben, bis wir kaum noch atmen können. Kinder weinen, Männer fluchen, jemand wird hysterisch.

»Werfen wir diese drei Jüdinnen hinaus!« schreit plötzlich eine Frau. »Wir sind besser dran ohne sie.«

Ein mächtiges Zischen bringt sie zum Schweigen. »Noch ein Wort«, droht ein verkrüppelter Mann, »und wir werfen Sie selber hinaus.«

Nun beginnt ein langes Warten. Endlich ruckt der Zug an und beginnt zu rollen, immer noch zögernd. Nach und nach geraten die Baracken außer Sicht, und die Felder Masowiens tauchen auf. Langsam, unendlich langsam kriecht der Zug auf das flache offene Land. Halb sitzend, halb liegend, eingezwängt zwischen fremde Arme und Beine, gegen jemandes Knie gedrückt, beobachte ich Federwolken, die über den grenzenlosen Himmel ziehen und unserem Zug folgen. Der Tag erstrahlt und verdämmert; es wird wieder dunkel. Dichter Nebel steigt aus der Erde und hüllt mich in Kälte. Jetzt ist es spät in der Nacht. Keine Sterne, kein Mond. Der Zug keucht und rattert, hält, fährt wieder an, rollt zurück, vor, bremst anhaltend. Werden wir je irgendwo ankommen? Das Stöhnen, Schluchzen und Fluchen ist langsam abgeklungen. Die Leute versinken in Schlaf oder verrichten ihre körperlichen Bedürfnisse; Behälter wandern in der Dunkelheit von Hand zu Hand und füllen sich. Ich sage nein, als die Reihe an mich kommt; auch Sophie lehnt ab. Nie in der Gegenwart anderer – das haben wir uns geschworen, als ein winziges Stück Widerstand gegen den Krieg.

Bei Sonnenaufgang zeigt sich uns ein wunderschönes Bild. Wir haben das flache Land weit hinter uns gelassen, und der Zug fährt durch die herrlichen Hügel und Täler des südpolnischen Berglandes. Die tauüberglänzten herbstlichen Felder entzücken unser Auge durch ihre reichen grünbraunen Muster.

Der Morgen ist schon fortgeschritten, als der Zug hält. Wir haben vierundzwanzig Stunden anstatt der üblichen vier oder fünf gebraucht, um Krakau zu erreichen. Die Wachen lassen uns für einen Augenblick hinaus, dann stopfen sie uns wieder in die Viehwagen. Wieder warten wir. Der Bahnsteig wimmelt von Krakauern, die zu unserer Hilfe herbeigeeilt sind. Sie überschütten uns mit Paketen, die sie in die Wagen werfen. Ein hübsches Päckchen fällt mir direkt in den Schoß. Ein Brot mit Eiern ist darin. Das Leben scheint wieder schöner.

Wir verlassen die gastfreundliche Stadt am Nachmittag und winden uns erneut durch Felder und Wälder. Schließlich wird es wieder dunkel; die zweite Nacht sinkt über uns herein.

Irgendwann, irgendwo hält der Zug endgültig, und die Wachen beordern uns hinaus. Von den hohen Wagen springend, landen wir im tiefen Dreck. Es ist zu dunkel, um etwas zu erkennen. Vor dem Bahnhof, auf einem tiefverschlammten Platz, wiehern Pferde; rauhe Bauernstimmen dringen an unser Ohr. Alle aus dem Zug kämpfen sich durch den Morast und die Dunkelheit in die Richtung der Karren, die sie mitnehmen sollen. Die Karren füllen sich schnell und fahren sofort davon. Jemand sagt, es gebe nicht genug Karren für uns alle. Niemand will zurückbleiben. In panischer Jagd rennen die Leute los. Verwirrt, betäubt werden wir hin und her geworfen; wir wissen uns nicht zu helfen, sind zu schwach, um uns durchzusetzen. Jeder Karren, den wir finden, ist schon besetzt. Die Menschenwoge spült uns an den Rand des Platzes. Und hier stehen wir urplötzlich vor einem einsamen Karren, der still in der Dunkelheit wartet.

»Platz für vier«, sagt eine rauhe Stimme ohne Gesicht.

## *Vom Winter in den Frühling*

Zwei müde Pferde trotteten langsam durch Nacht und Nebel. Der schlammige Boden platschte unter ihren Hufen, der Karren hüpfte und holperte über die Schlaglöcher. Der Fahrer, den wir nur von hinten sahen, saß regungslos da und schien fest zu schlafen; seitdem wir eingestiegen waren, hatte er kein Wort gesprochen. Auch wir sagten nichts; wir hingen unseren Gedanken nach. Zum erstenmal seit Beginn des Aufstands waren wir allein, weit entfernt von allen Menschenansammlungen. Es war eine große Erleichterung, nicht mehr zwischen unruhige Leiber eingezwängt zu sein, nicht mehr um Brot kämpfen, Massenlärm ertragen zu müssen. Ich betete darum, die Nacht, die Kälte, das Holpern des Karrens möchten nie enden. Wir waren frei und sicher, solange es so weiterging. Am Ende der aufgeweichten Straße würden Fremde in fremder Umgebung Lichter anschalten, unsere Gesichter aufmerksam betrachten und über unser Schicksal bestimmen. Sie könnten sich weigern, uns zu beherbergen, und uns wegschikken aus Angst vor der Gefahr, die wir mit uns brachten. Oder, schlimmer noch, sie könnten uns den Nazis übergeben. Man sagte den Bauern nach, sie seien habgierig – und die Belohnung für die Denunzierung eines Juden betrug wenigstens 500 Zloty. Wer weiß, was diese starre, gesichtslose Gestalt tut, wenn sie entdeckt, wen sie da mit sich genommen hat? Das waren meine Gedanken, während ich vor Kälte und Fieber zitterte. Dann schlief ich ein.

Ich erwachte erst, als der Karren plötzlich hielt. Es war immer noch dunkel. Vor dem schwarzen Himmel zeichneten sich schwach die Konturen eines strohgedeckten Bauernhauses ab. Wir waren in einem Dorf angekommen. Erst jetzt sprach der Fahrer zu uns. Er werde nur zwei von uns in seinem Haus aufnehmen, sagte er; die anderen beiden müßten zu seinem Nachbarn. Mutter wollte bei mir bleiben; also brachte der Mann Sophie und Tante Maria nebenan. Bald kam er zurück und führte uns in sein Haus. Er folgte uns nicht, sondern blieb draußen und schirrte sein Pferd aus.

Wir gingen ins Haus. In dem überhitzten Zimmer war es dunkel; nur eine Öllampe flackerte schwach neben einem Heiligenbild und einem von Kissen und Daunendecken überhäuften Bett. Das Zimmer roch nach Kuhstall und schien menschenleer. Unschlüssig standen wir auf der Schwelle. Dann tönte eine schrille Stimme unter dem Bettzeug hervor: »Gelobt sei Jesus Christus.«

»In Ewigkeit. Amen«, antworteten wir.

Wir sahen nicht, wem die Stimme gehörte, doch sie klang weiblich, alt und verbraucht. Auch die Frau konnte uns nicht sehen. Bald kam der Fahrer, und die Frau, die ihn mit Błażek ansprach, hieß ihn Stroh holen. Das tat er schweigend, und er breitete es raschelnd neben dem warmen Ofen über den Boden.

»Legt euch hin, ihr Armen, und schlaft gut«, schrillte die Stimme.

Wir gehorchten und streckten uns auf das Stroh; von dem Hitzeschwall umfangen, schliefen wir sofort ein.

Einige Zeit später wachte ich hustend auf. Es war noch dunkel. Das Feuer im Ofen brannte offenbar nicht mehr, und es war jetzt bitter kalt im Zimmer. Hustend wälzte ich mich hin und her und suchte Stroh, um mich darin zu vergraben. Da machte sich wieder die schrille Stimme bemerkbar: »Komm, mein Kind, leg dich neben mich, hier hast du es warm und bequem.« Zu meiner eigenen Überraschung ging ich zu dem Bett, und mit ein wenig schlechtem Gewissen wegen meiner Läuse kroch ich unter die enorme Daunendecke.

Ich erwachte am hellen Morgen, herrlich ausgeruht. Sonnenlicht, das durch ein schmales Fenster drang, fiel mir direkt in die Augen. Ein gemischter Chor tierischer Laute – Muhen, Bellen, Grunzen, Hähnekrähen – drang von draußen durch die Wand. Ich war allein im Bett. Das Bett stand in einer geräumigen Küche; der Boden bestand aus blanker Erde, die Decke war niedrig. Ein gewaltiger Kachelofen nahm den meisten Platz in Anspruch; die Flammen flackerten hell. Neben dem Ofen kauerte eine dunkle Gestalt, die im Licht der Flammen wie ein verdorrter Strauch aussah. Ihr Gesicht war welk, vogelähnlich, ihr Rücken vom Alter gebeugt, Arme und Beine wirkten wie kahle Zweige. Sie schälte Kartoffeln und warf sie in einen Kessel, der auf dem Ofen kochte. Mutter kauerte neben ihr und half. Der starke Rauch und der Geruch geschmolzenen Schweinefetts brachten mich zum Husten.

Die alte Frau stand auf und kam unerwartet flink zum Bett. Sie war klein wie ein Kind, und es war ihr anzusehen, daß sie die Achtzig weit überschritten hatte. Mit einem langen, prüfenden Blick musterte sie mich. Ihre Augen waren scharf und durchdringend. Kein Geheimnis, keine Sünde entging diesem schneidenden Blick. Selbst wenn sie bisher nichts geargwöhnt hatte, mußte mein Gesicht im Sonnenlicht mich jetzt verraten. Mein Herz zitterte; ich erwartete ihr Urteil. Regungslos und stumm wartete meine Mutter mit. Die alte Frau sagte nichts und verließ den Raum, vielleicht um den Mann zu holen; vielleicht sollte er uns aus dem Haus bringen. Zu sehr verängstigt, um zu reden, warteten wir schweigend. Nach einer langen Weile kam die Alte zurück und brachte ein paar Eier. Sie schlug sie in einen kleinen Krug und gab ihn mir. »Trink das, mein Kind«, sagte sie. Ich schlürfte das schleimige Zeug und begann zu glauben, daß sie uns akzeptiert habe. Mein Glaube wurde zur festen Überzeugung, als die alte Frau sagte, ihr Sohn Błażek würde bald eine Rumpelkammer für uns herrichten. Bis dahin, sagte sie, solle ich in ihrem Bett schlafen; sie wisse wohl, daß ich sehr krank sei.

So begannen wir ein neues Leben in einem Dorf namens Zielonki, bei einer Bauersfamilie namens Pietrzyk, die sich weder durch Verrat an uns eine Belohnung verdienen noch uns aus ihrem Haus vertreiben wollte. Wir lebten jetzt, ohne uns vor den Leuten zu verstecken, sagten ihnen aber auch nicht die Wahrheit.

Frau Pietrzyks ältester Sohn, Piotr, und dessen schwangere Frau lebten auch im Haus. Piotr würde den Hof nach dem Tod seiner Mutter erben. Er arbeitete den ganzen Tag hart draußen und kam nur zu den Mahlzeiten in die Küche. Wenn er nicht arbeitete, blieb er mit seiner Frau in ihrer beider Zimmer. Die beiden nahmen unsere Gegenwart einfach hin; sie waren freundlich, aber im Grunde nicht an uns interessiert. Wir gingen sie nichts an. Der hübsche, mürrische Błażek, Frau Pietrzyks jüngerer Sohn, zeigte noch weniger Interesse an uns. Er zählte wenig in der Familie und wurde wie ein Sklave behandelt. Er hatte kein eigenes Zimmer im Haus, sondern schlief im Stall bei den Pferden. Die Mutter, obwohl alt und geschwächt, spielte noch immer die erste Geige und stand dem Haushalt unangefochten vor. Auf ihre Anweisung wurde die Rumpelkammer bald für uns ausgeräumt und mit dem Nötigsten ausgestattet: einem großen, groben Bett mit einem dicken Strohsack und einem halben Dutzend Decken sowie einem eisernen Ofen mit einem langen Abzugsrohr. Wir waren für uns.

Tante Maria und Sophie hatten es weniger gut. Die Familie, bei der sie wohnten, war derb und unfreundlich. Die vier jugendlichen Töchter des Hauses neckten Sophie ständig, weil sie aus der Stadt kam und wenig über das Landleben wußte. Sie sagten ihr, Ratten kämen in der Nacht und bissen ihr die Ohren ab. Sophie glaubte ihnen zwar kein Wort, haßte es jedoch, verspottet zu werden. So kamen sie und Tante Maria jeden Morgen zu uns und blieben bis spätabends. Frau Pietrzyk hatte nichts dagegen. Sie gab ihnen sogar wie uns zu essen. Doch lange wollten wir ihre Großzügigkeit nicht in Anspruch nehmen. Andererseits hatten wir so gut wie kein Geld mehr.

Tante Maria sah sich im Dorf um und kam mit Neuigkeiten zurück. Der Ort war von Evakuierten überschwemmt; es gab kaum einen Bauer, unter dessen Dach nicht welche untergebracht waren. Die polnische Organisation RGO*, die Flüchtlingen im ganzen besetzten Polen half, hatte bereits eine Küche eingerichtet und gab einmal täglich kostenlose Mahlzeiten aus. Die Küche befand sich in der Dorfmitte, neben der polnischen und auch der deutschen Polizeistation, wie Tante Maria seufzend bemerkte.

Am dritten oder vierten Tag nach unserer Ankunft gab Frau Pietrzyk bekannt, daß rohe Eier und fette Klöße nicht ausreichten, um mich wieder gesund zu machen, und wies Błażek an, die Ärztin des Dorfes zu holen. Die junge, abgehärmte Frau, die in unserer Rumpelkammer auftauchte, gewann sofort mein Herz. Sie untersuchte mich gründlich, fand meine Lungen in einem schlechten Zustand, gab mir etwas Medizin und riet, mich röntgen zu lassen, damit man feststellen könne, ob ich eine Krankenhausbehandlung brauchte. Auch sie mochte uns offenbar, denn sie erzählte uns bei diesem ersten Besuch alles über sich. Sie und ihr Mann, ebenfalls Arzt, hatten in Krakau gelebt, bis er wegen seiner Verbindung zum Widerstand verhaftet wurde. Sie setzte sich ab und

* Rada Główna Opiekuńcza (Haupthilfsausschuß)

ließ sich in Zielonki nieder. Seitdem ihr Mann hinter den Mauern des Gefängnisses Montelupich verschwunden war, hatte sie keine Nachricht mehr von ihm erhalten. Sie wußte nicht, ob er noch lebte. Die Ärztin brach zusammen, als sie uns das berichtete, und impulsiv strich Mutter ihr über das Haar. Sie hatte ganz offensichtlich erkannt, daß wir Juden waren, doch erschien es uns undenkbar, daß sie uns verraten würde.

Am nächsten Tag schirrte Błażek seine Pferde an und brachte Mutter und mich nach Krakau. Wir konnten kaum glauben, wie nahe wir der Stadt waren. Die Fahrt nach Zielonki, mit der Bahn und mit dem Karren, hatte acht Stunden gedauert; jetzt brauchten wir nur noch zwei. Und wie schön es war, im hellen Sonnenschein durch die buntscheckigen Felder zu fahren!

Das Krankenhaus lag in einem Randbezirk der Stadt. Błażek half uns aus dem Karren und versprach zu warten. Rasch wurden wir beim Röntgenarzt vorgelassen. Es war ein kahlköpfiger Mann mittleren Alters, und Mutter und ich erschraken beide, als er uns eingehend musterte. »Sie sehen so fremd aus«, sagte er endlich. »Und so traurig.« Er lächelte uns freundlich, vertrauenerweckend an. Dann untersuchte er mich gründlich und machte eine Röntgenaufnahme von meiner Lunge. Abschließend sagte er, meine Lungen seien von der Krankheit ernsthaft geschädigt; er wolle mich jedoch nicht im Krankenhaus behalten, solange die Möglichkeit einer Heilung ohne besondere Behandlung bestehe. Kräftiges Essen und frische Luft seien alles, was ich brauchte; das Leben auf dem Land könne mich heilen. Er riet mir, viel Zeit im Freien zu verbringen, sobald ich mich zum Gehen kräftig genug fühlte. Wir verließen ihn in froher Stimmung. Ich war glücklich, lebenshungrig, mit der Welt versöhnt.

In der Halle des Krankenhauses bemerkte ich einen Stand, an dem Süßigkeiten und Schreibwaren verkauft wurden. Obwohl wir jetzt sehr arm waren, konnte ich der Versuchung nicht widerstehen. Seufzend holte Mutter eine Banknote aus ihrer abgegriffenen Tasche, und ich kaufte mir ein Schreibheft und einen Stift.

20. Oktober 1944

*Wir leben also noch. Und wir sind zusammen. Es ist so ruhig hier und so friedlich, daß ich kaum glauben kann, daß unsere ganze jüngste Vergangenheit Wirklichkeit ist. Ist der Alptraum vorbei? Werden wir so bis zum Ende des Krieges leben, werden wir überleben? Während des Tages, wenn die Sonne durch das winzige Viereck unseres Fensters scheint, sage ich mir: Ja, es stimmt, wir sind entkommen. Aber wenn ich mitten in der Nacht aufwache, überschwemmt mich eine Flut schrecklicher Bilder, kriecht die Furcht durch meine Seele, und ich kann nicht wieder einschlafen. Dann denke ich über unsere gegenwärtige Lage nach, wie gefährdet wir tatsächlich sind, wie weit von wirklicher Sicherheit entfernt. Denn* sie *sind immer noch da, auch wenn wir nicht viel von ihnen hören. Sie sind da und herrschen über dieses stille Land, über diese Menschen, die uns unter ihrem Dach beherbergen. Und wir sind nur deshalb hier, weil* sie *den Bauern befohlen haben, die Deportierten aufzunehmen, wie sie ihnen auch befohlen haben, Teile ihres Viehbestands an das Reich abzutreten. Die Nazis mögen Schlachten im Westen verlieren, mögen im Osten verbluten: Bei uns hier herrschen sie noch uneingeschränkt. So kann dieses ruhige Leben jeden Tag, jede Nacht abrupt zu Ende gehen. Angenommen, jemand im Dorf haßt die Juden, oder jemand hat etwas gegen die Leute, bei denen wir wohnen, oder jemand ist auf eine Belohnung aus? Ich bin sicher, die alte Frau und ihre Söhne wissen nicht, wer wir sind. Vielleicht wissen sie nicht einmal, wie Juden aussehen. Ich hoffe, man erschießt sie nicht, wenn die*

*Nazis uns holen. Sie tun schließlich nur, wozu man sie gezwungen hat: Sie beherbergen Flüchtlinge aus Warschau. Und das sind wir: Flüchtlinge aus Warschau.*

*Ich weiß, dieses Tagebuch zu führen bedeutet ein großes und unnötiges Risiko; es enthüllt schwarz auf weiß all das, was wir zu verbergen suchen. Aber ich möchte nicht, daß meine Erfahrungen in der Vergessenheit versinken; also schreibe ich weiter, wenn nicht für die Nachwelt, so doch für mich selber. Jetzt werde ich es tief in meinem Strohlager vergraben und auf ihm schlafen.*

21. Oktober 1944

*Heute nachmittag kam Tante Maria freudestrahlend aus dem Dorf zurück. Sie hatte eine Schüssel mit vier Portionen dicker Gemüsesuppe und einen Laib Brot. Es ist ihr tatsächlich gelungen, die RGO-Leute zu überreden, uns drei in Abwesenheit zu registrieren, ohne daß wir unsere Gesichter oder irgendwelche Papiere zeigen müssen. Sie sagte ihnen einfach, wir lägen mit Grippe im Bett. Sie haben ihr auch eine große Dose mit einem sehr starken Essig zur Insektenvertilgung mitgegeben, eine kostbare Sache, nach der wir uns Tag und Nacht gesehnt haben. Unsere Haare riechen jetzt wie Gewürzgurken, und wir sind glücklich; wenigstens diese Schlacht ist zu gewinnen. Frau Pietrzyk kam herein, schnüffelte ein- oder zweimal und blickte ein wenig verwirrt. Sie sagte aber nichts. Ich denke, sie ist weit weniger empfindlich gegen Ungeziefer als wir. Läuse sind für sie vielleicht auch einfach Lebewesen wie Hühner oder Kühe.*

27. Oktober 1944

*Es regnet seit Tagen. Ich kann einfach nicht hinaus. Nicht nur wegen des Regens, sondern auch deshalb, weil ich mich immer noch sehr schwach fühle. Meine Fieberanfälle kommen und gehen und hinterlassen mich schwitzend und erschöpft. Also bleibe ich im Bett und lausche dem Muhen und Quaken. Meine scharfen Ohren hören auch menschliche Stimmen heraus; Piotr und Błażek zanken sich auf dem Hof. Sie beschimpfen einander: »Du Unmensch! Du Scheusal!« Aber sie sagen kein einziges schmutziges Wort. Ich denke, trotz ihrer eindeutig groben Art sind es gutmütige, hilfsbereite Menschen.*

*Die alte Frau war da, um nachzusehen, wie es mir geht. Sie brachte mir eine Flasche mit einer dicken, schneeweißen Flüssigkeit und zwang mich, einen mächtigen Schluck zu nehmen. »Das wird dir guttun, mein Kind«, sagte sie. »Deine Lungen werden im Handumdrehen heilen.« Sie gab mir dazu ein Stück frisches, hausgebackenes Brot und eine Prise Salz. Die Flüssigkeit war fett, aber ich mochte sie. Sie ließ die Flasche da und sagte, ich solle sie innerhalb einer Woche austrinken.*

28. Oktober 1944

*Ich könnte* sterben *vor Ekel. Ich habe mir zweimal die Zähne geputzt, aber es hilft nichts. Heute morgen, nachdem ich einen zweiten Schluck aus der Flasche genommen hatte, fragte Mutter Frau Pietrzyk, was die weiße Flüssigkeit eigentlich sei. Die alte Frau zögerte, aber Mutter ließ nicht locker, und so sagte sie endlich, es sei Hundefett. Im Dorf gebe es einen geschickten Menschen, sagte sie, der sich um streunende Hunde kümmere. Er zapfe das Fett von ihnen ab. Es habe große Heilkräfte. Viele Leute, die Frau Pietrzyk kennt, wurden mit ihm von schlimmen Krankheiten geheilt. Mutter war entsetzt, fühlte sich aber verpflichtet, ihr überschwenglich dafür zu danken, daß sie mit vieler Mühe dieses Wundermittel aufgetrieben habe. Nachher sagte Sophie, sie würde sich dieser gräßlichen Flüssigkeit unauffällig entledigen. Sie will sie in die Büsche schütten, jeden Tag ein bißchen, denn Frau Pietrzyk prüft nach, ob ich meine tägliche Dosis genommen habe. Ist sie nicht lieb?*

29. Oktober 1944

*Ich fühle mich viel besser. Also bin ich heute aufgestanden und habe mit Sophie das Haus erforscht. Es ist größer, als ich dachte. Ein Zimmer ist dauernd verschlossen, und als wir Frau Pietrzyk nach dem Grund fragten, schloß sie es gern auf und ließ uns hinein. Ich stieß einen kleinen Überraschungsschrei aus, als wir eintraten – so schön war es. Schwere, fast schwarze Möbel stehen darin, über und über mit zierlichem Schnitzwerk überzogen, die sich hart von den weißgetünchten Wänden abheben. Der Raum strahlt von goldgerahmten Heiligenbildern, er leuchtet von bunten Ausschneidebogen an den Wänden, von Trockenblumen in handbemalten Töpfen, von reichbesticktem Leinen. Sie nennen diesen Raum »weißes Zimmer«, sagte Frau Pietrzyk, und sie benutzen ihn nur bei besonderen Gelegenheiten: wenn jemand in der Familie geboren wird, heiratet oder stirbt. Die meiste Zeit ihres Lebens bleibt er verschlossen, während die Familie sich in der Küche schart oder auf Feld und Hof arbeitet.*

*Am Ende des langen Korridors kamen wir zu einer anderen verschlossenen Tür. Als wir deswegen fragten, blickte die alte Frau ganz feierlich und sagte, das Zimmer hinter der verschlossenen Tür gehöre ihrem jüngsten Sohn, Jan. Sie äußerte sich etwas unbestimmt über ihn. Er lebe in Krakau, sagte sie, und werde bald Priester werden. In diesen schweren Zeiten sei es besser, nicht über ihn zu sprechen, seufzte sie. Vielleicht würden wir Jan einmal sehen; er komme und bleibe eine Zeitlang, sooft er könne. Während sie über Jan sprach, strahlten ihre Augen vor Liebe und Stolz. Jetzt sind Sophie und ich sehr neugierig auf ihn.*

Die Tage vergingen, einer nach dem andern, und wir gewöhnten uns an unsere neue Umgebung. Mein Gesundheitszustand hatte sich stark gebessert. Anfang November sagte mir die junge Ärztin, die mich gelegentlich besuchte, ich solle aufstehen und spazierengehen. Sophie konnte es kaum erwarten, daß ich mit ihr kam; sie war ihre einsamen Streifzüge leid. Von nun an zogen wir immer zusammen los, wenn schönes Wetter war. Wir hätten bestimmt das Dorf ausgekundschaftet, hätten Mutter und Tante Maria nicht Einspruch erhoben. Sie verboten uns strikt, ins Dorf zu gehen und unsere Gesichter herumzuzeigen. Also schweiften wir über die endlosen, verlassenen Felder, die um diese Jahreszeit gänzlich abgeerntet waren. Allein und glücklich unter der gewaltigen Kuppel des herbstlichen Himmels, träumten wir in den Tag hinein und beschworen wunderbare Bilder des künftigen Lebens in Freiheit. Diese Spaziergänge, die uns so viel bedeuteten, mußten jedoch aufhören, als unsere schmutzigen, abgetragenen Schuhe nach schwerem Regen auseinanderfielen.

Wieder ins Bett gesteckt, verbrachte ich meine Tage in dumpfem Brüten, während Sophie sich herumdrückte und versuchte, sich nützlich zu machen.

Als mich Frau Pietrzyk eines Tages untätig und brütend sah, brachte sie mir zwei Bücher aus Jans verschlossenem Zimmer. Es waren religiöse Bücher: der Katechismus und *Das Leben der Jungfrau Maria.* Seit Monaten hatte ich nach Lektüre gehungert. Gierig vergrub ich mich in sie.

15. November 1944

*Ich habe* Das Leben der Jungfrau Maria *gelesen. Es ist ein wunderschönes, ergreifendes Buch. Ich glaube, ein Mönch hat es geschrieben. Ich mußte aufhören, als ich zu der Stelle kam, wo die heilige Maria allein unter dem Kreuz um ihren gekreuzigten Sohn trauert. Ich brach in Tränen aus und konnte mich kaum wieder fassen. Jetzt, nachdem ich mich beruhigt habe, frage ich mich, warum ich geweint habe. Ich sollte nicht so bewegt sein von der Geschichte einer Mutter, die vor 2000 Jahren ihr Kind verloren hat. Nicht nach dem, was ich selbst gesehen habe. Vielleicht machte sie einen solchen Eindruck auf mich, weil die Erzählung, jede Seite und jeder Satz, einen so starken christlichen Glauben ausstrahlt. Bin ich von ihm angesteckt?*

Da wir uns jetzt als Christen geben mußten, kam uns der Katechismus gerade recht. Für mich war es eine Wiederholung dessen, was man mir schon in der Schule beigebracht hatte, während Mutter und Sophie ganz von vorn beginnen mußten. Das mußte sonderbarerweise auch Tante Maria. Zwar war sie getauft und katholisch erzogen worden; doch in den langen Jahren in unserer Familie hatte sie ihren Glauben längst vergessen. So lernten wir alle eifrig Gebete und Gebote auswendig und sagten sie leise auf, damit die Hausbewohner uns nicht hörten.

Trotz der veränderten Umstände fühlte sich Tante Maria weiter zuständig für unser Wohlergehen. Sie war es, die sich das Gehirn zermarterte, wie wir zu Schuhen kommen könnten. Als Błażek eines Morgens in die Stadt fahren wollte, bat ihn Tante Maria, sie mitzunehmen. Sie kam spät am Abend zurück und brachte uns schwere Männerstiefel, warme Pullover und ein paar kleine Dinge, die wir dringend brauchten. Sie wollte nicht recht sagen, womit sie diese Sachen gekauft hatte, doch das Rätsel war bald gelöst, als wir entdeckten, daß das kleine goldene Kreuz von ihrem Hals und die silberne Uhr von ihrem Handgelenk verschwunden waren.

Am nächsten Tag, einem Samstag, nahmen Sophie und ich wieder unsere einsamen Streifzüge auf – in unseren neuen Stiefeln. Als wir kurz vor der Dämmerung zurückkehrten, bat uns Frau Pietrzyk, ihr ins »weiße Zimmer« zu folgen. Verwirrt sahen wir sie eine mit Schnitzereien verzierte Eichentruhe öffnen. Sie nahm zwei schöne wollene Kopftücher heraus: ein weißes und ein blaues, beide mit roten Rosen und grünen Blättern geschmückt. Das weiße war für Sophie, das blaue für mich. Während wir auf sie starrten und uns fragten, ob sie uns die Tücher schenken oder leihen wollte, sagte die alte Frau, wir würden sie morgen brauchen. »Ihr wollt sicher in die Kirche, Kinder, wo ihr jetzt diese anständigen Schuhe habt«, meinte sie munter und verschloß die Truhe. »Aber ihr braucht schließlich etwas auf dem Kopf, nicht wahr? Also nehmt sie und behaltet sie, solange ihr hier wohnt. Aber nicht vergessen: Tragt sie nur am Sonntag, wenn ihr in die Kirche geht.«

Mutter und Tante Maria waren entsetzt, als sie hörten, was man von Sophie und mir erwartete. Wir überlegten die halbe Nacht, wie dieser Kirchenbesuch zu verhindern wäre, von dem wir Schlimmes befürchteten. Gewiß würde der Gottesdienst von allen aus dem Dorf besucht – von Bauern und Flüchtlingen, polnischen Polizisten und vielleicht auch von einigen Nazis. Sollten wir Frau Pietrzyk anlügen und behaupten, wir seien plötzlich krank geworden? Damit konnten wir uns ohnehin nicht lange herausreden. Sollten wir ihr die Wahrheit sagen? Auch das wagten wir nicht. Es blieb uns nichts anderes übrig: Wir mußten zur Kirche gehen. Nach diesem Entschluß überlegten wir, ob Mutter und Tante Maria mitkommen sollten. Sophie und mir wäre sicher wohler, wenn Tante Maria mitkäme; doch dann könnte Frau Pietrzyk fragen, weshalb Mutter zurückblieb. Wenn aber auch Mutter ginge, zeigten sich gleich drei verbotene Gesichter statt nur zwei. Schließlich beschlossen wir, daß Sophie und ich allein gehen und Mutter und Tante Maria daheim bleiben sollten, sofern Frau Pietrzyk sie nicht bedrängte.

Am Sonntag morgen zogen wir unsere Stiefel an, setzten unsere Tücher auf und zeigten uns dann Frau Pietrzyk, damit sie sehe, daß wir zur Kirche gingen. Sie war sehr erfreut und sagte, wir würden nicht schlechter als die Dorfmädchen aussehen. Sie machte sich gerade selbst zum Kirchgang fertig, wollte uns aber nicht aufhalten; also gingen wir.

Ich erinnere mich kaum an diesen ersten Gottesdienst. Wir hatten solche Angst, daß wir fast zur Kirche rannten. Wir blickten weder links noch rechts, achteten nicht auf die Umgebung und nicht auf die Leute, denen wir begegneten. Als wir ankamen, war die Kirche bereits voll; der Gottesdienst begann soeben. Von Scheu ergriffen, wagten wir es nicht, hineinzugehen und uns unter die Gläubigen zu mischen. So knieten wir im Vorraum nieder. Mit tief gebeugten Köpfen »beteten« wir. Sobald die Messe vorbei war und die Leute aus der Kirche strömten, rannten wir nach Hause. Später am Tag hörten wir von Frau Pietrzyk, daß sie uns im Vorraum hatte knien sehen. »Ich wuße nicht, daß ihr so fromm seid, Kinder«, sagte sie. »Die einzigen, von denen ich weiß, daß sie im Vorraum beten, sind Nonnen und Mönche.« Obwohl sie anerkennend sprach, wußten wir sofort, daß wir einen schweren Fehler begangen hatten.

Die folgende Woche verbrachten wir in großer Angst. Der nächste unvermeidliche Kirchenbesuch näherte sich rasch, und wir bangten ihm voll Furcht, einen weiteren Fehler zu machen, entgegen. Spät am Samstag, als Mutter und ich bereits im Bett lagen, hörten wir im Haus ein ungewohntes Hin und Her. Schritte eilten durch den Korridor, ein Schlüssel knirschte in einem Schloß, eine Tür schlug zu. Es war zu spät, um hinauszukriechen und nachzusehen, was los war. Am Morgen hatten wir das alles vergessen. Sophie kam herüber, wir zogen uns an und gingen dann zur Kirche, ohne ein Familienmitglied zu treffen. Trotz unserer früheren Befürchtungen waren wir diesmal viel ruhiger und bemerkten, wie schön die kleine Holzkirche war, die auf dem Hügel zum bewölkten Himmel emporragte. Von ihrem spitzen Glockenturm rief eine wohltönende Glocke die Gemeinde zum Gebet. Aus allen Richtungen strömten die Menschen über die Pfade und Gassen herbei und grüßten einander mit »Gelobt sei Jesus Christus«.

Manche grüßten uns, und wir antworteten: »In Ewigkeit. Amen.« Die Dorfbewohner waren in Sonntagskleidung; sie trugen hohe glänzende Stiefel und schmucke Schaffellmäntel. Die Männer hatten dunkle Hüte, die Frauen weite, farbenprächtige Röcke und geblümte Tücher. Die Flüchtlinge erkannte man leicht an ihrer armseligen Kleidung. Uniformen waren nicht zu sehen.

Von der Menge erfaßt, vom Strom der Menschen mitgetragen, fanden wir uns plötzlich im Inneren der Kirche. Ein freier Sitz war längst nicht mehr zu finden, und so blieben wir im Gang und stellten uns wie viele andere in die Nähe des Altars. Erst jetzt wagte ich, mich umzublicken. Das Gotteshaus war voll Licht, Schatten und Farben. In roten, blauen und gelben Bündeln strömte das Tageslicht durch die schmalen bunten Glasfenster und malte ein Farbenspiel auf die Häupter und Gewänder der hölzernen Heiligenfiguren. Ein lebensgroß geschnitzter, von Blutspuren übersäter Christus am Kreuz schwebte über der Gemeinde; sein Gesicht zeigte so tiefes menschliches Leid, daß sich mein Herz unwillkürlich vor Schmerz zusammenzog. Die Menge murmelte leise in feierlicher Erwartung. Ein älterer Priester entzündete die großen Kerzen am Altar und sank zu einem stillen Gebet in die Knie.

Bald ertönte die Orgel mit unerwarteter Macht und erfüllte den Raum, in dem sich die Menschen drängten, mit den ernsten Klängen des Kyrie eleison. Die Gläubigen im Gang knieten nieder; wir taten es ihnen nach. Mit tief gesenktem Kopf und geschlossenen Augen wurde ich von einem unbekannten, mächtigen Gefühl fortgetragen. Mir war, als hätte ich einen völlig neuen Bereich überirdischer Erfahrung betreten. Mit der erhabenen Musik und dem frommen Flüstern der Menge zogen Friede, Liebe und Hoffnung in meine Seele, und ich fühlte mich tief verbunden mit den Menschen, die neben mir knieten. Ich blickte auf Sophie. Ihr Gesicht war bleich und andachtsvoll, ihre Augen waren halb geschlossen; sie wirkte entrückt, verändert.

In ebendiesem Augenblick durchzog ein starker Weihrauchduft den Raum, Glöckchen erklangen, und zwei kleine Jungen in Chorhemden traten vor den Altar, gefolgt von – einem Engel. Ja, für den Bruchteil einer Sekunde glaubte ich tatsächlich, ein Engel sei zur Erde niedergestiegen, um das Licht der Ewigkeit zu bringen. Gebannt hielt ich den Atem an. Der »Engel« war groß und in ein weißes Gewand gekleidet; die weiten Ärmel flossen wie Flügel dahin. Sein Gesicht war von großer Schönheit, sein blondes Haar glänzte im Kerzenlicht wie ein Heiligenschein. Er hob die Arme und segnete stumm die Gemeinde. Die Orgel spielte jetzt eine süße, friedvolle Weise. Der alte Priester gab ein kleines Zeichen, und der »Engel« sang mit kräftiger, männlicher Stimme. Die Gemeinde stimmte machtvoll ein. Die hölzernen Wände der Kirche erzitterten von einem gewaltigen Sanctus. Die Orgel dröhnte, der betäubende Duft des Weihrauchs wurde stärker und stärker. Verwirrt und verzaubert betete ich inbrünstig: »O Gott, laß mich an dich glauben, laß mich glauben an deinen Sohn und an den Heiligen Geist.«

Die Messe ging weiter. Der junge Priester kniete und stand abwechselnd, und die Gemeinde tat es ihm nach. Er sang, er betete, machte feierliche Gesten am Altar; dann erstieg er die Kanzel und begann zu predigen. Die Predigt war schlicht und klar. Sie handelte von der Gleichheit aller Menschen in den Augen des allmächtigen Gottes und der heiligen Pflicht jedes Christen, den in Gefahr Befindlichen zu helfen, welcher Rasse sie auch angehörten, welchem Glauben sie auch anhingen. Als er geendet hatte, erdröhnte erneut die Orgel, und die Menge sang das Agnus Dei. Dann war der Gottesdienst vorüber.

Als wir aus der Kirche traten, waren wir noch ganz

überwältigt, weit entrückt von all unseren Sorgen. Sophie war immer noch sehr blaß; sie schien mir einer Ohnmacht nahe. Auf dem Heimweg trafen wir Frau Pietrzyk. »So, jetzt habt ihr Jan gesehen«, sagte sie. »Ich bin sicher, er hat euch gefallen.« Sie strahlte. Sie blinzelte uns zu und versprach, Jan werde nach dem Mittagessen kommen und mit uns sprechen.

In seiner gewöhnlichen Kleidung wirkte Jan keineswegs wie einer der himmlischen Heerscharen. Aber er war ungewöhnlich hübsch und strahlte Männlichkeit aus. Er hatte wenig von einem Bauernburschen an sich – sein Benehmen, seine Art zu reden waren offenkundig durch die jahrelange Ausbildung verfeinert. Sichtlich entspannt und sehr aufmerksam saß er bei uns in unserem kleinen Raum. Er erzählte, der Gottesdienst an diesem Morgen sei der erste gewesen, den er gehalten habe. Es sei eine Probe gewesen, da er noch nicht Priester sei; seine letzten Prüfungen stünden bevor. Wenn er sie bestehe und danach die Priesterweihe erhalte, könne er vielleicht den alten Pfarrer nach dem Krieg ablösen. Er bat uns, ihm alles vom Warschauer Aufstand und unsere eigenen Erfahrungen zu berichten. Also erzählten wir ihm alles, was wir konnten, ohne unser Geheimnis zu verraten. Er hörte traurig zu, nickte schwer und seufzte. Er bestätigte, was wir bereits gehört hatten – daß Warschau von den Nazis dem Erdboden gleichgemacht worden war, sobald die Deportierten die Stadt verlassen hatten. Noch am selben Abend verabschiedete sich Jan, und das Leben im Haus ging wieder seinen gewohnten Gang. Doch die sonderbaren Empfindungen, die Sophie und ich in der Kirche gehabt hatten, wirkten bei uns beiden nach.

11. Dezember 1944

*Ein kalter, öder Montag. Ich bin erkältet und muß wieder im Bett bleiben. Es ist vier Uhr, und das winzige*

*Rechteck des Himmels, das ich durch das Fenster sehe, wird grau. Ein abstehender Zweig des kahlen Baumes draußen schneidet durch das Rechteck und winkt mir traurig zu. Ab und an schlägt er leicht gegen die Fensterscheibe. Dann sieht er aus wie ein schwarzes Kreuz. Und wenn ich genau hinsehe und vergesse, wo ich bin und wer ich bin, scheint er größer und dicker zu werden; dann verwandelt er sich in ein wirkliches Kreuz, und Christus hängt daran und blickt mich in seinem Leiden an. Für einen Augenblick kommt mich eine leise Ahnung dessen an, was ich in der Kirche empfand; dann verflüchtigt sie sich rasch. Jetzt ist der Zweig verschwunden, das Kreuz ist verschwunden, und während ich diese Worte schreibe, versuche ich nüchtern darüber nachzudenken, was gestern geschehen ist. Es war, als würde sich mein bisher verschlossener Geist – oder meine Seele – plötzlich weit öffnen, um eine überirdische Wahrheit aufzunehmen. Ich sehnte mich nach Gott, nach Glauben – danach, zu den Gläubigen zu zählen. Ich gab mich ganz dem Gefühl hin, wurde von Seligkeit überschwemmt, wollte, daß das alles nie ende. Es muß die Musik gewesen sein, der Weihrauch, die schlichte Schönheit des Gotteshauses, die mich verzauberten. Nicht Gott öffnete mir den Himmel – es war der Mann, der die Orgel spielte, der Mann, der die Kirche gebaut hat, Jan Pietrzyk, der sang und betete.*

*Wie kann ich an Gott glauben, diesen gefühllosen Gott, der die Ermordung von Kindern zuläßt, die Gaskammern, das Leiden meines Volkes? Wie kann ich eine Christin werden? Ich gehöre nicht zu ihnen, ich kann nicht, ich will auch nicht. Ich gehöre zu den Juden. Nicht weil ich als Jüdin geboren wurde, nicht weil ich den jüdischen Glauben teilte – das habe ich nie getan. Ich gehöre zu den Juden, weil ich als eine von ihnen gelitten habe. Das Leiden hat mich zur Jüdin gemacht. Ich gehöre zu Menschen, die ermordet worden sind oder noch vor dem Tod fliehen. Sofern einige von ihnen den Krieg überleben und ich selbst überlebe, werde ich mich ihnen anschließen. Die gemeinsame Erfahrung dieses Grauens wird uns zusammenbringen. Wir werden uns selbst eine Heimat schaffen, einen Hort für alle heimatlosen Juden, wo wir in Frieden und mit Würde leben können, von anderen Nationen geachtet und auch deren Rechte achtend. Das ist es, woran ich glaube und wohin ich gehöre.*

Es gab keine Möglichkeit, meine Gedanken Mutter mitzuteilen. Sie war zu sehr mit den täglichen Bedürfnissen beschäftigt und um unsere Sicherheit besorgt, als daß sie für solche rein geistigen Dinge den Kopf frei gehabt hätte. Ich versuchte, mit Sophie zu sprechen, von der ich wußte, daß sie noch im Bann der sonntäglichen Messe stand. Doch Sophie wollte weder reden noch hören. Tief in ihren eigenen Gedanken versunken und schweigsamer denn je, verbrachte sie tagsüber die meiste Zeit auf Wanderungen über die Felder. Von meinem Bett aus leer aus dem Fenster starrend, sah ich sie manchmal flüchtig, einen dunklen einsamen Schatten auf der schneeweißen Ebene. Sie schien weit weg; selbst wenn wir zusammen waren, lächelte sie versonnen in sich hinein und gab keine Antworten. Sie war nicht bei uns. Einige Zeit verging, ehe ich den Grund herausfand.

19. Dezember 1944

*Große Aufregung im Haus: Seit letzten Freitag laufen die Weihnachtsvorbereitungen. Erst haben sie ein Schwein geschlachtet, selbstverständlich in größter Heimlichkeit, da man es den Deutschen hätte geben müssen. Dann waren alle in der Familie eifrig damit beschäftigt, das Schwein zu zerlegen und zu einzelnen Fleischstücken, Fett und Würsten zu verarbeiten. Wir boten unsere Hilfe an, aber Frau Pietrzyk sagte, der Anblick und der Geruch des toten Tieres seien mehr, als Städter ertragen könnten. So blieben wir in unserem Zimmer. Als sie mit den Würsten fertig waren, began-*

*nen sie die Wände zu tünchen. Gestern bekamen auch wir zu tun. Błażek erschien mit Eimer und Bürste, und wir verzogen uns in die Küche. Dort saßen wir gemütlich, während es draußen wild schneite, und halfen Frau Pietrzyk. Wir schälten, verlasen, zerkleinerten Gemüse, Erbsen, gezuckerten Mohn, und wir flickten Błażeks alte Hosen. Die alte Frau sang anfangs mit ihrer rostigen Stimme Kirchenlieder, dann erzählte sie uns Geschichten über ihre Familie. Sie hatte insgesamt acht Kinder, berichtete sie. Drei von ihnen hat sie überlebt, ebenso ihre beiden Ehemänner. Von den beiden überlebenden Töchtern wohnt die ältere mit ihrer Familie irgendwo weit weg; die jüngere hat sich Gott geweiht und lebt in einem Kloster. Deshalb wird Piotr, eines der jüngeren Kinder, den Hof erben. Błażek könne nicht selbständig leben, sagte sie; er sei viel zu blöde. Aber als Entschädigung für Błażeks Blödheit habe der Allmächtige sie mit ihrem jüngsten Kind gesegnet, das sie mit fast fünfzig Jahren geboren habe. Frau Pietrzyk erging sich in Lobreden über Jan: wie klug er schon immer gewesen sei, bereits als kleines Kind, wie lieb, wie hübsch.*

*Während sie so weiterredete und immer aufgeregter wurde, warf ich einmal einen Blick auf Sophie und traute kaum meinen Augen: Ihr Gesicht war feuerrot. Später, in unserem Zimmer, sah ich, wie sie etwas aus der Tasche holte und verstohlen darauf starrte. Auf frischer Tat ertappt, mußte sie zugeben, daß sie eines von Jans Bildern stibitzt hatte. Sie war schrecklich durcheinander und wußte nicht, was sie sagen sollte, wie sie das erklären sollte. Aber ich brauche keine Erklärung: Ich weiß noch, wie man sich fühlt, wenn man kein Kind mehr ist und einem Mann begegnet, der klare blaue Augen und weiches blondes Haar hat. Meine arme, arme kleine Sophie – es gibt keine Hoffnung für sie. Warum mußte sie sich bloß in einen angehenden katholischen Priester verlieben?*

Drei Tage vor dem Heiligen Abend brachte Błażek zwei wohlriechende Fichten aus dem nahen Wald. Zu unserer Überraschung war eine davon für uns bestimmt. Irgendwie gelang es uns, das stachelige Ding in den Spalt zwischen Bett und Fenster zu pressen; ganz verlegen grübelten wir, womit wir den Baum schmücken sollten. Doch Frau Pietrzyk hatte sich das Ganze bereits überlegt. Bald erschien sie mit einer Rolle glänzenden Buntpapiers, zwei Scheren und einer Dose mit Mehlkleister und sagte: »Für euch, meine Damen. Zeigt, was geschickte Städter können!« Mit Feuereifer machten wir uns daran, farbige Streifen zu schneiden und zu kleben. Es war schön, im warmen Licht der Petroleumlampe zu sitzen, den frischen Duft des Baumes zu atmen und raschelnde Ketten und flockige Bällchen zu basteln. Alle vier erinnerten wir uns an die Kindertage.

Nach zwei Tagen war der Schmuck so gut wie fertig; nur das wichtigste Zierstück fehlte noch: das für die Baumspitze. Unsere Phantasie versiegte plötzlich; es wollte uns einfach nichts einfallen, was gut paßte und leicht herzustellen war. Zuletzt beschloß ich, mich an einem Stern zu versuchen. Da ich mit den Fingern noch nie sehr geschickt war, kostete mich das erhebliche Mühe. In Ermangelung von Gold- und Silberpapier mußte ich blaues Papier nehmen. Als ich fertig war, packten wir alles weg, da der Baum nach polnischer Sitte erst in der Dämmerung des Heiligen Abends geschmückt werden sollte.

Die kommenden Festtage machten uns recht nervös; wir fürchteten, etwas falsch zu machen und unsere Unkenntnis christlicher Traditionen zu verraten. Dazu kam eine weitere Gefahr: Zwei Damen aus Warschau hatten sich beim Anstehen nach Mahlzeiten mit Tante Maria angefreundet und bestanden darauf, mit ihr den Heiligen Abend zu verbringen; ihre eigene Unterkunft, so behaupteten sie, sei jedoch für den Anlaß nicht gut genug. Tante Maria konnte schlecht ablehnen; das hieß, daß sie kommen und mit uns allen zusammensein würden, so daß sie uns stundenlang aus nächster Nähe beobachten könnten. Wir hatten große Angst davor.

Am Morgen des kritischen Tages schmückten wir unseren duftenden Baum. Sehr mit uns zufrieden, weil er grandios aussah, riefen wir Frau Pietrzyk, damit sie ihn bewundere. Die alte Frau betrachtete den Baum genau, nickte beifällig, trat dann zurück und blickte besonders aufmerksam zur Spitze. Ihr Ausdruck veränderte sich, ihre Mundwinkel zogen sich herab; ganz eindeutig gefiel ihr nicht, was sie da sah. Bestürzt folgte ich ihrem Blick zur Baumspitze und erschauerte: Im vollen Tageslicht prangte vor dem Hintergrund der weißgetünchten Wand ein sechszackiger blauer Davidsstern, das Wahrzeichen der Juden.

Frau Pietrzyk sagte nichts und ging, doch nach einer Weile kam sie mit einem goldenen Pappengel von imposanter Größe zurück. »Das würde besser aussehen, wenn ihr mich fragt«, sagte sie entschieden. Wir wußten nicht so recht, was sie meinte.

Der Heilige Abend, den wir so gefürchtet hatten, wurde dann recht angenehm. Die beiden Frauen aus Warschau kamen in festlicher Stimmung und wirkten sehr freundlich. Die eine, eine Damenschneiderin, hatte ihren Mann im Krieg verloren, die andere, eine Fußpflegerin, war alleinstehend. Wir hatten ein fast traditionelles Weihnachtsessen: Frau Pietrzyk reichte uns Borschtsch und Nudeln mit Mohn, und die Damen brachten auch etwas zu essen mit. Ehe wir begannen, kam die ganze Familie Pietrzyk herein, um die Weihnachtsoblaten mit uns zu teilen. Dann sangen wir Lieder und waren richtig fröhlich; trotz unserer bösen Vorahnungen ging alles glatt.

Da unsere beiden Besucherinnen viel mehr als wir unter die Leute kamen, wußten sie sehr gut über manches Bescheid, was weitab von dem ruhigen Dorf geschah. Die Rote Armee wartete noch immer untätig auf dem östlichen Weichselufer in Warschau; doch es hieß, die Russen seien auf der gesamten übrigen Front vorgerückt und hätten die Deutschen mit atemberaubender Geschwindigkeit zurückgedrängt. Gleichzeitig hätten die Nazis Verluste in Westeuropa. Das Hitlerreich ging fraglos seinem Ende entgegen. Der endgültige Sieg der Alliierten war nahe gerückt.

Als sich unsere Besucherinnen verabschiedeten, umarmte die Schneiderin Mutter herzlich und sagte: »Hoffen Sie auf das Beste, meine Liebe. Sie haben das Schlimmste erduldet. Gott wird Ihnen bis zum Ende helfen.«

»Es wird nicht mehr lange dauern«, setzte die Fußpflegerin hinzu.

Sie hatten beide unser Geheimnis erraten.

Als wir in der Dämmerung des ersten Weihnachtstags untätig in der öden Abgeschlossenheit unseres kleinen Raumes hockten, hörten wir plötzlich laute, fröhliche Stimmen. Stürmisches Gelächter junger Leute und muntere Akkordeonklänge näherten sich dem Haus. Ein heftiges Klopfen an unserem Fenster ließ uns aufspringen. Mit zitternden Händen öffnete Tante Maria das Fenster vorsichtig. Über ihren Kopf hinweg sah ich eine Schar junger Dorfbewohner, die sich um den Akkordeonspieler drängte. »Was wünschen Sie, meine Herren?« fragte Tante Maria, Böses ahnend, mit schriller Stimme.

Der Akkordeonspieler trat vor, griff entschlossen in die Tasten seines Instruments und sang, von den anderen begleitet:

*Zwei schöne Mädchen sind in diesem Haus,*
*Wir wollen mit ihnen zum Tanz.*

Bestürzt kämpfte Tante Maria mit dem Fenster; sie wollte es verschließen, doch das runde Gesicht des

Burschen hatte sich bereits hereingeschoben. Ein Paar lachender Augen blickte mir voll ins Gesicht. »Kommt, Mädchen, seid nicht schüchtern, wir warten auf euch.« Er zog den Kopf zurück, ließ Tante Maria das Fenster schließen und wartete in der Dunkelheit, mit seinen Freunden plaudernd.

»Holen wir Frau Pietrzyk«, sagte Mutter. »Sie wird wissen, wie wir sie loswerden.«

»Loswerden?« sagte Sophie plötzlich vorwurfsvoll. »Warum sollten wir sie loswerden?«

Gegen jede Vernunft unterstützte ich sie. »Ja«, sagte ich »warum sollten wir nicht mit ihnen tanzen?« Und wie gewöhnlich fand ich rasch den richtigen Vorwand, um etwas zu tun, was ich mir sehnlich wünschte. »Ist es nicht besser«, fügte ich hinzu, »wir verhalten uns so, wie sich jedes andere Mädchen unter diesen Umständen verhalten würde? Wenn wir ablehnen, könnten sie denken, wir hätten etwas zu verbergen.«

Gegen dieses Argument fiel Mutter und Tante Maria nichts ein, und so gaben sie bedrückt nach, zumal es wieder ungestüm ans Fenster klopfte. Blitzschnell schlüpften Sophie und ich aus unseren Hosen und Pullovern und zogen unsere abgetragenen Sommerkleider an, die frisch gewaschen und gebügelt waren. Ohne Zeit fürs Kämmen zu vergeuden, stürmten wir in die kalte Dunkelheit des Weihnachtsabends hinaus.

In einem der Häuser des Dorfes hatte man einen großen Raum hergerichtet, der hell erleuchtet war. Er wimmelte von Tanzenden und erzitterte von den durchdringenden Klängen zweier Geigen, dem Stampfen schwerer Stiefel, dem Summen fröhlicher Stimmen. Alle Welt wirbelte vor meinen Augen herum, farbenfrohe Röcke, lange Zöpfe, verschwitzte Gesichter. »Hei hei, tralala«, dröhnte der Akkordeonspieler und schloß sich den Geigen an. Tänzer und Tänzerinnen sangen und stampften im Takt mit den

Füßen auf. Kleine graue Staubwolken erhoben sich von den rohen Brettern des Bodens.

Es gab keine Zeit, nachzudenken, sich fehl am Platz zu fühlen, sich zurückzuziehen. Man ergriff uns an der Türschwelle und zog uns mitten in die wogende Menge. Mit einem langen dünnen Burschen wirbelte ich einen Walzer, mit einem breitschultrigen hüpfte ich in einer atemberaubenden Polka; ich war ganz bei der Sache und wackelte, sprang, stampfte in heller Begeisterung. Kräftige Arme drückten mich, blaue, braune, graue Augen blickten kühn in die meinen. Reden konnte man nicht. Immer wieder sah ich Sophies glühendes Gesicht vorüberhuschen; ihr langer schwarzer Zopf flog in der Luft.

Antek, der Akkordeonspieler, reichte sein lautstarkes Instrument bald an einen pickligen Jungen weiter und tauchte in die wilde Menge. Eben tanzte ich mit einem dicken Mann, als ich Antek in meine Richtung steuern sah. Er klatschte, um zu zeigen, daß er mit mir tanzen wollte, und nahm mich dem Dicken weg. Also drehte ich mich nun mit Antek und wurde noch fröhlicher, denn er war ein großartiger Tänzer. Wir hörten nicht auf, als die Musik von einem lebhaften Krakowiak zu einem schluchzenden Tango und danach wieder zu den mörderischen Rhythmen eines wilden Oberek überging. Zwei- oder dreimal lehnte Antek ab, wenn andere klatschten, um mit mir zu tanzen. Nur als die Musiker eine kurze Trinkpause einlegten, standen wir still. Dabei sagte Antek, er habe Sophie und mich zuerst in der Kirche gesehen, und seither habe er sich danach gesehnt, uns kennenzulernen – wir seien so schön, so damenhaft, so anders. Er habe noch nie Mädchen aus der Stadt getroffen, sagte er, und nie gedacht, daß sie so nett sein könnten. Ich mußte lachen, als er über mein elendes Kleid in Verzückung geriet. Er war ein lieber, anständiger Junge; ich mochte sein Lächeln und die sanfte, aufmerksame Art, in der er mit mir umging. Wir tanzten wieder, doch nach einiger Zeit sagte Antek, er müsse wieder zu seinem Akkordeon, damit sein Freund auch etwas Spaß haben könne. Die beiden Geiger hatten ihre Instrumente schon im Stich gelassen und tollten mit den anderen herum.

Leicht gelangweilt und auch schon etwas müde tanzte ich nun wieder mit dem breitschultrigen Franek, der ziemlich betrunken schien. Ich mochte es nicht, wie er meine Taille drückte und sein Gesicht gegen das meine preßte. Ich mochte ihn überhaupt nicht und wollte nicht mehr tanzen. Er ließ mich jedoch nicht gehen. Im Gegenteil – er zog mich in eine schwachbeleuchtete Ecke des Raumes und drückte mich mit seinem klobigen Körper gegen die Wand. Niemand achtete im geringsten auf uns, da auch einige andere Paare in ähnlicher Weise an der Wand lehnten. Ich kämpfte gegen seine unwillkommene Umarmung an, als Franek mir direkt ins Ohr flüsterte: »Komm mit in die Scheune, Süße.« Ich spürte etwas Drohendes in seiner Stimme. Seine groben Hände taten mir jetzt weh.

»Laß mich in Ruhe!« schrie ich.

Die Musik endete plötzlich, und ich sah Antek hochspringen.

»Sachte, sachte, kleines Mädchen«, zischte Franek; sein Gesicht rötete sich. »Streck mir deine lange Nase nicht so stolz entgegen. Du kommst mit mir in die Scheune, oder ich hole die Polizei.«

Genau in diesem Augenblick landete ein mächtiger Schlag mitten in seinem verschwitzten Gesicht. Franek verlor das Gleichgewicht und fiel flach auf den Boden. »Warte draußen auf mich!« rief Antek, und ich rannte zur Tür, Sophie mit mir ziehend. Ehe ich die Tür zuschlug, sah ich noch, wie Franek sich schwerfällig vom Boden erhob. Eine kleine Gruppe von Tanzenden sammelte sich um ihn. Nach einer Weile kam Antek heraus und brachte uns nach Hause. Er schien sehr mit sich zufrieden.

Wir erzählten Mutter und Tante Maria nicht, was an diesem Abend geschehen war. Es schien uns unnötig, ihre Sorgen zu vergrößern. Wir konnten ohnedies nichts tun, um Franeks Rache zu entgehen. Sich zu verstecken oder aus dem Dorf zu rennen kam nicht in Frage. So litten wir schweigend, von Furcht und Schuldgefühlen gepeinigt. Der Preis, den wir für einige Augenblicke unbeschwerter Fröhlichkeit bezahlten, war allzu hoch.

Drei Tage später klopfte Antek wieder an unser Fenster. Er wollte mich sprechen. Ich ging hinaus und traf ihn in der Dunkelheit. Er kam direkt zur Sache. »Franek wird dich nie wieder belästigen«, sagte er. »Die Sache ist erledigt. Ich gebe dir mein Ehrenwort.« Der Mond segelte hinter einer Wolke hervor, und in seinem Licht sah ich zwei große Pflaster auf Anteks Gesicht – eines auf seiner linken Wange, das andere über der Augenbraue. Ich mochte diesen Jungen wirklich und vertraute ihm. Schüchtern schlug er mir einen Spaziergang vor, und ich sagte ja.

29. Dezember 1944

*Ich kann mein Benehmen letzten Abend kaum verstehen. Ich bin zwei Stunden oder länger mit diesem netten Jungen spazierengegangen und habe ihm nichts als Lügen erzählt. War das nötig? frage ich mich. Das kam so: Als wir uns vom Haus entfernten und auf die offenen, mondbeschienenen Felder stapften, bat er mich plötzlich, seine Freundin zu werden. Er wirkte dabei so dringlich und doch so schüchtern, daß ich fast einen Lachanfall bekam. Ich hätte schwören können, daß er rot wurde. Ich wußte, daß ich leicht seine Gefühle verletzen konnte, wenn ich mit ihnen spielte; so sagte ich ganz sanft zu ihm, ich hätte bereits einen Freund. Hier hätte ich leicht aufhören können: Ich hatte mich klar ausgedrückt, und Antek akzeptierte. Aber nein, ich hörte nicht auf, sondern machte weiter und erzählte immer dümmere Geschichten. Tatsächlich sei Roman mein Verlobter, sagte ich, und wir würden heiraten, sobald der Krieg vorbei sei und er aus dem Gefangenenlager zurückkomme. Vor dem Aufstand, fuhr ich fort, hätte ich ein schrecklich anstrengendes und aufregendes Leben mit Roman geführt. Wir hätten dem Widerstand angehört, hätten im Untergrund studiert und seien in verbotene Konzerte gegangen. Die kleine Wohnung in der Altstadt, in der wir zusammen gelebt hätten, sei immer voller Freunde und Menschen gewesen, die Hilfe brauchten. Und nach dem Krieg, plapperte ich weiter, wenn ich Roman wiedersähe, würden wir alles daransetzen, unser Leben noch sinnvoller und aufregender zu gestalten. Wir würden um die ganze Welt reisen, um zu sehen, wie andere Menschen leben und weshalb sie leiden. Mit unseren Freunden, die unsere Überzeugungen teilten, würden wir alles Böse bekämpfen, jedes Vorurteil geißeln, jedem Unrecht entgegentreten. Wie? Das wüßten wir noch nicht. Vielleicht durch Bücher, die wir schreiben würden.*

*Antek hörte mein Geschwätz gebannt und voll Bewunderung an. Als ich endlich aufhörte, sagte er, sein Leben sei weit weniger aufregend, nur harte Arbeit und ein wenig Spaß; aber ihm sei es recht so, und er bedaure nur, daß er nicht mehr gelernt habe, nicht mehr von der Welt wisse. Er wirkte aber etwas geknickt; also ließ ich mich zum Abschied von ihm küssen.*

*Jetzt denke ich an diese glorreiche Zukunft, die ich gestern abend zusammengeträumt habe. Wird sie wahr werden? Werde ich je ein freies, sinnvolles, glückliches Leben mit einem Menschen führen, den ich liebe und der mich liebt? Wird das bald geschehen, wird der Tag kommen, an dem mir plötzlich die ganze Welt offensteht und ich wählen kann, was ich tun will? Ich habe so lange gewartet, so lange... Ich kann nicht mehr warten, ich will leben* – jetzt.

Kurz vor Neujahr kam Jan wieder ins Haus. Er war freundlich und fröhlich wie immer. Sophies schmachtende Blicke schien er nicht zu bemerken, auch nicht die Mistelzweige – frische Blumen gab es nicht –, die sie ihm vor die Tür legte. Auch mich beachtete er kaum. Weit mehr schien er jedoch an Tante Maria interessiert. Am Silvesterabend lud er sie in sein Zimmer ein. Tante Maria blieb vierundzwanzig Minuten und fünfzehn Sekunden, sagte Sophie später. Sie wirkte besorgt, als sie herauskam. Sie erzählte uns alles, was Jan gesagt hatte, Wort für Wort. Erst habe er über den Krieg geredet. Er werde bald vorüber sein. Aber obwohl wir alle in der Hoffnung auf eine rasche Niederlage der Nazis lebten, dürfe man nicht wie viele vergessen, daß der Feind unser gequältes Land noch immer fest im Griff habe. Der Terror habe nicht aufgehört, sondern wüte nach wie vor. In den großen Städten würden täglich Hunderte in ihren Häusern und auf der Straße aufgegriffen, in Gefängnisse und Konzentrationslager geschafft oder auf der Stelle getötet. In unserem ruhigen Dorf, fuhr Jan fort, lebten die Leute in einem illusorischen Frieden und dächten nicht an die Gefahr. Es sei Pflicht eines Priesters, sie zu warnen, Jungen und Mädchen vor allem, denn sie seien am verwundbarsten. Hier erwähnte Jan mich und Sophie; er sagte, wir sollten vorsichtiger sein und lieber zu Hause bleiben, statt herumzuziehen und uns im Dorf unter die Leute zu mischen. Tante Maria dankte ihm und versprach, auf uns zu achten; doch sie verließ ihn, ohne wirklich begriffen zu haben, weshalb er plötzlich all das gesagt hatte. Doch Sophie und ich verstanden wohl – er mußte etwas davon erfahren haben, was am Abend des ersten Weihnachtstags geschehen war.

Am Neujahrsmorgen machte der Pfarrer seine jährliche Runde durch das Dorf; mit dem Kruzifix ging er zu jedem Bauern. Frau Pietrzyk hatte uns das im voraus gesagt, damit wir vorbereitet seien. Wir fühlten uns völlig verloren und hatten keine Ahnung, wie wir uns zu verhalten hätten. Vergeblich versuchte ich, einen Hinweis im Katechismus zu finden. Tante Maria durchforschte verzweifelt ihr Gedächtnis. Wir müssen ziemlich blöd ausgesehen haben, als der alte Pfarrer unseren kleinen Raum betrat, mit einem breiten, gütigen Lächeln auf seinem runden Gesicht. »Gelobt sei Jesus Christus«, sagte er und richtete das große silberne Kruzifix auf Tante Maria.

»In Ewigkeit. Amen«, antworteten wir im Chor.

In diesem Augenblick flackerten Tante Marias Augen in erlösender Erinnerung. Sie verneigte sich vor dem Priester und küßte das Kruzifix. Der Pfarrer streckte die Hände über ihrem Kopf aus und flüsterte seinen Segen. Dann wandte er sich nacheinander Mutter, mir und Sophie zu, und gehorsam taten wir, was von uns erwartet wurde. Als ich die kalten, silbernen Füße des gekreuzigten Christus küßte, fühlte ich mich als Betrügerin.

Die ersten Tage des Jahres 1945 brachten Düsternis und Unruhe in unser friedliches Dorf. Jan erhielt eine geheime Botschaft und verschwand sofort aus dem Haus. Bald danach wurden zwei Bauern von der deutschen Polizei verhaftet und mitgenommen, weil sie nicht vorschriftsgemäß Vieh abgeliefert hatten. Am selben Tag kam Frau Pietrzyk zu uns mit der Bitte, wir möchten uns ihrer jungen Kuh annehmen, die der Familie sonst Unheil bringen könne. Es war eine gründliche Suche nach ungesetzlich gehaltenem Vieh im Gange. Aber um Flüchtlinge, sagte sie, kümmerten sich die Schurken bisher nicht. »Sie werden sie nicht anrühren, wenn ihr sagt, sie gehört euch.« Wir stimmten selbstverständlich zu und ließen die junge Kuh in unser Zimmer, wo sie ans Bett gebunden wurde. Sie füllte den größten Teil des knappen Freiraumes aus und erledigte alle ihre Verrichtungen in unserer Gegenwart.

Einige Zeit später hörten wir erschüttert, daß man unsere reizende junge Ärztin verhaftet hatte. Die Gestapo war eines Nachts aus Krakau gekommen und hatte sie aus dem Bett geholt. Wir konnten die Nachricht kaum fassen. Einige Stunden vor ihrer Verhaftung hatte sie uns noch besucht, um uns ein gutes neues Jahr zu wünschen. Sie hatte vor Hoffnung gestrahlt und gesagt, dieses Jahr werde uns sehr bald die Freiheit bringen. Sie hatte ein großes Stück selbstgebackenen Kuchen mitgebracht, und die Hälfte lag noch auf dem Teller.

Trotz dieser traurigen Ereignisse und der wachsenden Spannung wuchs die Hoffnung ständig. Die Rote Armee bewegte sich jetzt mit unglaublicher Geschwindigkeit nach Westen. An dem Tag, an dem die langersehnte Schlacht um Warschau endlich begann, hörten wir auch die ersten Geräusche von der Ostfront, die sich Krakau näherte. Das allzu vertraute, doch diesmal willkommene Dröhnen wurde Tag für Tag, dann Stunde um Stunde stärker; schließlich kam es so nahe, daß die Bewohner unseres kleinen Dorfes, denen die Kriegsgeräusche fremd waren, in panischer Angst um ihr Leben liefen und sich in ihren Kellern versteckten.

Für uns endete der Krieg abrupt am Freitag, den 19. Januar 1945 um acht Uhr morgens. Nach einer schlaflosen Nacht, von Kanonendonner widerhallend und von großen Erwartungen erfüllt, sahen wir im schwachen Licht der Winterdämmerung die schemenhaften Umrisse der ersten russischen Soldaten. Verstohlen huschten sie nacheinander, das Gewehr im Anschlag, an unserem Fenster vorbei. Gegen Mittag flauten die schweren Kampfgeräusche ab und wichen dem stetigen Rumpeln schwerer Fahrzeuge, die von fern heranrollten.

Kurz vor Einbruch der Dämmerung ging ich hinaus, um etwas Holz zu holen. In dem halbdunklen Schuppen, vollgestopft mit Holz und Werkzeugen, regte sich etwas. Ich spürte die Gegenwart eines Menschen. Ich stieß die Tür weit auf, um mehr Licht hineinzulassen. Erst jetzt sah ich die Klappe eines feldgrauen Militärmantels zwischen zwei Holzklötzen hervorlugen. Ruhig verschloß ich den Schuppen und rannte ins Haus zurück. In der Küche traf ich Frau Pietrzyk; sie sah müde und mitgenommen aus von der ruhelosen Nacht und war gerade beim Kochen. Keuchend erzählte ich ihr, was ich gesehen hatte. Doch sie war nicht überrascht: Sie wußte es bereits. Mit ihren alten, allwissenden Augen sah sie mir voll ins Gesicht und sagte, als wären es Worte aus einem heiligen Buch: »Wer auch immer unter meinem Dach Schutz sucht, gleichgültig, wer er ist oder was er glauben mag, der wird bei mir sicher sein.« Ich verstand sofort. Schockiert sah ich, wie sie eine Blechschüssel mit heißen Klößen füllte und Schweinefett darübergoß. »Nimm das, Kind«, sagte sie mit ihrer gewohnten rostigen Stimme. »Bring es ihm.« Wie hypnotisiert gehorchte ich blind und ging zum Schuppen zurück. Er schien verlassen wie zuvor; selbst die feldgraue Klappe war verschwunden. Betäubt stand ich da; das heiße Gericht verbrannte mir die Finger und erfüllte die Luft mit seinem starken Geruch. Hinter dem Holzstapel rührte sich etwas, und ein zerzauster Kopf lugte plötzlich hervor. Ich sah das blasse Gesicht des Deutschen; es war eher das Gesicht eines Jungen als das eines Mannes, das mich voller Entsetzen anstarrte. Er riß mir die dampfende Schüssel fast aus den Händen und verschlang das Essen mit unbeschreiblicher Gier. Noch immer zitterte er vor Hunger und Furcht. Lange sah ich ihn an. Mein Blick war leer. Ich spürte kein Mitleid, keinen Haß, keine Freude.

Der Krieg war zu Ende.

# Nachschrift

Das ist das Ende meiner Geschichte und der Ausgangspunkt einer neuen. Ich hatte nicht vor, mehr in diesem Buch zu schreiben. Doch meine Freunde, die das Manuskript gelesen hatten, wollten wissen, was aus manchen meiner Bekannten und Freunde seit den Kriegstagen geworden war. Das brachte mich auf den Gedanken, meine unbekannten Leser würden das vielleicht auch wissen wollen.

Mutter, Sophie und ich kehrten bald nach der Befreiung nach Warschau zurück und lebten dort lange Jahre. 1957 ging Sophie mit ihrem Mann und ihrer sechs Monate alten Tochter nach Israel. Mutter folgte bald, um sich um die wachsende Familie zu kümmern. Ich blieb in Warschau zurück, bis im Juni 1968 mein Mann und ich mit unseren drei jugendlichen Töchtern Polen für immer verlassen mußten.

1971 starb Sophie im Alter von einundvierzig Jahren, ihren Mann und drei Kinder zurücklassend, ein Mädchen und zwei Jungen. Einige Zeit blieb Mutter bei ihren geliebten Enkelkindern. Dann verließ sie Israel und kam zu uns nach England, wo sie ihre letzten Jahre bei mir und meiner Familie verbrachte. Sie starb 1980 in Leeds.

Mein Vater kehrte nie aus Rußland zurück. Bald nach dem Krieg bestätigte das Internationale Komitee vom Roten Kreuz seinen Tod im Wald von Katyn im Frühjahr 1940.

Stefan verbrannte mit Hunderten anderer Polen bei lebendigem Leibe beim Warschauer Aufstand. Jadwiga wurde von den Deutschen in ein Arbeitslager verschleppt. Sie überlebte und kehrte nach dem

Krieg nach Warschau zurück, schön wie eh und je, doch nicht mehr dieselbe. Sie heiratete bald wieder und verließ Polen für immer.

Oma Wiera verschwand während des Warschauer Aufstands. Man fand sie nie wieder. Die Familie, die sie beherbergt hatte, verschwand ebenfalls. Niemand weiß, was mit ihr geschah.

Tante Maria blieb Mitglied unserer Familie, so lange sie lebte. Sofort nach dem Krieg wurde ihre liebende Fürsorge erneut gebraucht. Mutters zweiter Bruder, Jerzy, der seine Frau und seine Tochter zu Beginn des Kriegs verloren hatte, kehrte mit der neuen polnischen Armee aus der Sowjetunion zurück und brachte seine zweite Frau mit. Sie war bereits schwanger. Beide baten Tante Maria inständig, zu ihnen zu ziehen und sich um das Kind zu kümmern. Das tat sie auch, und so war sie Herz und Seele der Familie, bis sie friedlich mit fünfundsiebzig Jahren starb.

Mein zweiter Schutzengel, Staś – mit vollem Namen Stanisław Chmielewski –, lebt noch immer in Warschau. Er erwies sich abermals als guter, hilfreicher Freund, als wir 1968 Polen in großer Hast verlassen mußten.

Von meinen drei besten Freundinnen überlebte nur Hanka. Sie ist Naturwissenschaftlerin und lebt in Polen. Zulas tragisches Ende habe ich geschildert. Auch Renata wurde von den Deutschen getötet, weil sie sich auf der »arischen« Seite versteckt hatte; ebenso erging es ihrer Schwester Joanna und ihrem Vater. Die einzige aus Renatas Familie, die den Krieg überlebte, war ihre Mutter.

Und jetzt ein Märchen ohne Happy-End: Das erste vertraute Gesicht, das ich nach meiner Rückkehr im April 1945 auf einer Straße des zerstörten Warschaus sah, gehörte Roman. Wir trafen uns ganz zufällig in der Menge. Nach dem Verlust seiner Eltern im Ghetto war er geflohen und hatte sich außerhalb Warschaus dem Widerstand angeschlossen. Er hatte sich weiterentwickelt und war kaum mehr wiederzuerkennen. Das galt sicher auch von mir. Der Zauber unserer frühen Tage war verflogen. Wir blieben noch einige Zeit in Verbindung; dann verschwand er aus meinem Blickfeld. Er verließ Polen in den fünfziger Jahren.

Als ich eines Tages im Mai 1945 zwischen den Ruinen wanderte und auf Schuttberge stieg, die sich über den früheren Straßen meiner Stadt erhoben, fand ich mich schließlich vor dem Haus, in dem wir uns neun Monate vorher kurz aufgehalten hatten, um uns zu waschen und anzuziehen, ehe wir Warschau verließen. Zu meiner großen Überraschung stand es noch genauso da – nur halb zerstört. Die einst zerschlagenen Fensterscheiben des geretteten Flügels waren jetzt durch frische Sperrholzbretter ersetzt; das bedeutete, daß jemand dort lebte. Ich stieg die wackeligen Stufen hinauf und klopfte an die wohlvertraute Tür. Ein Mädchen in meinem Alter ließ mich ein. Ich erklärte, daß ich in dieser Wohnung, unter dem Schutt eines halbzerstörten Raumes, kurz nach dem Aufstand meine Manuskripte vergraben hatte. Verblüfft führte sie mich in das Zimmer, das ihre Familie, wie sie sagte, nie benutzt hatte. Es sah noch immer so aus, wie ich es in Erinnerung hatte – noch immer schwebte ein Bein des Klaviers über dem Abgrund. Und da waren sie, alle meine Hefte und die losen Blätter, bekritzelt in meiner unordentlichen Handschrift, sicher versteckt unter ein paar Steinen in jenem Loch im Fußboden, in das ich sie damals gestopft hatte.

Dreiundzwanzig Jahre später verlor ich sie erneut. Doch das ist eine andere Geschichte.

# *Zeittafel*

Diese kurze Zeittafel nennt nur die wichtigsten Ereignisse, die für dieses Buch von Bedeutung sind.

*13. März 1938:* Anschluß Österreichs an das nationalsozialistische Deutsche Reich

*Oktober 1938–März 1939:* Angliederung des Sudetenlandes und, als »Reichsprotektorat Böhmen und Mähren«, weiterer Gebiete der Tschechoslowakei an Deutschland

*23. August 1939:* Hitler und Stalin schließen den Nichtangriffspakt zwischen dem Deutschen Reich und der Sowjetunion

*1. September 1939:* Deutschland fällt in Polen ein: der Beginn des Zweiten Weltkriegs

*3. September 1939:* Großbritannien und Frankreich erklären Deutschland den Krieg

*8. September 1939:* Beginn der Belagerung Warschaus

*17. September 1939:* Aufgrund der Vereinbarung zwischen Hitler und Stalin rücken sowjetische Streitkräfte von Osten her in Polen ein und besetzen den von Deutschland nicht »beanspruchten« Ostteil des Landes

*18. September 1939:* Die polnische Regierung und das polnische Oberkommando überqueren die rumänische Grenze auf dem Weg ins Exil

*27. September 1939:* Warschau ergibt sich den Deutschen

*6. Oktober 1939:* Kapitulation Polens

*Frühjahr 1940:* Massaker von Katyn: Exekution von etwa 4100 polnischen Kriegsgefangenen, hauptsächlich Offizieren, auf Geheiß Stalins

*16. November 1940:* Abriegelung des jüdischen Ghettos in Warschau

*22. Juni 1941:* Ungeachtet des Hitler-Stalin-Pakts marschieren deutsche Truppen in die Sowjetunion ein; diese schließt sich den westlichen Alliierten an und beteiligt sich in der Folge am Krieg gegen Deutschland

*22. Juli–13. September 1942:* Erste Massendeportation aus dem Warschauer Ghetto (erste »Aktion«)

*18.–22. Januar 1943:* Zweite »Aktion« und erste Widerstandsakte durch die Jüdische Kampforganisation

*19. April–16. Mai 1943:* Aufstand im Warschauer Ghetto

*Frühjahr–Sommer 1943:* Veröffentlichung deutscher Berichte über das Massaker von Katyn

*6. Juni 1944:* Beginn der Landung der alliierten Streitkräfte in der Normandie und damit der Befreiung Westeuropas durch die westlichen Verbündeten

*1. August–3. Oktober 1944:* Warschauer Aufstand

*Januar 1945:* Die Rote Armee eröffnet ihre Großoffensive in Polen und drängt die Deutschen vollends nach Westen zurück

*17. Januar 1945:* Einnahme des zerstörten und verlassenen Warschaus durch die Rote Armee

*19. Januar 1945:* Krakau und Umgebung werden durch die Rote Armee befreit

*7./9. Mai 1945:* Ende des Zweiten Weltkriegs auf dem europäischen Kriegsschauplatz mit der Kapitulation der deutschen Wehrmacht

# *Nachwort*

## *Von Władysław Bartoszewski*

Der Überlebensbericht Janina Baumans aus dem Warschauer Ghetto ist für mich mehr als ein Dokument jener Zeit, als ein Zeugnis jener Tage, mehr als ein klar gezeichnetes Bild der Erlebnisse der jungen Warschauerin. Janina war dreizehn Jahre alt, als der Zweite Weltkrieg ausbrach, vierzehn, als die Nazis das Warschauer Ghetto errichteten, sechzehn, als sie mit Mutter und Schwester aus dem Ghetto floh, knapp achtzehn, als sie nach über zweijährigem U-Boot-Dasein bei christlichen Landsleuten den Tag erlebte, an dem die Sowjetarmee die letzten Deutschen aus Polen vertrieb, was für die versteckten Juden gleichbedeutend war mit dem Ende eines Alptraums.

Ich bin Warschauer – wie Janina Bauman. Vier Jahre vor ihr wurde ich in der katholischen Familie eines Bankangestellten geboren. Ich wohnte in der Warschauer Innenstadt nicht weit entfernt von ihr und spielte als Kind in denselben Parkanlagen. Meine Familie pflegte mit einigen Familien der jüdischen Intelligenz Warschaus Verbindung, was damals – von beiden Seiten – durchaus nicht üblich war. Ich erinnere mich genau an die Aufrufe verschiedener Organisationen der damaligen politischen Rechten zum Boykott des jüdischen Handels in Warschau. Ebenso erinnere ich mich an Aussagen der rechten Presse und eines Teils der katholischen Presse, die die Juden kollektiv für alle sozialen und politischen Übel verantwortlich machten, für Pornographie und Kommunismus, für Armut und wirtschaftlichen Rückschritt der polnischen Gesellschaft, für Atheismus, aber auch für religiösen Fanatismus.

Ich wußte ferner von den – mich als Polen beschämenden – antijüdischen Ausschreitungen an den Warschauer Hochschulen und von den Straßenschlachten, bei denen zwar niemand ums Leben kam, aber Menschen geschlagen und erniedrigt wurden. Auch wenn sich diese Vorgänge am Rand des täglichen Lebens der Million Warschauer Christen und der 350 000 Warschauer Juden abspielten, sind sie doch so schlimm, daß man sagen muß: Leider war es so.

Der September 1939, drei Wochen blutiger Belagerung und Bombardierung meiner und Janina Baumans Heimatstadt durch die deutsche Armee, bedeutete das Ende unserer bisherigen Welt. Die Besetzung Polens durch die Nazis war gekennzeichnet von Terror, einem Präventivterror, der eine Verängstigung der gesamten Bevölkerung zum Ziel hatte. Die unterdrückten und verarmten Stadtbewohner, insbesondere die Bewohner des 1939 teilweise zerstörten Warschaus, waren damals vor allem durch den harten Überlebenskampf in Anspruch genommen. Man haßte die Besatzungsmacht, nahm jedoch naiverweise an, der Krieg werde in einigen Monaten mit der Niederlage der Deutschen enden. In Anbetracht der allgemeinen Bedrängnis erschienen die ersten die Juden diskriminierenden Verordnungen weder den christlichen Polen noch den Juden selbst so gefährlich in ihren Folgen, wie es sich später herausstellte. Man hielt sie für schändlich, doch fehlte es allen an Vorstellungskraft, die künftigen Schrecken vorauszusehen.

Als die Deutschen begannen, einen »jüdischen Wohnbezirk« zu bilden, war ich gerade in Warschau. Beim Abschluß der Aktion der Zwangsumsiedlung der Juden ins Ghetto und der Polen, die in einigen Straßen im Nordteil der Innenstadt wohnten, in andere Bezirke Warschaus war ich bereits Häftling in Auschwitz. Im August und im September 1940 ergriffen die NS-Polizei und die SS auf der Straße und in Wohnungen einige Tausend Polen und schickten sie »für alle Fälle« im Rahmen der terroristischen Exterminierungsaktion A-B (Außerordentliche Befriedungsaktion) in das neugegründete KZ Auschwitz. Als ich im April 1941 aus Auschwitz nach Warschau zurückkehrte, starben in dem bereits abgeriegelten »jüdischen Wohnbezirk« jeden Monat Tausende von Menschen an Hunger und ansteckenden Krankheiten. Der Alltag im Warschauer Ghetto, wie Janina Bauman ihn beschreibt und wie er ähnlich in den Darstellungen ihrer Zeitgenossinnen Mary Berg und Janina David wiedergegeben wird, war ein angstvolles Dahinvegetieren, vergleichbar den Daseinsbedingungen im Gefängnis und im Konzentrationslager.

Auf der anderen, der sogenannten »arischen« Seite der Mauer – die Begriffe »Arier« und »Nichtarier« wurden von den Nazis zwangsweise eingeführt – wußte man im allgemeinen, daß das Ghetto zu den tiefsten Abgründen der Besatzungshölle gehörte. Die von Janina Bauman beschriebene »Aktion« der Deportierung von Juden aus Warschau nach Treblinka im Sommer 1942 war ein ernster Schock für das Bewußtsein der polnischen Gesellschaft. Mitleid mischte sich mit Angst, Haß gegenüber den Besatzern mit dem Gefühl der Ohnmacht. Sehr viele Menschen hatten Mitleid mit den Opfern, doch nur wenige waren bereit, ihre Freiheit aufs Spiel zu setzen, Mißhandlungen und den eigenen Tod sowie den ihrer Nächsten in Kauf zu nehmen, um aus dem Ghetto Geflohenen zu helfen. Für diejenigen, die im Ghetto blieben, gab es keine Rettung.

Janina Bauman gelang im Januar 1943 – zur selben Zeit, als Janina David aus dem Ghetto floh – die Flucht mit ihrer Mutter und ihrer jüngeren Schwester auf die »arische« Seite. Die drei Frauen gehörten nun zu der Schar von Warschauer Juden, die entweder gar nicht erst ins Ghetto gegangen waren oder ihm hatten entkommen können. Bei weitem nicht alle von ihnen erlebten das Kriegsende. Der Chronist des Warschauer Ghettos, Emanuel Ringelblum, schätzte die Anzahl der Juden, die sich in Warschau versteckt hielten, für die Jahre 1942 und 1943 auf rund 20 000. Er bemerkte, daß »das Leben eines Polen, der einen Juden versteckt, nicht zum Leichtesten zählt«, und begründete dies unter anderem mit dem im ganzen Land herrschenden »schrecklichen Terror«. Ringelblum nannte das Kind beim Namen: »Der beste Teil der Bevölkerung, die edelmütigsten und opferbereitesten Personen werden massenweise in KZs oder Gefängnisse deportiert. Im Land gibt es sehr viele Spitzel und Denunzianten, was wir in großem Maße den echten und falschen Volksdeutschen zu verdanken haben. Auf Schritt und Tritt gibt es Verhaftungen und Razzien. In den Zügen sucht man ständig nach Waffen und Schmuggelwaren, in den Straßen ebenso.«

Unter solchen Gegebenheiten hatten nur diejenigen Juden gewisse Überlebenschancen, die völlig assimiliert waren, fehlerlos polnisch sprachen und sich in ihrem Verhalten durch nichts von der polnischen Umgebung unterschieden. Die Autorin und ihre Familie erfüllten vollkommen diese Voraussetzungen, gehörten sie doch zur Elite der Warschauer Intelligenz. Nicht unwichtig war aber auch ein »gutes« oder »schlechtes« Aussehen. Die Erinnerungen Janina Baumans ließen mich an einen bestimmten Sommertag des Jahres 1943 denken, als ich zusammen mit einem Freund einen von uns versteckten Lemberger Buchhändler, einen gewissen Gelber, in einer Droschke aus der Warschauer Innenstadt in den nördlichen Bezirk Warschaus, Zoliborz, brachte; wir hatten ihm das Gesicht verbunden, um seine »nichtarischen« Züge zu verbergen. Bei meiner Tätigkeit in der Geheimorganisation »Hilfsrat für Juden« hatte ich in den Jahren 1942 bis 1944 oft mit dem Problem zu kämpfen, neue Wohnungen und Verstecke für Einzelpersonen oder, was weitaus schwieriger war, für ganze jüdische Familien zu finden. Aus eigener Erfahrung kann ich die tragische Wahrheit des Überlebensberichts von Janina Bauman bestätigen.

Genauso wie sie mußte ich 1944 nach dem Warschauer Aufstand die Stadt verlassen und fand mich im Süden Polens wieder – in Krakau, der damaligen Hauptstadt des »Generalgouvernements«, wo ich den letzten Kriegswinter 1944/1945 erlebte. Fast könnte es den Anschein haben, als hätten Janina Bauman und ich durchweg die gleichen Erfahrungen gemacht. Beide waren wir Warschauer derselben Generation, im selben Kulturkreis, in denselben literarischen und historischen Traditionen erzogen, mit identischen Verhaltensnormen. Der polnische Patriotismus galt auch für die Juden. Janinas Vater und Onkel bezahlten die Tatsache mit dem Leben, daß sie Reserveoffiziere waren, die 1939 zur Verteidigung von Polens Unabhängigkeit in den Krieg zogen. Sie wurden im Frühjahr 1940 von den Sowjetrussen in Katyn ermordet. Sie zählen also zu den Märtyrern des Polentums. Nichtsdestoweniger muß man sagen, daß das Schicksal der polnischen Jüdin Janina und ihrer Familie in jenen schrecklichen Jahren der Besetzung durch das Hitlerreich viel schlimmer war als das Schicksal der gleichaltrigen christlichen Polinnen und Polen, zu denen auch ich gehörte. Sie war von vornherein zum Tod verurteilt – wegen ihrer bloßen Existenz. Wir hatten zwar begrenzte, aber reelle Überlebenschancen. Beispielsweise war es für die junge Janina erheblich schwieriger, im Ghetto zu lernen, als für uns auf der »arischen« Seite. Auch gelang es ihr trotz mehrerer Versuche nicht, aktiv in der gegen die Deutschen kämpfenden Untergrundorganisation mitzuarbeiten, sei es im Ghetto, sei es außerhalb.

Was blieb, war der Schrecken, die Einsamkeit und die Angst. Dennoch vermochte sie »menschlich unter unmenschlichen Bedingungen« zu bleiben. Beweis dafür ist unter anderem, daß sie ihr Buch den unzähligen Menschen widmet, die ihr, ihrer Mutter und ihrer Schwester halfen, den Krieg zu überleben, und daß das Bild, das sie in ihrem Tagebuch von den zwischenmenschlichen Beziehungen zeichnet, trotz allem gerecht ist.

Erich Kuby

# *Als Polen deutsch war*

1939–1945

344 Seiten, geb.

Wer das Buch von Erich Kuby liest, ... der versteht die Gründe für das auch heute noch bestehende Mißtrauen von Polen gegenüber Deutschen ...

*Deutsche Welle,* Köln

Um die andere Seite besser zu verstehen, sollte man dazu Erich Kubys erschütternde Bilanz der deutschen Besatzungspolitik in Polen lesen.

*Kronen-Zeitung,* Wien

In der Fülle der Neuerscheinungen hierzulande, die sich mit Polen befassen, ... ist ohne Umschweife an erster Stelle zu nennen das Buch von Erich Kuby ... Die historische Sachbucharbeit ... zeichnet sich aus durch ein breites Fundament an historischem Wissen und reichem dokumentarischem Material, das hier zum Teil erstmals veröffentlicht ist. Historische Genauigkeit, daran erinnert Kuby mit diesem Buch aufs neue, muß kein Gegensatz zu spannender Lektüre sein.

*Radio Bremen*

Neue Informationen enthält das Buch auch über die Zusammenarbeit des polnischen Untergrunds mit den noch außerhalb der Lager in Verstecken lebenden Juden, den sogenannten »Waldjuden«. Der Naziterror in Polen hat fünf Jahre gedauert. Mord, Raub und Sklavenhandel der SS haben in dieser relativ kurzen Zeit eine gemeinsame abendländische Tradition von mehr als 800 Jahren zerstört.

*Die Zeit,* Hamburg